# 초등 우리 아이 정서교육

이보경 저

학지사

# 프롤로그

    10여 년 전인 나의 30대 중반, 교육학 박사학위를 따기 위해 쫓기듯 쓴 논문은 일반 청소년과 비행청소년들의 정서지능과 관련된 주제였다. 보호관찰소에서 청소년들을 상담하면서 그들의 질곡의 삶이 어디에서 비롯되었는지 안타까운 궁금증으로 시작한 이론적인 연구였다. 자료를 찾는 중에 정서지능의 하위요소들을 접했고 이를 비교하며 비행을 예방하기 위해 교육적으로 개입할 것이 무엇인지 궁금해졌다. 논문을 완성하며 이 요소들을 어떻게 실현시킬 것인지 고민이 시작되었다. 그러다가 문득 내가 가르치는 초등학생들을 보았다.

    '이 연구를 계기로 교사로서 무엇을 해 줄 수 있을까? 보호관찰소 아이들과 같은 전철을 밟지 않도록, 좋은 말을 기분 나쁘게 하는 잔소리 말고 다른 방법은 무엇일까? 우리 삶의 목표인 행복과 성공의 삶(그 기준은 사람마다 다르겠지만)을 사는 데 중요하다는 '정서의 관리'를 아이들에게 어떻게 교육해야 할까?'

    22년간 초등교사 생활을 하면서 나는 인지적으로는 똑똑한 아이들이 많아지고 있는 데 비해 정서적인 발달은 더뎌지고 황폐해짐을 해마다 느끼게 된다. 머리와 가슴이 함께 발달해야 하는데, 머리만 거대해지고 가슴은 작은 기형의 모습들에 안타까움이 밀려올 때가 있다.

    보호관찰소나 학교에서 문제행동을 보여 만나는 아이들과 상담이라는 상황에서 깊은 이야기를 나누다 보면 참으로 순수하고 착하기까지 하다. 하지만 집단에 속해 있는 상황에서는 다른 양상을 보인다. 부모와의 애착 및 양육 문제, 부모의 폭력 등 '상황적 요인'이 작용하기도 하지만, 사회적 맥락 속에서 자신의 감정을 통제하지 못해서 사회적 낙인을 평생 안고 사는 아이들을 보면서 정서교육의 필요성을 더욱 크게 느끼게 된다. 인간의 조건은 느낄 줄 아는 '정서'이고 행복한 대인관계를 위해서는 그것을 통제할 줄 아는 '관리'가 필요함을 절실하게 깨닫는다.

정서는 인성과 마찬가지로 타고나는 것이라고 생각하겠지만, 타고난 것이라고 하더라도 그것을 끌어내어 갈고닦도록 하지 않으면 발휘가 되지 않거나 잘못된 방향으로 나아간다. 현재 교육학자들의 견해처럼 인지능력도 후천적인 교육이 중요하다고 하는데, 인간의 또 다른 측면인 감성(정서)과 인성도 마찬가지로 적극적인 교육환경이 주어져야 하는 것이 분명하다.

문제는 정서나 인성의 발달은 인지발달만큼 그 성장의 가늠이 어렵다는 것이다. 그리고 인지교육처럼 주입식 교육으로 가능하지 않고, 스스로 마음이 움직이도록 해야 하는 매우 섬세한 영역이다. 그래서 자연스럽게 성장하는 것이라는 '신화(잘못된 믿음)'로 체계적인 교육을 등한시한 것인지도 모른다. 분명 정서 및 인성교육은 필요하고 중요하다. 여기서 정서와 인성은 조금 차이가 있으나 인간의 감수성, 인간됨의 기본이라는 점에서 공통분모가 많다.

이러한 절실함 속에서 다양한 정서교육과 관련된 실제적인 자료들을 찾아보았는데, 유아 프로그램이 대부분이었다. 얼마 되지 않는 정서교육 프로그램도 갈등 해결이나 사회성 증진을 위한 것이 많았다. 내가 원하는 것은 '정서' 그 자체에 대한 함양 교육 방법이었다. 답답한 마음에 '그래, 내가 써 보자.'라는 결론을 내렸다.

이것저것 조금씩 끄적거리고 산발적으로 실천해 보았지만, 쓰다가 중단하기를 반복하다가 결국 10년이 흘렀다. 다행히 수석교사가 되어 5학년 창의적 체험 활동을 인성 및 정서교육으로 진행하면서 프로그램을 구체화할 기회가 생겼다. 쾰러의 '통찰학습'처럼, 여기저기 흩어져 있는 고민의 조각들이 어느 순간 새로운 구성체가 되어 프로그램을 구상하고 적용하기 시작했다. 사람마다 마음속에 과제가 있다. 교사로서 내 자신에게 부여했던 이 숙제를 이제야 했고, 그 실천 과정을 정리했다.

　정서함양 프로그램을 제시하기 전에, 1부에서는 정서가 무엇이고 정서를 키우기 위해 생활 속에서 어떤 것에 유념해야 하는지 학부모 및 교사들과 공유하고자 하였다. 동료 교사들을 대상으로 강의를 하다 보면 교실에서 바로 활용할 수 있는 실제적인 것을 많이 원하신다. 그러나 그 이해가 확실하지 않으면 그 실제라는 것은 몸에 맞지 않는 옷처럼 부자연스럽다. 그러다 보니 좀 적용하다가 회의를 느끼고 그만두게 된다. 정서지능이 인간의 발달에 어떤 의미가 있고, 우리나라에서 정서지능을 적용할 때 어떤 점을 생각해야 하는지 등에 대한 이해가 우선되어야 한다. 특히 정서의 중요성을 강조하기 위해 내가 만난 정서적인 문제들을 가지고 있는 아이들의 사례를 제시하여 이해를 돕고자 했다. 아울러 최근 뇌발달에 대한 관심을 반영하여 정서와 뇌 발달에 대한 이론들도 제시하였다. 100여 년간의 지능관이 바뀌어 새로운 지능관이 등장하였는데, 대표적인 학자인 가드너와 스턴버그의 지능이론에서 정서적인 면에 초점을 두어 살펴보았다. 인지발달에서도 정서적인 측면이 얼마나 중요한지 알리고 싶어서이다. 이론 부분의 마지막은 정서지능이라는 모호한 구인개념을 구체화하기 위해 정서지능을 설명하는 대표적인 요소, 즉 인식, 표현, 공감, 조절, 활용에 대해서 소개를 하였다. 이런 이해가 바탕이 되어야 프로그램을 더 깊이 이해할 수 있고, 선생님들 각자가 또 다른 정서지능 방법을 모색하는 영감을 줄 수 있으리라 믿기 때문이다.

　2부에서는 다양한 정서교육 실천 방법을 구체화하여 제시하였다. 잠재적으로 정서지능을 함양할 수 있는 놀이의 가치를 소개하고, 구체적인 교육으로 동화를 활용한 언어적 측면에서의 정서교육, 비폭력 대화를 통한 정서교육, 미술 감상을 활용한 정서교육에 대한 구체적인 프로그램을 제시하였다. 특히 우리 인간의 대표적인 감정들인 행복, 슬픔, 우울, 불안, 서운함, 외로움, 고독, 상처, 희망 등을 표현하는 대표적인 작품들을 찾아 실제적인 정서지능 향상 프로그램의 방향을 제시하였다.

　이를 바탕으로 열둘과 열셋에서는 1, 2학기 1년 동안 창의적 체험활동 교육과정 운영 속에서 실천했던, 보다 구체적이고 실제 적용 가능한 프로그램을 기획·제안하였다. 이 부분에 사용한 PPT 자료 및 활동지는 책에 싣지 못하고 학지사 홈페이지(www.hakjisa.co.kr) 자료실에 업로드하고자 한다. 자료가 필요하다면 학지사 홈페이지에 접속해 '초등 우리 아이 정서교육'으로 검색하여 다운로드할 수 있다.

사실, 가정이나 교육현장에서 나보다 훨씬 훌륭하게 정서교육을 하고 있는 학부모나 교사들이 많을 것이다. 그분들과 다르게 내가 지금도 고민하고 있는 점은 그것을 실제적인 교육이 가능하도록 정리했는지의 여부이다. 부족하지만 정서교육에 많은 관심을 갖고 있는 어른들과 함께하고 싶다.

"내가 어떻게 이런 사람과 결혼을 했을까?"라며 늘 격려를 해 주는, 그러나 가끔은 다양한 감정에 휩싸이게 하는 내 남편에게 감사하다. 또한 엄마로서 다양한 감정과 삶의 에너지를 주는 희윤, 다연에게 있는 그대로의 모습으로 고맙다. 아울러 나의 거친 열정을 알아봐 주시고 출판을 허락하신 학지사 김진환 사장님과 맨 처음 물꼬를 터 주신 친절한 소민지 대리님, 복잡한 원고를 깔끔하게 다듬어 주신 박지영 선생님께 감사드린다.

저자 이보경

# 차례

# 2부 정서지능 교육 방법

# 1부
# 정서지능에 대한 이해

# 달라지는 아이들

## 1학년 현이

도서관 사물함 앞에서 한 아이가 신고 있던 실내화를 내던지고는 부르르 떨고 있다. 눈에는 눈물이 그렁그렁한데 눈빛이 어디를 쏘아보는 것인지 알 수 없고, 어떤 감정에 휩싸여 어쩔 줄 몰라 한다. 방과후 돌봄 선생님은 이런 경우가 한두 번이 아니라는 듯 "에휴, 또 시작이네요. 갑자기 이유도 없이 저럴 때가 있어요." 라며 속상해한다. 지나가던 1학년 선생님이 달래 본다. "현아, 또 왜 그래? 실내화 내던지고 이게 뭐야. 바닥에서 이러면 안 되는데. 왜 그러지? 돌봄 교실로 들어가자." 하지만 꿈쩍도 안 한다. 업무로 바쁘신 선생님을 대신해서 지나가던 내가 지켜보면서 이 말 저 말 시켜 보지만 역시나 전혀 주위의 말을 듣지 않는다. 우선, 감정을 가라앉히는 것이 필요할 것 같아서 그냥 지켜보며 옆에 같이 있었다. 지켜보니, 아이가 한마디로 떼를 쓰고 있다는 느낌이다. 간간이 말을 붙이며 있어 보지만, 뭔가 불만인 듯, 그러나 정작 자신은 그 감정이 무엇인지 알지 못한 채 이러지도 저러지도 못하고 앉아 있다.

무엇에 화가 났는지, 이 순간 교사로서 어떻게 해야 할지 알 수 없어, 나 또한 혼란스러웠다. 그러면 안 된다고 꾸중해도 통하지 않고, 얼러 보기도 하지만 도통 먹히지 않는다. 참다못해 더 강하게 하자니 '아이가 혹시나 상처를 받으면 어쩌나' 하는 다양한 생각이 순간 스쳐 갔다. 강요도 할 수 없고, 그냥 걱정스레 마주 보며 비켜 앉아 있다. 고학년의 경우 "네가 많이 속상하구나."라고 공감을 하면 대개 분노로 가득 찼던 눈이 풀리는 경우가 많은데, 이런 공감적 표현도 먹히지 않고 지금 이 아이는 철통같은 유리벽 너머에 있는 느낌이다.

불현듯, 몇 년 전 다섯 살이던 내 아들이 이유도 없이 삐쳐서 이런 반응을 보이며 눈동자를 위로 한 채 앉아 있던 생각이 났다. 화가 난 것은 분명한데 어떤 이유로 화가 났는지 물어봐도 대답을 안 하고 도무지 알 길이 없어, 답답하다 못해 황망한 느낌이 들기도 했었다.

지금 내 눈 앞에 있는 현이와 다섯 살이던 내 아들이 보여 주었던 행동은 사뭇 비슷하다. 분명 매우 강렬한 부정적 감정에 빠져 있는 상태이고, 그것을 어떻게 표현할 줄 몰라서 거의 동물적 수준의 비이성적인 감정 표현을 하고 있다. 어떤 위로도 조언도 강요도 통하지 않는 상황이다.


## 4학년 상인이

상인이에 대해서 처음 이야기를 들었던 것은 1학년 때 담임선생님을 통해서이다. 선생님은 아이들의 긍정성을 강하게 믿고, 웬만해서는 아이에 대한 걱정을 말하지 않는 분이었다. 그런 선생님이 어느 날 문득 상인이를 걱정하는 말씀을 하셨다. 감정이 없는 것처럼 차갑게 행동하고 여자에 대해서 엄청난 혐오감을 표현한다는 것이다. 아직 1학년이라서 더 지켜봐야겠지만 불과 여덟 살 나이에 보이는, 여자에 대한 뼛속까지 차 있는 불신감이 너무나 강하고, 그 외의 상황에서는 호불호의 감정 표현이 없어서 뭔지 모르지만 걱정스럽다는 말씀이었다.

이런 상인이가 4학년이 되어 두 건의 학교폭력 사건을 일으켰다. 한 사건은 약간 산만하고 허풍이 있는 약골의 친구를 여러 가지 방법으로 괴롭힌 것이다. 어머니가 없는 상인이를 안타까운 마음에 올 때마다 친절하게 대해 주던 피해자 부모는 깊은 배신감으로 더욱 분노한 상황이었다. 4학년이라 볼 수 없는 여러 가지

행태, 특히 카카오톡으로 새벽 4시에 반강제적으로 친구를 불러내고, 그 친구를 집중적으로 괴롭히는 카카오스토리를 만들어서 친구들을 불러 모아 사이버 상에서 '친구 죽이기 파티'를 벌인 것은 고학년 가해학생들에서도 드문 행동이었다. 피해자 아이는 예정에 있는 전학을 가기로 한 상태였는데, 그 아버지는 상인이의 전문적인 상담을 강력하게 요구하며 종결을 지었다.

상담이 시작되었지만, 얼마 안 되어서 방학이 시작될 즈음 또 한 건의 학교폭력이 밝혀졌다. 같은 학급에 어떤 친구가 전학을 가면서 상인이 때문에 전학을 간다고 폭탄 선언하듯 말했다는 것이다. 담임교사와 학교 입장에서는 다소 뜨악한 상황이었다. 사전에 학부모의 어떤 신고나 상담 의뢰도 없는 상황이었고, 전학 가면서 폭탄 선언하듯 상인이를 가해 주동자로 지목한 것이다. 뚜렷한 신체폭력이나 괴롭힘의 증거가 있지 않았지만, 그 학생의 학부모는 자신의 아이가 은근한 괴롭힘에 시들시들 말라 갔다며 상인이가 무서운 아이라고 했다. 상인이는 반에서 가장 약한 아이들을 은근하게 괴롭히는, 특히 뱀처럼 냉담한 표정으로 쏘아보면서 마음을 주눅 들게 하는 재주(?)가 있었다.

상인이를 위해 매칭된 상담교사는 6년 이상의 상담경력이 있는 유능한 상담자였는데, 상담을 하면서 상인이의 다양한 저항에 무기력해져서 오히려 나에게 호소할 지경이었다. 어떠한 감정 표현도 없고, 감정의 동요도 없으며, 철저하게 자신을 외부로부터 차단하여 상담진행이 어렵다고 했다. 어릴 때부터 피아노 선생님이 권하는 물 한 잔도 안 마셨다고 하고, 상담교사가 6개월 이상을 만나는 와중에 주는 어떠한 사탕이나 간식도 받은 적이 없었다. 그나마 '예' '아니요'라는 대답을 한 시기도 상담을 한창 진행하면서이다.

어른들에게는 어떠한 감정의 동요도 보이지 않는 상인이, 친구들 중에 가장 약한 아이를 찾아내어 다양한 방법으로 정서적인 가해를 하는 상인이는 공감력에 문제가 느껴지는 매우 걱정스러운 학생이다.

# 6학년 지상이

지상이는 3학년 때부터 교사들과 사사건건 부딪히는 학생이다. 친구들과는 장난도 치고 잘 어울려서 지내지만, 교사가 조금 권위적인 모습을 보이거나 본인이 약간 차별을 받는 느낌을 받을 때, 특히 자신의 잘못이 지적당하면 분을 참지 못한다.

왜 자신이 학급회의 조직에서 회장이라는 아이 밑에 있어야 하는지 따지며 학급조직 자체를 부정한다. 규칙 위반 시 청소하는 벌칙을 자신은 찬성할 수 없으니 할 수 없다고 하거나 학급회의 시간에 1대 다수로 아이들과 붙기도 한다. 여기까지 들으면, 남들이 모두 '예'라고 할 때 '아니요'라고 말하는 용기 있고 창의적인 아이라고 생각할 수도 있겠다. 그러나 가장 걱정스러운 것은 대상이 누구든지 한판 붙는 심정으로 대들고 분을 이기지 못한다는 점이다. 손을 부르르 떨고 발을 구르거나 손으로 책상을 친다. 더 심하면 눈이 뒤집히는 모습을 보인다.

지상이는 교사를 비롯한 권위가 있는 사람들에게 '공정함'을 요구한다. 언뜻 들으면 일리가 있는 말이다. 그러나 지상이가 요구하는 정의는 타인에게만 적용한다. 남들은 반드시 지켜야 하는 것이고, 지키지 못할 때는 나라님이라도 엄벌에 처해야 한다. 하지만 그런 원칙이 자신에게는 예외이다. 즉, 자신이 본의 아니게 무엇인가를 훔쳤을 때 그것이 밝혀지지 않으면 끝까지 숨긴다는 것이고, 양심이라는 것은 나를 해롭게 하는 것이며, 확실한 증거로 상대가 뭐라고 해도 끝까지 잡아떼면 상황을 모면할 수도 있는 것이 세상 이치라는 것이다. 이 세상 경찰들은 모두 썩었고, 정치가들도 썩었으며, 그런 썩은 사람들의 말을 왜 듣느냐는 것이다. 이런 말을 주고받으면서 얼마가 기가 찼는지 아직 도덕성이 덜 발달되어서 그런가 보다 했지만, 6학년이 되어도 상황은 더 악화되었다. 논리적으로 따지고 들어가서 할 말이 없어지면 또 화를 내거나 뒤로 돌아앉는다.

하루는 수행평가와 관련된 학습장을 계속 내지 않아서 내지 않은 아이들을 일으켜 세워서 언제까지 낼 것인지 물어보았다. 대부분의 아이들은 다소 창피해하면서 내일까지 꼭 내겠다거나, 썼는데 못 냈다며 지금이라도 내겠다는 반응들을 보였다. 그러나 지상이는 "씨, 냈는데 왜 그러냐!" 하며 불손한 반응을 보였다. "아무것도 안 써서 냈길래 돌려준 것이고, 그것을 언제까지 써서 낼 것인지 물어보는 건데 그게 잘못이니?" 하자 "왜 나만 갖고 그래요?" 하며 또 부르르 떨기 시작한다. "너만 갖고 그러는 게 아니잖아? 쓰지 않고 낸 것을 냈다고 할 수 있니?" 라고 재차 묻자 "낸 건 낸 거 잖아요? 뭐가 잘못이냐고요! 왜 나만 갖고 그래!" 하며 버럭 소리를 지르며 화를 낸다. 이런 상황이 3학년부터 지금까지 이어져 온 것이고, 1년간의 개인 및 가족상담을 했지만, 상황은 나아지지 않고 있다.

심지어 담임교사와 상담 중에 부르르 떨며 책상을 걷어차고 벌떡 일어나는 아이를 교사가 제압하고자 엉겁결에 멱살을 잡자 지상이는 눈을 뒤집고 거의 거품을 물며 "폭력이다"라며 대들고 악을 썼다. 너무나 난리를 부려서 학부모를 불렀다. 그러나 어머니는 교사에게 바락바락 대드는 아이를 말리지도 않고 스마트폰을 켜 녹음을 시작하더니 먼 곳을 바라보고 있다. "어머님, 지금 뭐 하시는 건가요?" "뭐, 우리 아이만 잘못한 것은 아닌 것 같은데요?" 이런 상황이 6년간 계속되어 온 것이다. 지상이는 도대체 무엇이 문제일까?

둘

# 왜 정서교육인가

## 행복을 위해 필요하다

앞의 세 아이는 학교에서 가끔 만나 볼 수 있는 아이들이다. 구체적으로 통계를 낸 것은 아니지만, 20여 년간 교직 생활을 하며 이런 아이들이 점점 늘어나고 있는 것을 체감한다. 내가 신규 때만 해도 아이들에게 꾸중이라도 하면 겸연쩍어하거나 수치스러워하거나 당황하는 표정을 짓는 아이들이 대부분이었는데, 요즘은 '저 사람이 왜 저러지?'라는 표정으로 교사를 무표정하게 빤히 쳐다보거나 꾸중 들어서 기분 나쁘다는 표정을 바로 짓는 아이들도 꽤 있다. 학급당 인원 수는 줄었지만 갈수록 아이들의 생활교육 및 인성교육에 무력감을 느끼게 된다.

이런 현상에 대해서 20세기 교사가 21세기 학생들을 가르치기 때문이라며 시대에 제대로 따라가지 못하는 교사의 무능력을 탓하기도 하고, 아이들을 '신인류'라고 부르면서 뇌구조가 달라졌다고 과학적인 근거를 들어 이야기하기도 한다. 그러나 여전히 답답함만 느낀다. 무력함을 느끼기는 교사뿐만이 아니다.

많은 노력으로 아이를 잘 돌보는 학부모들도 있겠지만, 아이에 대한 관심이 많아진 만큼 우리 아이가 잘 크고 있는지 불안해하는 부모들이 늘고 있다. 유치원이나 학교에서 교사들이 마음 먹고 어렵사리 말해 주는 내용을 어떻게 받아들여야 할지 혼란스러워하는 학부모들도 많아지고 있다. 키나 몸무게처럼 늘고 줄어드는 것이 눈에 확실히 보이면 문제가 명료할 텐데, 아이의 마음이 어떤 상태인지, 잘 성장하고 있는지 답답할 때가 많다. 심리검사로 진단을 할 수는 있지만, 심리검사를 받게 되는 시점은 문제가 이미 심화된 경우라서 성장과정에서의 점검이 아닌, 진단인 경우가 대부분이다.

무엇보다 우리가 그렇게 믿었던 '아는 것이 힘이다'라는 '지능에 대한 믿음'의 붕괴가 우리를 당황스럽게 하고 있다. 인지적인 우수함이 아이의 행복과 미래의 성공을 가져올 줄 알았고, 그래서 엄청난 사교육 등으로 좋은 대학을 목표로 아이를 키워 왔었다. 그런데 그 노력만큼 아이도 부모도 행복하지 않고 성공적인 미래를 보장하는 것도 아닌 점에서 회의감이 늘고 있다. 이런 의구심을 뒷받침하는 연구결과들이 속속 발표되고 있는 상황이다. 이른바 머리 좋은 아이들, 즉 지능이 우수한 아이들이 사회적으로도 성공하고 행복하게 사느냐를 주제로 한 연구들은 별로 상관이 높지 않다는 결과를 속속 발표하고 있다. 또한 미국의 자수성가한 백만장자들이 그렇게 우수한 학업성적을 보였던 사람들이 아니라는 사실들이 밝혀지면서 그럼 도대체 아이들의 무엇을 키워 주는 데 관심을 가져야 하는지 고민하게 된다. 우리나라처럼 아이들의 자율성을 뒤로 한 채, 부모가 경제적·시간적으로 아이에게 매달리면서, 결국 아이도 그 주변 가족도 희생으로 점철되는 이 상황이 과연 의미가 있는지 생각해 보게 된다. 알 수 없는 미래를 위해 현재를 희생하면서 사는 것이 과연 옳은 선택인가 자문하게 된다.

어느덧 삶의 질을 생각하는 시대가 왔다. 배부른 소리가 아니다. 배부르면 더 인간답고 행복할 줄 알았는데, 그것이 아님을 깨닫게 된다. 풍족함 속에서(물론 여전히 힘든 삶을 사는 사람들이 많지만) 유독 '웰빙' '행복론' '인문학'이 최근 들어 광풍처럼 유행하는 현상은 우리 마음의 세계에 무엇인가 적신호가 왔다는 의미일 것이다.

행복론에 대한 많은 책들이 있지만, 세계의 석학이라고 할 수 있는 하버드 대학의 탈 벤 샤하르(Tal Ben Shahar) 교수는 『해피어』에서 개인이 행복해지는 방법을 제시하고 있다. 마이클 샌델(Michael Sandel) 교수는 '사회적 정의'에 대해서 이야기하면서 인간성을 보존하면서도 서로가 진정으로 만족할 수 있는 방법이 무엇인지에 대해서 이야기하고 있다. 개인이든 사회든 우리는 인간답게 살고자 하고 행복하고자 한다.

인간답게 사는 것이 무엇일까? '인간(人間)'이라는 용어처럼 우리는 서로 어울려 살아야 행복한 존재들이다. '소통' '공감'이라는 말이 화두가 되는 이유는 이런 용어를 써야 할 만큼 현재 우리가 소통과 공감에 취약하기 때문일 것이다. 여기서의 소통과 공감에는 '나 자신'에 대한 소통과 공감도 해당된다. 즉, 나 자신의 신체 상태도 통해야 하고, 어제 배운 것과 오늘 배운 것이 통해야 하며, 생각과 감정이 통해야 한다. 신체적이고 인지적인 통합에 대해서는 우리가 많은 공을 들이고 있다. 그러나 정작 정서적인 소통에 대해서는 어렴풋이 그 중요성을 알면서도 그것을 각자 개인이 감당할 일이라고 여기는 경향이 있다. 정서가 신체나 인지의 발달, 소통처럼 눈에 확연히 보이지 않기 때문이다.

물리적이고 외부적으로 다양한 고난보다 사람을 더 힘들게 하는 것은 정서적으로 조절이 안 되고 다양한 부정적 감정에 빠졌을 때이다. 감정에 휩싸이는 순간 내가 왜 이러는지, 어떤 감정 상태인지, 이런 감정을 어떻게 받아들여야 할지 그리고 어떻게 이 감정을 조절해야 할지 몰라 갈팡질팡하게 된다. 이런 혼란과 갈등이 싫어서 마치 아무 감정도 느끼지 않는 듯 행동하며, 무의식 속으로 감정을 구겨 넣거나 필요 이상의 과도한 감정 표출로 수치심이라는 2차적인 괴로움에 휩싸이게 된다. 이렇게 요동치는 감정을 잘 조절하는 것은 먼저 내가 평온해지는 것이고, 이로 인해 나와 주변에 상처 주지 않고 평화로운 관계를 유지하는 것이다. 이것이 행복의 조건임에는 틀림없다.

이러한 능력은 지능도 인성도 아닌 또 다른 능력이다. 이것을 '정서지능'이라고 한다. 자신의 감정을 인식하고 소통하는 능력, 자신의 감정과 공감하면서 나를 스스로 어루만지며 평온하게 만들 수 있는 능력은 타인과의 소통과 공감 전에 배워야 할 필수적인 행복의 기초 공사이다.

이런 '통합'이 내 주변의 타인과도 이어질 때 우리가 느끼는 것은 심리적 만족감이다. 타인과의 소통, 타인에 대한 배려와 봉사가 어떤 힘을 발휘하는지 여러 증거들이 있다. 타인에게 무엇인가를 베푸는 과정에서 우리는 긍정의 호르몬인 엔돌핀이 나오고 침샘의 면역항체인 'Ig A'가 증가를 하면서 병에 잘 걸리지 않고 콜레스테롤 수치가 낮아진다고 한다. 놀라운 것은 타인에게 선행을 하는 이 과정을 본인이 실천하는 순간뿐만 아니라 남이 하는 것을 보는 것만으로도 심리적인 포만감을 느끼는데, 이것을 '테레사 효과'라고 한다. 결국 인간답게 산다는 것은 서로 어울려 산다는 것이고, 서로 어울려 살면서 우리는 행복감을 느낀다.

'서로 어울려 산다'는 것은 감정적인 상호작용이 일어나야 가능하다. 정서적인 상호작용은 소통의 기본이고, 내 행복의 기본이며, 더 나아가 사회적 행복의 바탕이 된다. 따라서 정서적인 상호작용 기술은 매우 중요하며, 이것은 훈련되어야 한다.

이런 시대를 반영하듯 학부모를 대상으로 하는 다양한 부모교육 연수와 교사들을 위한 다양한 전문적 연수들이 진행되면서, 올바른 훈육과 교육에 대해서 고민하는 어른들이 늘고 있다.

감정은 외부와의 상호작용에서 수시로 발생하며, 이 느낌이 긍정적이든 부정적이든 분명하게 인식하고 온전히 느껴 보거나 때로는 통제해야 할 순간에 맞닥뜨린다. 이것은 신체적 기능, 인지적 기능처럼 본능이 아닌 기르고 다듬어야 하는 능력이다. 어떻게 형성시키느냐에 따라 우리들의 화두인 '행복'에 대한 발견과도 이어진다. 결국 나와 우리를 위해 평온함과 만족감을 위해서 감정의 관리는 필수적이다.

## 정서지능도 능력이다

EQ라는 용어로 더 많이 알려진 '정서지능'은 자신과 타인의 감정을 정확하게 이해하고, 상황에 적절하게 표현하며, 조절 및 활용, 통제를 할 수 있는 능력이다. 정서지능은 다니엘 골먼(Daniel Goleman)에 의해 대중화되었다. 그는 정서지능이 원만한 인간관계를 형성하고 대인관계의 폭과 깊이를 결정하는, 성인기의 성공적인 사회생활을 주도하는 핵심이라고 주장한다.

특히 IQ의 사회적 성공에 대한 설명력이 4~25% 정도인 데 비해, 정서지능이 60% 이상의 설명력을 차지한다는 결과는 IQ의 신봉자였던 터먼(Terman)의 터

마이트 연구결과와 더불어 정서지능이 인지능력에 비해 얼마나 중요한지를 증명하는 것이라고 하겠다.

그렇다면 이렇게 중요한 정서지능은 키워질 수 있는가?

정서지능에 대한 국내외의 많은 연구결과를 보면, 정서지능은 훈련을 통해 향상될 수 있으며, 정서지능 및 도덕성, 자아존중감, 친사회적 행동, 사회적 능력, 대인관계, 스트레스 관리, 자기 효능감, 학교생활 적응, 공격성 감소, 자아 정체성, 심지어 학습능력에 긍정적인 효과가 있다고 제시하고 있다.

정서지능의 중요성에 대한 실험은 다양하다. 가장 대표적인 것은 1966년의 '마시멜로 실험'이다. 이 실험에서 말하고자 하는 것은 정서지능의 하위요인인 '만족지연능력'이 성장에 어떤 영향을 미치는가이다. 스탠퍼드 대학에서 진행된 이 실험은 만 4세 유아 200명을 대상으로 마시멜로를 하나씩 주며 '15분 동안 먹지 않고 참으면 1개를 더 주겠다'는 제안을 하며 진행된다. 아이가 보이는 반응과 12~14년 후 이 아이들의 사회적 성취와의 상관을 보는 것이다. 즉, 15분을 참으라고 할 때, 아이들의 반응에 따라 아이들은 '즉각 먹은 집단' '참다가 중간에 포기한 집단' '끝까지 참아 2개를 받은 집단' 등 세 집단으로 분류되었다. 12~14년의 종단 연구결과, '즉각 먹은 집단' '중간에 포기한 집단'은 대인관계에서 참을성이 없고, 정서적 통제 능력이 부족하며, 낮은 자아 존중감, 외톨이, 문제학생 등의 결과를 나타내었다. 학업성취도 낮게 나타났다. 이에 비해 '끝까지 참아 2개를 받은 집단'은 대인관계가 원활하고 갈등 관리 능력, 좌절에 대한 대처 능력, 자기 관리 능력, 집중력 등이 앞의 두 집단보다 유의미하게 높았으며, 학업성취도 높게 나타났다.

여기서 한 가지 의문이 들 수 있다. 이 실험대로라면 정서지능은 타고난 것인가? 이에 대한 답은 1989년의 두 번째 마시멜로 실험에서 밝혀진다. 결과는 만족지연능력, 즉 자제력은 길러질 수 있다는 것이다.

우선, 마시멜로가 들어 있는 병의 뚜껑을 닫아서 유혹으로부터 차단시켜 주는 배려가 있을 때 아이들은 더 잘 참았다. 두 번째 결론은 참을 수 있는 방법을 아이들에게 알려 주고 나서 실험을 했을 때 아이들은 더 잘 인내했고, 마지막으로 실험자가 약속을 지키지 않았을 때 아이들의 자제력은 급감했다는 것이다.

결국 마시멜로 실험이 우리에게 주는 메시지는 자제력이 있는 아이들이 학업적인 면에서나 사회적인 면에서 더 성공한다는 1966년의 결과론적인 결론만이 아니다. 부모나 교사가 아이들에게 유혹으로부터 멀어지도록 하는 배려, 참는 방법에 대한 교육, 평상시 아이들과의 약속을 소중하게 생각하고 잘 지키면서 쌓여진 신뢰감이 아이들을 더 잘 참고 자제하게 해 주는 힘이 된다는 것이다. 모든 가능성과 성취의 기반이 되는 만족지연능력 혹은 자제력은 교육을 통해서 충분히 키워질 수 있다. 그리고 정말 중요한 교육은 아이들에게 신뢰를 주는 어른들의 행동 신뢰를 주는 사회적인 분위기 자체이다.

특히, 정서지능은 다른 사람과의 정서적인 유대에서 비롯된다. 이런 유대를 애착이라고 한다. 최초의 애착 대상은 어머니와 같은 주양육자이다. 어머니와의 안정된 애착을 통해서 아이는 따뜻함과 더불어 대인관계의 기초인 인간에 대한 기본적인 신뢰감을 형성하게 된다. 마찬가지로 정서지능, 그중에서 상황 속에서 자신의 욕구를 참을 수 있는 능력은 타고난 기질도 있겠지만 어른들의 양육에 의해 키워진다.

'마시멜로 실험'과 더불어 정서지능과 관련된 연구는 '낙관성 실험'이다. 긍정심리학의 대가인 마틴 셀리그만(Martin Seligman)은 보험사의 신입사원을 대상으로 '낙관성 실험'을 진행하였다. 즉, 낙관성이 보험설계사의 직업유지율 및 실적과 어떤 상관이 있는지 보았다. 보험설계사를 뽑을 때 선발시험이 아닌 '낙관성 검사'로 신입사원의 일부를 뽑아 그 결과를 보았다. '낙관성이 낮은 집단'에서는 4분의 3이 일을 시작한 지 첫 3년 안에 보험설계사 일을 그만두었다. 이에 비해 '낙관성이 높은 집단'에서는 다른 집단보다 퇴사율도 낮을 뿐만 아니라 21%나 높은 보험 실적을 올렸으며, 그 다음해에는 57%나 높은 실적을 올렸다는 것이다. 여기서 말하는 '낙관성'은 '낙천성'이 아니다. 낙천성은 될 대로 되라는 식의 무책임한 태도나 합리화라는 방어기제를 쓰며 상황을 회피하는 성향이다. 이에 반해 '낙관성'은 좌절스럽거나 부정적인 감정이 드는 상황에서 얼마나 잘 자신을 추스르는가의 '회복탄력성'을 뜻한다. 사람은 누구나 상처를 받는다. 특히 보험설계사나 요즘 가장 스트레스가 높은 감정노동자 직업군인 '텔레마케터'처럼 다양한 사람들을 많이 접하는 사람들은 더욱 그러할 것이다. 이런 상처들을 부인하는 것이 아니라 객관화시키고 나에 대한 자존감을 유지하면서 추스릴 수 있는 힘은 정말 중요한 능력이다. 세상과 상황을 긍정적으로 바라보고 자신을 상처로부터 회복하는 힘은 능력임에 틀림없다.

　이러한 극적인 실험이 아니더라도 정서지능의 국내 연구를 살펴보면, 정서지능이 스트레스 대처 행동, 주관적 안녕감, 또래 관계 기술, 학교생활 적응과 관계가 깊다는 연구들이 속속 나오고 있다. 아울러 정서지능이 청소년의 문제행동, 공격성과 분노 표현, 심지어 우리가 고민하고 있는 집단 괴롭힘, 성인기의 대인관계, 자살 생각, 인터넷 중독과 같은 부정적인 요소들과도 부적상관이 있는 것으로 나타나고 있다.

　결국 자신의 정서를 잘 파악하고, 타인의 정서를 잘 이해하며, 정서 간의 미묘한 차이를 구별할 수 있고, 자신의 정서를 적절하게 조절할 수 있으며, 아울러 정서에 대한 반성적 사고까지 가능한 사람으로 성장한다는 것은 인간으로서 최고의 지성에 이르는 길임에 틀림없다. 즉, 자신의 주인으로서 자신을 컨트롤하며 타인과 행복한 삶을 살 수 있는 것이다. '마시멜로 실험'이나 '낙관성 실험'처럼 참아야 하는 상황, 좌절스러운 상황에서 본인을 어떻게 컨트롤하고 또래 관계 기술을 어떻게 형성·유지·극복하며 스트레스에 어떻게 대처하는지에 대한 교육은 모든 학생들에게 필요한 것이며, 이것은 결국 각 학생의 사회적 발달과업이라고 하겠다.

## 파멸을 막기 위해 필요하다

　정서지능에 대한 더 많은 관심이 필요한 이유는 정서의 관리가 제대로 되지 못해서 겪는 문제들 때문이다. 이제까지 보지 못한 행동들을 하는 아이들이 늘어나면서 어른들은 당황스럽다. 학교에서는 줄어드는 학급당 인원수에도 불구하고 학급경영 및 생활지도를 어려워하는 교사들이 고통이라고 호소하기도 한다. 친구들이 화가 나게 한다고 소화기를 교실 가득 뿌려 대는 아이도 있고, 교사에게 욕뿐만 아니라 의자를 던지는 아이도 있다. 부모들의 잔소리에 짜증을 내거나 화를 내다가 몸집이 더 커지면서 부모를 때리는 아이들도 늘고 있다. 물론 과거에도 이런 일은 있었다. 그러나 그 발생율이 예전에 비해 늘었다는 것은 모두 동의할 것이다.

학교폭력의 심각성에 대해서는 하루가 멀다 하고 매스컴에 보도되고 있는 것을 보아도 그러하다. 학교폭력도 결국 정서가 차단되어서 재미 삼아 남을 괴롭히거나 상대방의 행동을 잘못 파악하여 공격적인 행동을 보이는 등 둘 중 하나인데, 이것도 결국 정서의 관리와 관계가 깊다. 즉, 공감력이 떨어지거나 상대방의 정서를 잘못 파악해서 폭력이 발생하는 것이다. 내 아이든 남의 아이든 이런 아이들을 도대체 어떻게 정서적으로 안정시키고, 이성에 의해 정서를 다스리는 성숙된 인간으로 성장시킬 것인가는 교사뿐만 아니라 학부모들에게도 큰 고민이다.

하지만 아이들의 정서지능에 대해서 이야기하기 전에 이 책을 읽고 있는 우리 어른들 스스로를 반추해 보자. 최근 누구에겐가 과도하게 화를 낸 적이 있는가? 화를 내고 후회한 적이 있는가? 아니면 그것을 꾹꾹 참느라고 몸이 아파 오거나 화병이 나서 힘든 적이 있는가? '그렇다'고 말하는 사람이 아마 많을 것이다. 우리는 필요 이상으로 부정적인 감정을 과도하게 표현하거나 또는 과하게 억누르거나 숨긴다. 이런 감정의 잘못된 통제는 개인뿐만 아니라 사회적으로도 도를 넘어서고 있다.

예를 들면, '도로 위의 폭력'이다. 1980년대 후반 미국 LA에서 처음 명명된 '로드 레이지(Road Rage)' 현상이 현재 우리나라에서도 심심찮게 목격되고 있다. 도로 위에서 분노에 찬 행동이라는 의미 그대로, 내가 가해자 입장이든 피해자 입장이든 상관없이 상대방의 행동에 화가 나서 그대로 공격이나 폭력을 행사하는 것이다. 복잡한 요인들이 작용하겠지만, 당황스러운 상대의 행동에 '저게 날 무시하네!' '저게 날 공격하네!'라고 순간적인 해석을 하고 그에 대한 분노를 바로 표출하는 것이다. 이성을 잃은 상태에서 말이다. 이성을 잃었다는 것은 편도체에서 일어난 내 감정이 전두엽에 의해 제대로 통제되지 않는 상황을 뜻한다.

대한민국에서 운전대를 잡아 본 사람이라면 자신이 이런 감정을 느끼거나, 남이 이런 감정을 공격적으로 표출하는 것에 깜짝 놀란 경험이 있을 것이다. 평소 조용한 사람도 운전대를 잡으면 왜 말과 행동이 거칠게 변하는지에 대해서는 좀더 많은 연구가 필요하다. 속도 제어를 해야 하는 긴장된 상태에서 들어오는 다양하고 작은 자극들이 신경을 더 날카롭게 하고, 여유롭게 판단할 심리적인 에너지가 부족한 상황이라 판단력이 흐려질 수밖에 없을지도 모른다. 그리고 내가 자동차라는 기계에 가려져 있기에 나를 숨길 수 있으므로(익명성) 정서적인 통제가 더 안 될 수도 있겠다. 그러나 중요한 것은 순간의 감정이 제어가 안 되어 큰 사고를 불러오기에 정서의 관리는 매우 중요하다.

사랑하는 내 아이에게도 마찬가지이다. 후회가 되면서도 화가 나는 15초, 가라앉는 2분을 참지 못해서 어느 순간 아이에게 필요 이상의 화를 내고 있음을 느낀다. 엄마로서 또 교사로서 이 글을 쓰고 있는 나 자신의 분노가 솔직히 나의 고민이다. 고해성사 하는 심정으로 이야기를 하자면, 첫 아이를 낳고 육아, 직장생활, 살림에 그야말로 슈퍼우먼을 강요당하면서 그 스트레스는 온전히 분노로 쌓이는 기분에 힘들었다. 이런 일뿐만 아니라 가족관계, 친척관계에서 내가 원치 않는 상황들이 일어나고 통제할 수 없는 상황이 발생하면서 분노를 누르기도 하고 회피하거나 또 과도하게 표현하면서 주위 사람, 특히 내 아이에게 너무나 상처를 많이 주었다는 것을 느낀다. 지금도 서툰 엄마 역할을 하면서 아이에게 준 많은 심리적 상처들에 문득문득 죄의식을 느끼면서 한없는 미안함에 눈시울이 뜨거워질 때도 있다.

교실에서도 정서적 통제력을 잃은 아이들을 자주 만난다. 조금만 자극을 받아도 과도하게 소리를 치거나 부산하게 행동하는 아이들, 말끝마다 자신의 부정적 감정을 욕으로 표현하는 아이들, 주먹부터 나가는 아이들이 심심찮게 있다. 더 나아가서는 분노 폭발로 이성을 잃고 날뛰는 아이들도 있다. 이런 경우를 ADHD, 파괴적 기분조절 곤란장애, 적대적 반항장애, 성격장애 등으로 진단 내리기도 한다. 이런 학생들로 인해 갈수록 학급경영이나 생활교육이 어렵다.

반대로 정서적으로 무딘 아이들도 있다. 무슨 생각을 하는지, 무엇을 느끼는지 이해가 안 되는 경우가 그러하다. 무기력함, 우울, 선택적 함묵증, 분열성 성격장애, '자폐 스펙트럼 증상'을 가진 아이들, 반사회성 성격장애를 가진 사람은 정서적인 소통이 원만하지 못한 것이 사실이다.

과도한 정서 표출도 그 반대의 경우도 소통이 안 되기에 어렵다. 교육이든 양육이든 '관계'이고 이것은 소통에서 시작되는데, 정서적인 상호작용이 버거우니 교육도 훈육도 양육도 힘든 것이 사실이다. 학교에서는 아이들과 마음으로 만나는 시간이 부족해서 그럴 수도 있으나 만나는 처음부터 이미 증상이 악화되어 있는 경우도 많다. 그러나 교육은 변화이고, 이런 학생들과도 함께하기 위해서는 수용적인 자세가 필요하다. 이러한 수용은 이런 장애를 겪고 있는 학생들에 대한 이해에서 비롯된다. 이해를 위해 정서와 관련된 문제행동들을 살펴보자.

# 정서 문제를 겪고 있는 우리 아이들

정서의 과잉 또는 과소가 아이들의 행동으로 어떻게 나타날까? 들어오는 자극에 대해서 전두엽의 통제가 잘 되지 않아 부산하고 과잉행동을 보이며, 주의집중을 못하는 ADHD나 우울함의 반동 작용으로 일어나는 아이들의 가면 우울증, 쌓여진 억울함을 엄한 사람에게 풀어 버리는 적대적 반항장애 등은 분명히 정서 표출에 문제가 있다는 공통점을 지닌다.

20여 년의 교사 생활을 하면서 자주는 아니지만, 다양한 정서 및 행동장애를 가진 학생들을 만났다. 내가 만난 아이들의 특징을 사례로 기술하면서 그 증상의 특징, 원인을 이야기해 보고자 한다.

그 학생들을 만날 당시에는 대학교 때의 지식과 살아온 경험으로 이해를 하려다 보니 쉽지가 않았다. 3년 후 상담교육을 전공하면서 특수교육, 이상심리학 등을 통해 좀 더 깊이 있게 이해할 수 있었지만, 여전히 내가 맡은 학급에 그런 친구들이 들어오면 당황스럽고 버거웠던 것은 사실이다. 우리 각자가 저마다 강점과 약점을 가지고 있고, 강점에 의해서 약점은 대체적으로 가려지거나 보완이 된다는 것을 머리로는 이해가 되지만 태도로 나타나기까지 노력이 필요한 것은 사실이다. 무엇보다 아이를 키우거나 교육하는 우리들은 그들도 한 구성원이고 우리와 함께해야 할 아이들로서 이해하고 수용해야 한다. 그래야지만 우리가 정상분포의 중간에 있다고 여겨지는 아이들에게 '다름'에 대한 교육이 가능하다.

나와 좀 다른 모습을 보이는 '차이'에 대해서 당황스러움을 느끼는 것은 자연스러운 감정이지만, 그 증상에 대해서 이해하고 잘못된 것이 아니라 좀 다를 뿐이라는 것, 그리고 '따뜻한 차별(배려)'이 필요한 사람들임을 인식시키는 것은 매우 중요한 교육이다. '톨레랑스(관용의 정신)'라고 하는 어려운 말이 아니더라도 나와 다른 친구들을 볼 때 느껴지는 감정을 있는 그대로 인식하고, 그 감정을 전환할 수 있도록 다양하고 정확한 정보를 주는 것이 다문화 사회에 사는 어른으로서의 의무일 것이다.

이를 위해서는 우선 바르게 이해를 하는 것이 우선이다.

## 정서의 과잉: ADHD 증상을 가진 나댐이

나댐이는 늘 안절부절못합니다. 선생님이 말을 끝내기도 전에 불쑥 끼어들 때가 많고, 친구들 일에도 이것저것 참견이 많고 산만합니다. 수업 중에 가만히 있지 못해 이리저리 다니고, 수업에 집중하는 아이들을 은근히 괴롭히면서 아이들과 충돌이 잦습니다. 책상 위는 어제 들었던 교과서와 오늘 것으로 수북하니 엉망입니다.

늘 규칙을 어기기 일쑤이고, 조용한 곳에서 잘 이야기하면 후회하는 얼굴 표정이 역력한데, 돌아서면 또다시 그 일을 반복하면서 교사인 나의 화를 돋웁니다.

주의가 산만하고, 행동이 과하며, 충동적입니다. 이 세 가지가 ADHD(주의력 결핍 과잉행동장애)의 기준에 딱 맞는 것을 보아, 나댐이는 확실히 ADHD인 것 같습니다. 솔직히 가끔은 저 아이가 제정신이 아닌 것 같다는 생각이 들기도 합니다. 무엇보다 애들과 왜 그리 충돌이 잦은지, 하루에도 열두 번씩 일어나는 싸움에 어쩔 땐 교사로서의 한계를 느낍니다. 어느 날 하굣길에 개구진 남학생과 말발 센 여학생들이 패드립(부모님, 가족에 대한 욕을 뜻하는 청소년 사이의 은어)을 하는 나댐이에게 불만이 있어서 운동장 스탠드 구석으로 몰아넣었습니다. 더 이상 도망칠 때가 없어서 당황한 나댐이는 갑자기 미술 시간에 쓰려고 가져왔던 커터칼을 꺼내 휘두르며 "가까이 오면 찔러 버린다."라고 말하여 아이들이 기겁을 하며 도망치는 사건이 일어났습니다. 학교로 민원 전화가 들어오고 한바탕 소동이 벌어졌습니다.

## 왜?

ADHD(Attention Deficit Hyperactivity Disorder)는 부주의, 충동성, 과잉행동으로 나타난다. 유아기 때부터 미성숙하고 서투른 행동을 하며 가만히 앉아 몰두를 못한다. 여기저기 다니면서 주변 사람을 방해하는 행동을 일삼는다. 상대에 대한 충분한 공감 능력이나 상대의 입장을 생각할 수 있는 '조망수용능력'이 충분히 여물지 못한 초등학생들 사이에서 충동적이고 과잉적인 행동을 보이는 아이는 환영받기 어렵다. 안타까운 것은 친구들을 한창 사귀는 시기인데 나댐이와 같은 아이들이 갖고 있는 감정의 과잉, 부산함은 친구관계 형성에 가장 큰 약점이다.

정서에 대한 전반적인 통제나 관리는 뇌의 전두엽이 담당하고 있다. ADHD로 진단받은 학생들은 특히 외부로부터 들어오는 자극들에 대한 필터링이나 통제가 어렵다. 이러한 정보의 필터링 및 통제를 전두엽이 담당하는데 ADHD를 앓고 있는 아이들은 전두엽이 제 기능을 못하는 학생들이다. 이 때문에 자신의 감정 조절이 안 되고, 쉽게 흥분하며, 제 기분에 못 이겨 상대의 기분에 대한 배려 없이 말과 행동을 함부로 한다. 아이들의 인성이 나쁘다는 것이 아니라, 자신의 생각을 걸러서 표현하는 장치가 부족한 것이다. 이러한 행동 특징은 또래들로부터, 심지어는 교사들로부터도 배척을 받는 주요한 이유가 된다. 이러한 배척은 당연히 자존감의 저하, 학교생활의 부적응, 우울과 좌절감, 더 나아가 반항심과 적대감을 형성하는 원인이 된다. 주의가 산만하고 행동이 과잉인 이 아이들에 대한 적절한 개입이 없으면, 아이들은 결국 방치가 되는 것이며 당사자뿐만 아니라 주변 사람들에게도 불행감을 가져올 수밖에 없다.

적절한 개입이란 무엇인가? 조심스럽지만, 약물치료가 중요하다. 전두엽이 제대로 기능을 하도록 각성제를 먹게 되면 아이는 올바른 행동을 습득하도록 집중할 수 있다. 그러나 여기서 조심할 것은 아이가 정말 ADHD가 맞는지 면밀하게 살펴보는 것이다. 왜냐하면 기질상 호기심이 많고 민첩하며 지루한 것을 참지 못하는 학생들이 있기 때문이다. 또 주변 상황이 어렵거나 스트레스 상황일 때 아이들은 산만하고 충동적으로 행동할 수 있다. 아이의 부산함이나 충동성이 가정, 학교 적응, 또래 관계 등에서 비롯된 후천적인 경우일 수도 있기에 전문가의 면밀한 진단이 필요하다. 믿거나 말거나, 한때 ADHD에 대한 관심이 높았던 시기에 아이에 대해서 유난히 걱정이 많은 어머니가 아이를 데리고 병원을 찾은 적이 있다. 의사는 신중한 진단 없이 어머니의 하소연만 듣고 ADHD라고 처방하고 바로 약을 주었는데 어머니가 좀 이상하다며 나와 상담을 한 적이 있다. 병에 대한 진단은 관상이나 점을 치는 것이 아니다. 약의 부작용도 있기에 신뢰할 수 있는 기관에서 진단을 받는 것이 중요하다.

잘못된 진단의 염려로 미국정신의학협회에서 출판하는 DSM(Diagnostic and Statistical Manual of Mental Disorders, 정신질환 진단 및 통계 편람) 5판(2015년 개정)에서는 현재 발생 진단 기준을 7세 이전에서 12세로 높이자는 의견을 제시하고 있다. 7세 이전은 발달상 매우 활발하고 에너지가 넘치며 집중 시간이 짧은 시기이기 때문이다. 여기에 기질이 더해지면서 ADHD로 잘못 진단될 수 있다는 것이다. 특히 약물치료를 동반하기에 신중을 기해야 한다.

## 어떻게?

수용하기 어렵지만, 진단을 받은 후 약을 먹기 시작하는데, 약에 대한 적응 기간이 필요하고, 약도 아이와 궁합이 있다고 한다. ADHD 치료제인 각성제는 종류가 다양하다. 주변에서 이 약을 복용하는 아이들을 보면, '약이 목에서 걸려 넘어가지 않는다' '속이 미식거린다'고 하면서 약을 먹기 힘들어하는 아이들이 있다. 또한 계속 늘어져 있거나 꾸벅꾸벅 졸고, 속이 계속 울렁거려서 제대로 밥을 못 먹어 말라 가는 아이들도 자주 보게 된다. 약의 적응 기간이 필요하지만, 몇

달이 지났는데도 아이가 너무 늘어지고 식사를 제대로 못하면 의사에게 알려서 맞는 약을 더 알아보아야 할 것이다.

더욱 중요한 것은 약 복용만으로 끝내서는 안 된다는 것이다. 약물치료로 인한 전두엽의 기능이 향상되어 자신의 정서나 행동에 대한 통제가 이루어지고 집중이 가능한 그 순간에 아이가 행동을 바르게 형성하도록 상담이나 교육이 이루어져야 한다.

교사나 학부모들은 이 아이들의 정서 과잉에 대해서 '일부러 나를 괴롭힌다'는 생각에서 벗어나, 자기도 모르게 그러한 충동적이고 부산한 행동을 하고 있음을 이해하는 것이 중요하다. 『리틀 몬스터』라는 책을 보면, 현재는 대학교수인 주인공이 자신의 별명이 '작은 괴물'이었으며, 부모님으로부터 가장 많이 들은 말이 '오 마이 갓'이었다고 회상을 한다. 무엇보다 '저기 창문에다가 이 토마토를 던져 볼까? 안 되겠지?' 하고 갈등하는데 이미 손에 있던 토마토가 날아가고 있어서 스스로도 깜짝 놀랐다고 회상한다. 생각 전에 행동을 먼저 하게 되는 것이다.

ADHD로 진단받은 아이들은 인간관계에서의 어려움, 주변에 끼치는 피해들, 떨어지는 자존감, 이로 인한 비행의 시작, 배척, 약의 부작용으로 인한 생활 적응상의 어려움, 간이나 신장의 손상 등으로 평범한 친구들이 겪지 않는 일을 겪는 아이들이다. 그 학생들이 일부러 그런 것이 아니라 자신도 모르게 충동적이고 부산한 행동을 하며 괴로워하고 있음을 이해해 주는 것, 그것이 어른들의 가장 큰 배려일 것이다.

학교에서 교사로서 할 수 있는 배려는 치료가 아니다. 교육적·환경적 배려가 필요하다. 자극에 민감하고 전두엽이 제대로 기능을 하지 못해서 오감의 자극, 특히 시각·청각적 자극을 잘 걸러 내지 못하는 아이의 상황을 이해해야 한다. 따라서 교실 환경을 깔끔하고 안정된 분위기로 만드는 것이 중요하다. 산만하고 알록달록한 환경은 아이를 더 자극하고 부산스럽게 만들 수 있다.

ADHD가 아니더라도 번잡스런 아이들이 많은 경우 모둠별 책상 배치보다는 앞을 보고 앉아서 자극을 덜 받도록 하고, 산만해지기 쉬운 창문가나 문 옆, 아이들과 자주 부대끼는 사물함 근처에는 자리를 배정하지 않도록 한다. ADHD의 경우 수업 중 부산한 모습이 신경 쓰이는 것은 사실이지만, 교사로서 가장 힘든

점은 아이들과의 충돌 시 중재하고 제어해야 하는 상황이 잦다는 것이다. 이 상황은 아이의 마음먹기로 되는 것이 아니고 환경을 안정되고 차분하게 만들어 주는 배려가 필요하다.

아울러 수업 활동을 다양화하여 교실을 운영하는 것이 나댐이와 같은 친구들에게 도움이 된다. 그들의 과도한 호기심에 피곤해지겠지만, 그들이 선택과 집중을 하도록 긍정적인 행동에는 반응을 해 주고 부정적인 행동에는 무시를 하면서 행동을 스스로 잡아가게끔 해야 한다. 이것을 꾸준한 인내심을 가지고 해야 하기에 교사는 힘들 수밖에 없다.

## 정서의 양극화: 소아 우울증에 빠진 유리

초등학교 5학년인 유리, 기초학습부진아로 판명되어 상담으로 만난 첫날이 잊혀지지 않습니다. 상담이 시작되기도 전에 다른 학생과 상담을 하고 있는데 몇 번을 들여다보다가 자기 차례가 되어 앉자마자 잘 아는 지인에게 말하듯 이야기를 풀어 갑니다. 상담자가 끼어들 겨를도 없이 장황하게 자신의 이야기를 합니다. 최대한 귀를 기울여 무슨 말을 하려는 것인지 들으려고 노력하는데, 솔직히 무슨 말을 하려는지 맥락이 잡히지 않고 왜 이 얘기를 지금 꺼내는지 흐름 파악이 안 됩니다. "그러니까, ○○한 이야기라는 것이니?" "예? 맞긴 맞는데요, 그게…… (또 설명)." 자신의 이야기를 상대방이 이해했는지 아닌지는 중요하지 않고 그냥 정신없이 이 얘기 하다 저 얘기 하고 있는 아이를 보면서 '어떻게 저렇게 핵심 없이 이야기를 끊임없이 이어 갈 수 있을까' 놀랍기만 합니다.

상담을 한 후 담임교사와의 대화 속에서 유리가 학급에서는 거의 말이 없고, 심지어 한마디도 하지 않고 대꾸도 하지 않아 답답한 적이 많다는 이야기를 들었습니다. 선택적 함구증이라고 할 만큼 말이 없다는 것에 놀랐습니다.

유리의 문제는 단순한 기초학습부진이 아니라 상습적으로 도벽이 있다는 것입니다. 친구의 핸드폰을 훔쳤다가 상담자인 나에게 밝혀 달라는 담임교사의 말에 반신반의하며 진지하게 이야기를 나누는 사이, 핸드폰을 훔친 것을 고백해서 당황시키기도 합니다. 훔친 이유를 물으니 "걔가 잘난 척하고, 내 뒷담화를 하는 것을 들었어요. 그래서 복수하려고요."라고 대답합니다.

상담 중에 유리는 자신이 형제자매(지금 현재는 베트남인인 새엄마와 살고 있음) 중에서 가장 못생겼고, 둘째이며, 갖고 싶은 것이 많은데 돈이 한 푼도 없어 좌절스럽다고 합니다. 그리고 친구들이 뒷담화(뒤에서 쑥덕대기)를 할 때마다 분노가 일어 꼭 복수를 하는데, 그 방법은 복수 대상인 아이의 물건을 훔쳐서 버리거나 숨기는 것입니다. 심지어는 사물함 속 물건 위치를 바꾸거나 화장실에 버리기도 하면서 자신을 기분 나쁘게 하는 아이들에게 앙갚음을 한다고 다소 자랑스럽게 말합니다.

유리는 나와 만나기 전인 지난 1년간 다문화센터에서 상담을 받았고, 소아우울증이라는 진단을 받았다고 합니다. 우울증이 조울증으로 간 것이 아닌가 걱정스럽습니다. 신들린 듯 1시간 내내 자기 말만 쏟아 내다가 어느 날은 입을 꼭 다물고 아무 말도 하지 않습니다. 목석처럼 표정 없는 얼굴로 앉아 있는 유리와 제 흥에 겨워 끝없이 말하는 유리는 너무나 다른 모습입니다. 마치 연극을 하듯이 자신의 감정을 쏟아 내는 것을 보면서 연극성 성격장애를 겪고 있는 사람처럼 뭔가 텅 비어 있다는 느낌을 받기도 합니다. 자기를 사랑하는 사람은 아무도 없다며 말하는 모습이 참 안쓰럽습니다.

## 정서의 침잠: 버럭이의 가면 우울증

전교회장인 6학년 버럭이는 우리 반 남학생입니다. 축구도 잘하고 키도 크며 공부도 어느 정도 하는지라 친구들에게 인기가 많습니다. 부모의 기대가 많은지 학업 스트레스도 많은 것 같습니다. 그런데 담임인 저나 교과전담 선생님들에게 불만이 있을 때 주체를 못하고 노골적으로 반항을 하고 소리를 지릅니다. 친구들에게도 축구에서 지면 엄청 화를 냅니다. 선생님의 훈계가 시작되면 불만과 억울함이 가득한 얼굴로 가끔은 울 것 같은 표정으로 서 있습니다. 이야기를 할라치면 가끔은 다른 곳을 바라보며 듣는 둥 마는 둥 서 있습니다. 저에게만 그런가 보다 했는데, 다른 선생님께도 그렇고 무엇보다 사람들이 많은 자리에서 어머니에게 무엇인가를 못 챙겨 주었다고 소리를 지르며 화를 내는 것을 보고 놀랐습니다. 사춘기라고 하기에는 너무 과한 행동입니다. 소리를 지르면서도 울먹울먹한 그 표정을 보면, 당황스러움과 안타까움이 함께 일어납니다.

## 왜?

앞 사례의 유리와 버럭이는 여러 요인이 있겠지만, 특히 우울장애가 두드러지는 학생들이다. 우울장애(Depressive Disorder)는 슬픔, 공허감, 짜증스러운 기분과 그에 따르는 신체적 혹은 인지적 증상으로 인해 개인의 기능이 현저하게 저하되는 부적응 증상을 의미한다. 우울장애는 삶을 매우 고통스럽게 만드는 정서장애이면서도 '심리적인 감기'라고 불릴 정도로 매우 흔한 장애이기도 하다(권석만, 2014).

최근 DSM-5에서 제시된 우울장애의 하위유형에는 주요우울장애, 지속적 우울장애, 월경전기 불쾌장애, 파괴적 기분조절 곤란장애가 있다. 우리가 일반적으로 알고 있듯이 우울장애는 지속적인 기분 및 의욕과 즐거움의 감퇴, 주의집중력과 판단력의 저하, 체중과 수면 패턴의 변화, 무가치감과 죄책감, 죽음이나 자살에 대한 사고의 증가 등으로 그 특성을 정리할 수 있다. 어른들이 우울증에 빠졌다고 하면, 침대에서 하루 종일 일어나지 않거나 개수대에 설거지가 가득 쌓여 있어도 설거지를 할 기력조차 없는 무기력한 경우를 떠올린다. 그러나 아이들의 우울증은 어른과는 그 표현방식이 좀 다르다. 즉, 그러한 기분에 대한 반동형성으로 우울한 기분을 짜증이나 분노 폭발, 파괴적인 행동 등으로 나타낸다. 어린아이가 걸핏하면 짜증을 내면서 우는 경우는 왠지 엄습해 오는 우울한 감정을

'울음'이나 '투정 부리기'로 행동화하는 것이다. 즉, '유리'의 경우처럼 양극성 장애로 나타날 수도 있고, 다음의 사례에 나오는 반정이처럼 파괴적 기분조절 곤란장애로 나타날 수 있다. 또 버럭이처럼 자신의 불쾌한 감정을 울먹울먹한 소리 지르기로 나타내기도 한다.

　아이들은 어른과 달리 불쾌한 기분을 '행동화'하면서 '적대적 반항장애'나 '품행장애'로 진단을 받기도 하지만, 그 깊은 마음에는 우울감이 도사리고 있는 경우가 많다. 그래서 이것을 '가면 우울증'이라고 한다. 가면 우울증으로 칭해지는 이유는 청소년들의 우울장애가 반드시 우울한 기분으로만 나타나는 것은 아니기 때문이다. 우울로 인해 집중력 장애와 학업 부진이 나타나고, 여기저기 아픈 곳을 호소하는 신체화 증상을 보인다. 또한 대인관계가 달라지고, 비행이나 일탈 행위로 나타나면서 어른들을 당황스럽게 한다. 버럭이의 경우 사춘기의 반항쯤으로 여길 수도 있지만, 자신의 부정적 감정이 일어날 때 어쩔 줄 몰라 하며 과도하게 소리를 지르거나 물건을 찬다. 또한 기분의 기복이 유난히 심하여 주변을 당황시킬 만큼 그 행동이 과하다. 정서적으로 민감한 교사는 아이의 짜증과 분노라는 가면 뒤에 숨어 있는 우울을 느끼기도 한다.

### 어떻게?

　아이들의 우울증의 원인은 다양하다. 호르몬의 영향도 있을 수 있고, 감당하기 힘든 사건을 겪어서 그럴 수도 있지만, '가랑비에 옷 젖듯' 작은 사건들 속에서 낮아진 자존감 때문에 어느 순간 우울을 겪을 수 있다. 또한 자신감이 저하되고 자기 자신에게 내적 비난을 가하면서 삶의 의욕을 잃어버릴 수도 있다. 항상 무기력한 아이들의 행동도 문제이지만, 행동화가 되어서 청소년의 특징인 '개인적 우화('나는 불멸의 존재이다' '나는 특별하다'와 같은)'와 겹치면서 매우 위험한 행동을 할 수도 있기 때문에 위험하다. 그래서 청소년의 우울은 관심을 갖고 관찰하고, 발견이 되면 적극적인 상담 및 치료에 들어가야 한다.

　사실, 상담치료에서도 우울증을 가진 사람을 치료하는 데에는 매우 큰 에너지가 들고 어렵다. 프로이트(Freud)의 주장처럼 공격성이 자기 자신을 향하고 자신을 끊임없이 공격하면서, 무기력해질 대로 무기력해져서 바닥난 감정을 끌어올리는 것 자체가 어려울 수 있다. 치료 방향은 주기적인 감정 패턴에서 감정이 다운 되는 전조 증상이 일어날 때 어떻게 대처할 것인지 그 방법을 모색하고 연습해야 한다. 부정적인 감정이 들 때 함께 따라오는 부정적인 자동화 사고를 변화시키기 위해 비합리적인 신념을 논리적으로 논박하면서 합리적인 신념을 갖고 정서를 조절하게끔 하는 인지-정서 치료를 할 수도 있다. 그러나 이러한 과정은 학교에서는 불가능하다. 보다 전문적인 기관의 개입이 필요하다.

## 정서의 폭발: 파괴적 기분조절 곤란장애를 보이는 반정이

초등학교 4학년인 반정이는 하루에도 몇 번씩 교실에서 소리를 지릅니다. 아이들에게 지르는 것뿐만 아니라 담임교사에게도 지릅니다. 억울하다고, 나만 대우를 못 받는다고, 공정하지 못하다고 화에 화를 더하며 하루를 시작하고 끝냅니다.

반정이의 첫 불만은 왜 회장을 뽑아서 회장 말을 듣고 살아야 하나, 학급임원이면 임원이지 왜 이래라 저래라인가를 공개적으로 불만에 가득 차 이야기를 합니다. 이런 학급회의는 누가 내 위에 서는 부당한 제도라고 소리 지르며 비판합니다. 왜 선생님은 나만 X표를 치나, 왜 선생님은 발표를 나만 시키지 않는가(실제로는 많이 시켰음에도 불구하고)의 불만을 쏟아 내며 선생님을 들들 볶기도 합니다. 학급회의 시간에는 말도 안 되는 의견을 우기며 아이들 전체와 대립할 때도 있고, 회장이 꼴 보기 싫다고 점심 시간에 '회장 물러나라'라는 연판장을 돌려 아이들의 서명을 받습니다.

얼굴은 늘 불만에 쌓여 있고 불만을 최고조로 표출할 때는 눈이 뒤집혀지듯 희번득거리면서 선생님에게도 대듭니다. 담임교사에게 한참 대들다가 진정을 시킬 목적으로 상담실에 내려와 이야기를 나누는 과정에서도 처음 대하는 상담자에게 이유 없이 화를 냅니다. "지가 뭔데 나를 학급에서 몰아내고 난리야,

씨.” 하며 담임교사에 대해서 깎아내리는 말을 서슴지 않습니다. “반정아, 아무리 선생님이 안 계셔도 너희 부모님보다도 나이 많으신 어른을 그렇게 말하니 불편하구나.” 하고 꾸중하듯 얘기하니 먼 산을 바라보며 “치!” 합니다.

말도 안 되는 논리로 우기는 것, 고집 피우는 것도 모자라 5학년 선배와 작은 충돌이 있었는데, 잘못된 행동을 인식하도록 지도하는 5학년 교사에게도 말대꾸를 하다가 대들기까지 하며, 눈물을 흘리면서도 한 발짝도 물러서지 않습니다. 교사가 말하다가 화가 나서 티슈 통을 책상에 내리쳤다고 울며불며, 그 교사가 놀란 자신에게 사과를 해야 한다고 합니다. 자신은 남에게 소리 지르고 놀리고 욕해도 괜찮고 교사든 누구든 자신에게 함부로 할 수 없다고 난리입니다.

상담 중 도덕성을 알아보는 질문을 했습니다. “만약에 너가 무엇인가를 훔쳤어. 밝혀질 것이 뻔할 텐데, 차라리 솔직히 얘기하는 게 마음 편하지 않겠니?”라는 ‘만약에~’ 질문을 해 봅니다. 반정이의 답은 충격입니다. “어떤 바보가 먼저 이야기를 해요? 끝까지 발뺌해야지요. 그리고 걸려도 난 아니다 끝까지 말하면 되지요.”

돌봄교실에서도 문제집을 푸는 과정에서 선생님이 채점을 해 주며 원리를 다시 설명하는 과정에서 뻔히 나와 있는 답을 보고도 답이 잘못되었다고 뻑뻑 우깁니다. 선생님이 한숨을 쉬며 물러났지만 불만이 쌓여 있습니다. 선생님이 마지막 정리를 하면서 정리를 도와주는 사람만 과자를 주겠다고 하니 “지가 뭔데, 과자로 사람을 조정해? 치사하고 더럽다.”라고 해서 결국 돌봄교실에서 퇴출되기도 했습니다.

온 세상 불만을 다 껴안고 있는 반정이는 참으로 주변 사람들을 식겁하게 합니다. 반정이 자신도 참 고단하겠다 싶습니다.

## 왜?

반정이는 적대적 반항장애, 품행장애 등 다양하게 진단 내릴 수 있지만, 가장 적절한 진단명은 ‘파괴적 기분조절 곤란장애’이다. 자신의 불쾌한 기분을 조절하지 못하고 분노행동을 표출하는데, 이 학생들의 특징은 '만성적 짜증'과 '간헐적 분노 폭발'이다.

불쾌한 기분에 대한 정서조절이 미숙한 어린아이들도 가끔 떼를 쓰며 울어대고 소리를 지르는 분노 폭발을 보이기도 한다. 마트의 장난감 코너에서 가끔 목격되는 장면이다. 그러나 이러한 아이의 분노 폭발은 만 6세가 되면 거의 사라지는 것이 정상이다. 그 이상의 나이에서 빈번하게 이러한 행동을 보이면 우울장애 중 '파괴적 기분조절 곤란장애'로 진단을 하게 된다.

왜 이런 장애를 겪게 되는 것일까? 우선, 일반 아이들에 비해 '좌절에 대한 과민 반응성'을 보인다. 같은 좌절 상황에서도 더 기분 나빠하고 불안해하며 공격적이라는 것이다. 한마디로 좌절에 지나치게 민감하다.

신경생리학적으로도 부정적인 감정 반응을 스스로 억제하는 뇌 기능이 저하되어 있다. 이 아이들은 '정서지능'의 기본인 '상대의 표정 인식'에 오류를 범하여 오해를 하고 불쾌감이나 좌절을 느낀다. 즉, 다른 사람의 의도나 감정을 정확히 처리하는 능력이 부족하여 주변 사람들과의 관계에서 유독 좌절감을 많이 느끼고, 이 좌절감을 다스리는 기능 또한 저하되어 분노를 폭발하며 과잉으로 감정을 표현하는 것이다.

학교에서 많은 아이들을 접하면서 이런 아이들이 점점 더 많이 목격되고 있다. 화가 난다고 교사에게 욕을 하고 물건을 던지거나, 친구들에게 화가 난다고 분말 소화기를 뿌리는 아이들도 있다.

아이들이 왜 자신의 불쾌한 감정을 이러한 파괴적인 행동들로 표현하는 것일까? ADHD와 마찬가지로, 전두엽을 비롯한 뇌 기능이나 호르몬 불균형을 원인으로 꼽을 수 있지만, 또 다른 요인으로는 가족이나 환경적 요인이 있다. 반정이의 경우 부모 사이의 적대감이 반정이에게 전달되었고, 반정이의 문제행동으로 그나마 부부간의 대화가 이어지는 상황이었다. 설상가상으로 양육태도에도 문제를 보였다.

아버지는 반정이에게 남자다움을 강조하며 다소 폭력적으로 대하였고, 연년생 여동생과 끊임없이 비교하였다. 부모교육을 통해서 반정이에게 대하는 방식을 바꾸도록 하여, 양육 과정에서 아이에게 욕을 하거나 때리거나 차별하는 것을 줄이도록 할 수 있었다. 그러나 아버지의 변화에도 불구하고 반정이의 행동은 쉽사리 달라지지 않았다. 상담결과, 또 다른 요인인 어머니의 역기능적인 양육태도가 드러났다. 남편에 대한 불만과 분노를 아이를 통해서 남편에게 전하도록 하고 있었고, 반정이에게 이중적인 메시지를 보내고 있었다. "선생님께 그렇게 행동하면 안 돼."라며 교사에게 예의를 갖추라고 충고하는 듯하면서도 "선생님이 너에게 부당하게 대할 때는 가만히 있으면 안 돼. 스마트폰으로 촬영을 하든 해서 증거를 남겨 놔." 하며 교사에게 대적할 것을 지시하기도 했다. 아이가 교사를 믿으라는 것인지 아닌지 갈피를 못 잡도록 하면서 혼란을 가져온 것이다. 상황에 대한 파악에 오해가 있고, 불쾌한 상황에 예민하며, 부정적 감정의 처리가 미숙한 반정이에게 어머니의 이중 메시지에 의한 인지적인 혼란은 더욱더 파괴적인 감정 표현을 유발했을 것이다.

반정이에게 물었다. "누가 제일 밉니?" "엄마요." "저번에는 아버지라고 했던 거 같은데?" "에이 씨, 엄마가 더 짜증나요. 아빠는 뭘 원하는지 알겠는데, 엄마는 뭘 바라는 것인지…… 짜증나요. 머리 아프고." 이제까지 자신을 함부로 대해 온 아빠에 대한 분노의 깊은 저변에는 자신을 이러지도 저러지도 못하게 하는 어머니에 대한 분노가 더 심하게 쌓여 있었던 것이다. 자기애성이 강한, 이중적인 엄마의 태도가 반정이의 반항적인 태도를 더욱 심화시켜 온 것이다.

가족체계이론에 따르면 한 아이의 문제 행동은 역기능적인 가족체계의 산물이다. 가족체계의 긴장적인 관계를 아이의 문제 행동을 통해서 완화하거나 은폐하는 것으로, 아이를 IP(index person, identified person)로 정의할 수 있다. 반정이의 부모는 서로를 증오하며 오랫동안 살아왔다. 특히 경제적으로 넉넉하지 못한 상황에서 남편의 무능력을 원망하며 그 원망을 아이들에게 풀어 왔다. 대놓고 "너의 아빠는 무능력하고 무식하고 가치 없는 사람이다."라는 말을 내뱉으며 반정이가 아버지에 대한 증오를 키워 오도록 하였다. 더구나 반정이의 반항적이고 버릇없는 태도에 아버지는 훈육을 한다고 거칠게 대하면서, 반정이의 분노가 더욱 깊어지게 되었다. 다행히 가족상담을 통해 아버지의 양육태도가 변화하기 시작했고, 아버지와의 관계가 회복되면서 반정이의 분노는 다소 완화가 되는 듯하였다. 그러나 반정이의 적대적인 태도, 조절이 되지 않는 분노의 폭발은 다시금 일어나기 시작했다. 자신의 분노가 어디서 비롯되었는지 탐색하는 과정에서 어머니와의 역기능적인 관계가 새롭게 밝혀졌다.

결국 반정이의 '파괴적 기분조절 곤란장애'의 원인은 여러 각도에서 볼 수 있다. 주양육자인 어머니와의 애착 문제, 아버지의 거친 양육태도, 가족체계이론에서 본 역기능적 가족관계에서의 숨겨진 희생양으로서의 역할, 세상의 권위에 대해 보이는 부모들의 태도에 대한 모델링, 연년생인 동생과의 차별로 인한 좌절감 속에서 상황을 제대로 소화하고 극복하는 태도와 방법을 제대로 습득하지 못한 것이다.

중학생이 된 반정이는 지금도 중학교 교사들에게 다양한 방법으로 대들고, 가끔은 그것을 행동으로까지(교사의 뒤통수를 실내화로 맞히기) 옮기고 있다. 자신의 부정적인 감정을 제대로 조절을 못하는 상황에서 이제는 잘못된 방법으로 표현하고 있는 것이다.

### 어떻게?

교사로서 이런 학생들을 대할 때 느끼는 감정은 분노, 자괴감이다. 자신의 감정을 조절 못하고, 특히 권위적인 대상에 대해 더 많은 적대감을 드러내는 아이들을 만날 때면 당황스럽다. 예의는커녕 소리치고 욕하는 언어적 공격에 분노를 퍼붓는 아이와 같이 엉겨 붙어서, 훈계로 시작하다가 경고, 협박의 언어를 쓰는 자신을 발견할 때면 교사로서 수치스럽기까지 하다.

이런 학생들을 대할 때는 감정을 잘 다스리는 것이 중요하다. 이런 아이의 분노 표현은 교사인 '나'에게 하는 것이라기보다는 자기 화에 못 견딘 것임을 인식해야 한다. 그 아이의 감정을 공감하는데, 공감은 감정에 같이 휩쓸리는 것이 아니라 그 아이의 깊은 욕구를 읽고 잠잠해지면 읽어 주는 것이다. 굳건한 등대처럼, 그리고 단단한 나무처럼 굽어보면서 함께 서 있어야 한다.

무엇보다 아이들 앞에서 아이와 설전을 벌이면 안 된다. 감정이 폭발한 상태이고 폭발한 감정을 제대로 수습할 능력이 없는 아이이기에 아무리 합리적이고 논리적인 말로 훈계를 해도 되지 않는 비논리로 맞서면서 말은 뱅뱅 돈다. 말이 먹히지 않는 아이와 말싸움을 하고 있으면 마음속 분노가 끓게 되면서 갈등이 파괴적으로 처리되고, 이 과정을 바라보는 학급 아이들은 불안과 더불어 심리적 상처를 입는다. 아울러 그 아이의 폭력적인 행동을 배울 수가 있다. 교사가 감정을 추스르지 못하는 경우, 순간적으로 '여기서 이 아이에게 지면 교사로서의 나의 권위는 어찌되는가?'라는 불안감에 아이와 비슷하게 소리를 지르고 언어적 공격을 하면서 아이를 꺾으려는 행동을 한다. 그러나 교사의 이런 시도가 먹혀도 문제가 있고, 대부분은 먹히지 않을 확률이 높다. 왜냐하면 이 아이들은 이런 식으로 세상과 소통하고 길들여져 왔기 때문이다.

따라서 의외의 반응을 보이는 것이 더 효과적일 수 있다. "네가 많이 화가 난 것 같구나. 지금은 수업 시간이니 이따가 끝나고 얘기하자."로 나직하면서도 단호하게 둘만의 시간을 갖고 대화를 해야 함을 알려야 한다. 자신의 부정적 감정을 가라앉힐 시간과 학우들 앞에서 보일 가능성이 있는 수치스러운 행동을 차단하기 위해서도 시간이 필요하다. 물론 이 아이와 상담을 한다고 행동이 갑자기 변화되는 것은 아니다. 그러나 '상호 강압성'에 의해서 어른들과 말싸움의 수위를 높여 온 아이의 행동 패턴에 대해서 '대화'와 같은 다른 방법으로 부정적 감정을 해결할 수 있음을 가르칠 수 있다.

그러나 초등학교 시절에는 부모의 양육 패턴이나 부모의 심리적인 어려움이 극복되지 못하면 아이의 근본적인 변화는 불가능하다. '문제 행동을 보이는 아이 뒤에는 문제 부모가 있다'는 것은 정설이다. 따라서 부모가 인정하고 변하려고 노력하는 순간 아이도 변화하기 시작하는 것을 너무나 자주 목격하게 된다.

## 정서의 지체: 자폐 스펙트럼(아스퍼거 장애) 증상을 보이는 자훈이

자훈이는 5학년 남학생입니다. 눈도 크고 얼굴도 잘 생긴 미남입니다. 발육수준도 좋아서 매년 볼 때마다 쑥쑥 크고 있다는 생각이 듭니다.

수업 시간에 보면 늘 고개를 숙이고 무엇인가를 열심히 그리고 있습니다. 학습장으로 준 책은 온통 자신이 창조한 만화 캐릭터로 가득합니다. 가끔 중얼거리면서 그리기도 합니다. 자훈이가 그린 그림 속의 캐릭터들은 가끔 매우 상스러운 욕을 하기도 하고, 매우 불량스럽기도 하며, 구역질 나는 행동을 하고 있기도 합니다. 상당히 욕구에 충실한 그림들입니다. 하지만 자세히 잘 그렸다는 느낌을 줍니다.

고개 숙이고 있던 자훈이가 수업 중 고개를 드는 것은 좀 극단적인 사례를 들어 이야기를 제시할 때입니다. 사람이 죽었다든지, 떨어졌다든지, 불이 났다든지 등, 좀 말하기도 듣기에도 거북한 이야기들이 나올 때 갑자기 고개를 들고 바라보면서 집중과 호응을 합니다. 그런 자훈이를 어떤 아이들은 같이 웃어 주거나, 이해할 수 없다는 듯 쳐다보거나, 반응이 재미있다는 듯 짓궂게 보기도 합니다.

영어 듣기 평가 등에서 만점을 받을 정도로 반복적 학습에 매우 뛰어나고, 안 듣는 것 같으면서도 수업 중 내용을 듣고 있다가 문득 물어보면 바로 정답을 말하는 때도 있어서 친구들을 놀라게 하기도 합니다.

자훈이가 발표를 할 때는 마치 국어책을 읽는 것 같습니다. '○○는 그렇습니다.' 하고 기계적으로 이야기를 합니다.

예전에 3학년을 지도하면서 맡았던 승훈이는 영화 〈말아톤〉에 나오는 사람처럼 정말 기계적으로 말하거나 텔레비전에서나 나오는 배우들의 말투를 그대로 흉내 내는 듯 녹음기처럼 말했었습니다. 혼자만의 상상세계에 있으면서 갑자기 크게 이상한 웃음소리를 내기도 하고 무엇이 마음에 안 드는지 펄쩍 뛰어 무릎으로 착지하기, 책상에 머리 박기 등 자해행동을 하기도 해서 진땀을 흘린 적이 한두 번이 아닙니다.

그러나 자훈이는 전반적인 자폐를 가진 승훈이와는 달리 의사소통이 되고(물론 공감은 안 되는 듯합니다), 눈 마주침이 가능하며, 꾸중을 들으면 그 행동을 멈추기도 합니다. 상대가 물었을 때 이해도 가능하며 대답도 하는 등 전반적인 의사소통이 되지만, 자연스럽지가 않습니다. 친구들이 마치 아이 대하듯 "자훈아, 이거 했어?" 하면 했다고 답할 정도이지 다른 또래들처럼 수다를 떨 수 없고,

맥락에 닿지 않는 말들을 갑자기 불쑥 꺼내며 혼자 큰 소리로 떠들기도 합니다.

자훈이는 날씨의 영향을 많이 받습니다. 더운 날은 가끔 돌발 행동을 하기도 합니다. 1년에 몇 번 갑자기 자기 머리를 때리거나 손을 휘둘러서 그 손에 담임교사가 맞기도 했습니다. 집에서 스트레스 받은 일이 있을 때는 더욱 그렇습니다. 따뜻한 담임교사를 만나 교사에게 안아달라고 할 때도 있습니다. "그렇게 하면 안 되지요?" "예, 선생님. 안 되지요?" 하며 문어적인 표현을 합니다.

2학기 들어 갑자기 1층에 있는 1, 2학년 화장실을 들락거립니다. 쉬는 시간이나 가끔은 공부 시간에(아마 보건실을 간다고 하고 나와서는) 1층의 화장실에 들어가서는 화장실 밑을 들여다보고, 화장실에 있는 1학년 꼬마에게 문 열라며 문을 부수듯 두드려 안에 있던 아이에게 공포를 준 적도 있습니다. 다독이기도 하고 혼도 내면서 여러 선생님들이 그런 행동이나 기미가 보일 때마다 막아 보려고도 해 봅니다. "자훈아, 그러면 안 돼." "예!" 하지만 집착적인 그 행동이 쉽게 사라지지 않아서 어머니께 소아청소년 정신과에 가 보도록 했습니다.

문득 몇 년 전 아스퍼거라는 진단을 받은 여학생이 5학년이 되어서 『WHY?』 책에서 본 남녀의 성기를 지속적으로 그리고, 그 그림을 자신이 마음에 드는 남학생에게 선물(?)로 주어서 발칵 뒤집힌 적이 있던 경험이 생각났습니다. 사춘기가 오면서 이 아이들은 성적 환상에 빠지는 느낌이 들기도 합니다.

과학자가 꿈인 자훈이는 친구들과의 자발적인 교류 없이 자기만의 세계에 빠져 있는 모습으로 교실에 앉아 있습니다. 참 힘들기도 하겠다 느껴질 정도로 끝없이 만화를 여기저기에 그리고 있을 때 안쓰럽기도 합니다. 하지만 자훈이는 주변의 모든 것을 듣고 느끼고 알고 있다는 생각이 들 때가 많습니다.

## 왜?

자폐 스펙트럼 장애(autism spectrum disorder)는 현재의 자폐 장애, 아스퍼거 증후군, 소아기 와해성 장애 및 전반적 발달장애의 통합이다. 이것은 '사회-정서 발달의 지체'라고 할 수 있다.

'자폐 스펙트럼 장애'는 영화 〈말아톤〉을 통해서 대중에게 크게 알려졌다. 교사 생활을 하면서 자폐증을 가진 학생들을 몇몇 만나 보니 진단이 없어도 자폐증을 앓고 있다는 것이 한눈에 파악이 된다. 눈 마주침이 안 되고, 문어체적인 어휘를 쓰며, 제한된 관심과 흥미를 보이고, 손을 흔들거나 몸을 앞뒤로 하는 등 상동적인 행동을 보인다. 가장 큰 특징은 사회적 상호작용이 어렵고, 기이한 행동을 똑같이 반복한다. 무엇보다 의사소통 및 정서 표현의 어려움으로 상호 대화가 자연스럽게 이루어지지 못한다. 안타깝게도 자폐를 가진 경우 지적장애를 동반하는 경우가 많다. 이 지적장애를 함께 갖는 확률이 높은 이유는 자폐아의 1/3 정도가 정상인보다 높은 세로토닌(신경전달물질의 일종) 수치를 보인다는 연구결과와 관련이 있는 것으로 보인다. 즉, 세로토닌 수준이 지나치게 높을수록 심각한 지적장애와 조현병을 일으킨다는 보고가 있는데, 자폐증을 지닌 학생들이 지적 기능이 떨어지고 망상에 사로잡힌 듯한 반응을 보이는 것들은 세로토닌과 더불어 도파민과 같은 신경전달물질과도 연관이 있는 듯하다.

그러나 이 사례의 자훈이처럼 지능이 높은 아이들도 있다. 특히 뇌의 한 부분의 폭발적인 발달로 인해 세부묘사, 그림, 청음, 음악, 암기 등 한 분야에서 믿기 어려운 능력을 보여 주기도 한다. 이것을 '서번트 증후군'이라고 한다. 자훈이도 만화를 그리는 데 엄청난 속도와 묘사의 수준을 보여 준다. 여기에 더하여 영어 표현이 정확하다. 그러나 이런 능력이 있다고 하더라도 사회적인 상호작용이 어렵기에 늘 안타까움을 준다.

쌍생아 연구를 통해 자폐의 원인에는 유전적인 요인도 있음을 알 수 있지만, 일반적인 견해는 다른 생물학적 요인이나 환경적 요인이 복합적으로 작용하여 유발하는 것으로 모아지고 있다. 중요한 것은 『딥스』라는 책에서처럼 자폐가 엄마나 아빠의 양육 문제가 아니라는 것이다. 이 책의 영향으로 한때 자폐를 가진 아이의 부모, 특히 엄마에게 죄의식을 심어 주었지만, 자폐는 선천적 결과이다. '딥스'는 발달장애라기보다는 정서 및 행동장애이다. 즉, 애착과 같은 후천적인 영향의 정서장애이지 '자폐'와 같은 전반적 발달장애는 아니라는 것이다. 대부분의 '자폐 스펙트럼 장애'는 인지장애처럼 선천적인 것이다. 손가락이 붙어서 태어나는 아이들의 원인을 딱히 알 수 없듯이, 자폐 또한 그러하다. 오히려 태교를 열심

히 하거나 엘리트인 엄마에게서 자폐 스펙트럼 장애를 가진 아이가 태어나는 경
우가 많다는 것을 볼 때, 그 원인을 가족 환경에서 찾기도 어렵다.

진단은 원인을 찾아 아이의 가능성과 해결의 실마리를 찾고자 하는 것이지 누
구의 잘못인가를 캐내려 하는 것은 아니다.

## 어떻게?

템플 그랜딘(Temple Grandin)이라는 유명한 동물학자가 있다. 아스퍼거 장애
로 진단 받은 그녀는 인간의 감정에 대한 공감력이 부족한 대신 도살장의 소들
의 두려움을 너무 잘 공감하며 그 원인을 분석해서 소들의 공포감을 줄일 수 있
는 도살장을 고안해 냈다.

그녀가 사회와 소통하는 방식은 일상적인 대화보다는 자신이 잘하는 분야에
대해서 사람들과 이야기를 나누면서 가능했다. 제한된 흥미라고 하는 약점은 오
히려 강점이 되어 그녀를 전문가 및 교수로 만들었다. 그녀는 TED에까지 나와
서 자신은 자폐증을 가지고 있다고 하면서, 자신과 같은 자폐 스펙트럼에 놓인
사람들을 정상인에게 이해시키려는 강의까지 하게 되었다.

그녀의 말에서 가장 인상 깊은 호소는 이것이다. "우리가 의사소통이 잘 안 된
다고 우리를 포기하지 말라는 것입니다. 사회적 상호작용의 기술이 부족하기에
더 많이 노출되고 더 많이 함께해야 합니다. 시간이 많이 걸리더라도 함께하게
해 주세요."

지훈이라는 자폐증을 가진 3학년 학생의 담임이 된 적이 있다. 안타까운 마음
에 청소나 급식 당번과 같은 학급의 역할 등에서 제외를 시켰었다. 이것이 배려
라고 생각했었다. 그리고 지훈이는 나를 잘 기억하지 못할 것이고, 나에 대한 어
떤 감정도 느끼지 못하리라고 여겼었다. 어머니의 고생과 고통을 생각하며 지훈
이가 학교에서 조금이나마 행복할 수 있도록 이것저것 배려를 하려고 했으나, 자
신의 언어와 세계 속에서 사는 지훈이를 끌어내는 것은 음악 시간과 급식 시간
때뿐이었다. 한 번 음을 듣고 바로 부를 수 있는 청음 능력을 활용해서 음악시간
에 처음 노래를 배울 때 시범창을 시켰는데, 반 아이들은 놀라움에 그때마다 박

수를 쳐 주었다.

　그러나 교사로서 지훈이에게 했던 일상의 배려는 배려가 아닌, 나 편하자고 했던 '제외시키기'였음을 지훈이를 4학년으로 올려 보내고 나서야 깨달았다. 인자하면서도 단호하고 유머가 있던 지훈이의 4학년 담임교사는 지훈이가 아이들과 청소를 하게끔 만들었고, 급식 시간에 아이들과 함께 줄을 설 수 있게끔 가르쳤으며, 알림장을 쓰도록 하였다. 그리고 나처럼 지훈이만의 놀이공간을 만들지 않고 친구들과 함께 자리에 앉아 있게끔 했다. 이렇게 되기까지 선생님이 눈물겹게 노력하신 것은 물론이다. 급식 첫날 고기가 나왔다고 달려들어서 손으로 먹느라 교실이 난장판이 된 후 교사는 아이들과 함께 "줄 서!"를 외치며 지훈이가 칭얼거리면서도 차례를 지키도록 하였다. 욕구가 만족되지 않을 때, 지훈이의 엄청난 자해행동이 견디기 힘들었지만, 4학년 담임교사는 꿋꿋하게 지훈이가 사회적 규칙을 지키도록 길들이셨다. 청소도 어설프나마 친구들 하는 것을 따라 하면서 학급 속에서 자신이 맡은 일이 있고, 해야 할 일이 있음을 몸으로 배우도록 해 주었다.

　어느 날 운동장에서 우연히 지훈이를 만났다. 체육 수업을 하고 있는데 뒤에서 누군가 갑자기 등을 치길래 깜짝 놀라서 뒤를 돌아보니 지훈이가 그 특유의 흐릿한 눈길로 웃으면서 내 이름을 불렀다. 반갑다고 내 뒤에 와서 장난을 치며 함박웃음을 띠면서 내 이름을 계속 부르던 그 장면이 잊혀지지 않는다.

　지훈이의 나를 향한 웃음 속에서 '소외'가 아닌 보통의 아이들 속에 '포함(inclusion)'시키는 노력이 우리 어른들의 책무임을 깨닫게 된다. 태어나면서부터 '정서의 지체'를 겪고 있는 자폐 스펙트럼 아이들에게 더 많은 상호작용을 체험하고, 그 속에서 느리지만 규범을 배우고 체득하도록 하는 것이 진정한 배려일 것이다.


## 정서와 성격장애

### 정서와 관련된 성격장애

우리들이 심리적으로 겪는 문제들을 크게 두 부류로 나누면 정신병과 신경증이다. 정신병은 생활이 어려울 정도로 현실감이나 통제력이 상실된 상황으로, 가장 대표적인 것이 조현병이다. 이에 비해 신경증은 현실감이 있으나 통제가 어렵다는 특징이 있다. 강박장애가 여기에 속한다. 이와는 달리 성격 자체가 특이하여 부적응적인 삶이 지속되는 경우가 있는데 이를 '성격장애(personality disorder)'라고 한다. 인지적으로 상황을 해석하는 방식이 독특하다거나, 정서의 범위나 강도가 불안정하거나 적절하지 못한 경우, 이로 인해 대인관계가 어렵고 심하면 충동 조절이 안 되는 등의 특징이 있다. 성격장애가 심각하게 수면으로 떠오르는 것은 주로 청소년기이다. 아동기 때는 '그냥 독특하다'는 인상을 주는 것으로 지나갈 수 있다. 그러나 그 독특함이 제때에 개입이 안 되면 고착되어 청소년기에 다양하게 나타나면서 본인도 주변도 고통에 빠질 수 있다.

이러한 성격장애는 크게 세 개의 군으로 나뉜다. 사회적으로 고립되어 있고 기이한 A군 성격장애로 편집성, 분열성, 분열형 성격장애가 있다. B군 성격장애는 정서적이고 극적인 성격 특성을 보이는 반사회성, 연극성, 경계선, 자기애성 성격장애로 구성되어 있다. C군 성격장애는 강박성, 의존성, 회피성 성격장애로 구성되며, 불안하고 두려움을 많이 느끼는 특성을 지닌다. 이 중에서 정서와 관련 깊은 성격장애를 알아보자.

정서와 관련해서 '분열성 성격장애'는 관계 형성에 무관심하고, 감정 표현이 거의 없으며, 심하면 대인관계가 고립되어 있다. 산장에 홀로 살면서 대인관계를 끊고 사는 사람들도 있다. 이들은 정서적인 교류로 고통받는다. 남과 엮여서 감정 교류를 하는 상황을 싫어하고, 정서적으로 냉담하고 무관심하며 감정 반응이 둔감하다. 그러나 이러한 정서 반응에 비해 내면은 예민하고 경계적이며 고집스럽게 자기만의 세계를 보인다는 연구들도 있다.

'반사회성 성격장애'는 규범이나 윤리를 무시하면서 타인을 침범하고 폭력 및 사기 행동을 일삼는다. 이들은 잘못된 행동을 저지르면서 자신의 행동에 대한 죄책감을 느끼지 못한다는 것이 문제이다. 이들 중 '사이코패스'는 잘못을 저지르고 잘못에 대한 개념 자체가 없는 경우가 많고, 이들은 감정 조절이 미숙하고 순간적으로 극도의 감정을 드러낸다. 이런 특성으로 인해 잔인한 범죄를 충동적으로 저지르는 경우가 많다. 이에 비해 '소시오패스'는 잘못인 줄 알면서도 잘못을 저지르는 경우이다. 감정 조절이 탁월하여 목적을 위해서는 타인에게 의도적으로 친절하게 대하고 동정심을 유발해 낸다. '인지적인 공감력'이 발달되어 있어서 상대에게 어떻게 대하면 고통을 주거나 동정심을 얻을 수 있는지 파악하는 능력이 우수하다. 그러나 인간적인 감정, '정서적인 공감 능력'은 결핍된 상태로, 계산적이고 치밀한 반사회적 행동을 한다. 둘 중에 더 무서운 사람은 누구일까? 알면서 사람을 공격하는 사람과 충동적으로 사람을 해하는 사람 중 더 두려움을 주는 사람은 소시오패스일 것이다.

학교폭력 사안이 발생하는 상황에서 매우 잔인한 관계적 폭력을 저지르는, 머리 좋고 공부 잘하는 아이들을 보면 상당히 걱정이 된다. 그들 중에는 아무 이유도 없이 '그냥 내 스트레스 풀려고 별것 아닌 아이들 좀 괴롭힌 것이 뭐가 잘못이냐'는 아이들이 있다. 상대방의 영혼이 상처 입는 것을 알면서도 공격하고 언어적 폭력을 하며 SNS를 통해서 마음의 아픈 구석을 귀신처럼 찾아서 괴롭히는 아이들이 있다. 그리고 그 공격 대상이 권위가 있는 교사인 경우도 있다. 적대적 반항장애가 품행장애로, 이후 반사회성 성격장애로 발전한다는 것을 생각할 때 다른 선한 사람들을 위해서도, 이 아이를 위해서도 개입은 반드시 필요하다.

'연극성 성격장애'는 타인으로부터 관심을 끌려는 행동, 이를 위해 연극을 하듯이 과도하게 극적인 감정 표현을 하는 것이 특징이다. 영화 〈바람과 함께 사라지다〉에 나오는 스칼렛 오하라와 같은 인물이 대표적이다. 이들은 희로애락의 감정을 적극적으로 과하게 표현한다. 그와 상호작용하는 사람들은 그들이 피상적으로 느껴지고 그 감정 기복도 심하다. 현란한 말솜씨와 표정을 매력적으로 느낄 수도 있지만, 끝없는 인정의 요구와 자신의 요구를 관철시키려고 타인을 조종하는 행동 때문에 주변을 힘들게 한다. 정서가 진실되지 못하고 관심 받고 싶은 욕구를 위해 다양한 변신을 한다. 이런 사람들은 피상적이고 내면이 공허할 수밖에 없다.

'경계선 성격장애'는 불안정한 대인관계 속에서 격렬한 애증의 감정을 느끼고, 충동적인 행동으로 상대방을 조종하려 한다. 대인관계에서 뚝배기가 아닌 냄비 같은 패턴을 보인다. 버림받는 상황에 대한 극도의 두려움으로 반복적인 자살 및 자해 행동을 하기도 하며, 늘 만성적인 공허감과 상대에 대한 망상에 시달린다. 상대방에 대해서 극단적인 사랑과 극단적인 증오를 보이면서 우울, 공황, 물질남용, 충동통제, 섭식장애 등을 함께 나타낸다. 이 성격장애도 상대에 대해서 느끼는 다양한 감정을 극단적으로 해석하며 조절을 못한다.

'자기애성 성격장애'는 자기상이 과대화되어 있으며, 모든 것의 중심에 자신이 서고 찬사를 받고자 하는 욕구가 강하다. 특권의식을 가지고 타인에게 착취적이거나 오만한 행동이 특징이다. 〈악마는 프라다를 입는다〉라는 영화에 나오는 오만한 주인공과 닮은 행동 패턴을 보인다. 자신에게 에너지가 집중되어 있어서 상대의 상황이나 기분에 대한 공감 능력이 결여되어 있다. 우리가 흔히 말하는 왕자병, 공주병이 이 성격장애를 지칭하는 경우이다. 자신에 대한 과대화는 사춘기 청소년들에게 흔하게 나타나지만, 이것이 꼭 자기애성 성격장애로 발전하는 것은 아니다. 온실 속 화초처럼 귀하게 자란 대학생들 중에서 일부가 이런 경향을 보이기도 한다.

### 왜?

모든 성격장애에는 유전적인 요인이 존재할 수 있다. 그러나 유전적인 요인보다 더 큰 것은 발달 과정에서 경험한 주양육자(주로 어머니)와의 관계이다. 주양육자와의 따뜻한 관계를 '애착'이라고 하는데, 이것이 어떻게 형성되었는지에 따라 아이에게 평생의 자산인 성격이 만들어진다.

애착은 크게 네 가지 유형으로 나뉜다. 안정형(secure), 불안정-회피형(insecure-avoidant), 불안-양가감정형, 혼란-미조직형이 그것이다. '안정형'의 경우 부모의 양육태도가 편안하고 허용적이면서도 일관되어 있다. 아이와의 상호작용이 활발하여 정서적 신호나 행동에 대해 예민하게 감지해서 적절하게 반응을 해 준다. 이런 양육태도 속에서 아이는 애착을 충분하게 형성하였기 때문에 자율성을 향한 분리도 쉽다. 애착 대상인 부모에 대한 신뢰감이 형성되어 있기에 분리가 되었을 때 처음에는 힘들어하다가 잠잠해지고 다시 부모가 나타나면 반가워한다. 인간에 대한 기본적인 신뢰가 형성되었기에 사람들과의 상호작용이 원활하고 편하며, 긍정적인 인간관을 가지고 있다. 대인관계에서 갈등이 생겨도 특별한 전략을 쓰지 않고 타인과 '난로'와 같은 관계를 형성한다. 즉, 너무 가까이 있어서 데이지 않고 너무 멀어서 춥지도 않게 상대의 독립성을 인정하고 존중하면서 활발하게 상호작용한다.

'불안정-회피형'은 부모가 정서적인 수용이나 정서적인 공감과 지지가 부족하고, 심하면 거부의 표현이나 신체적인 접촉을 혐오하는 반응으로, 아이에게 좌절과 상처를 줄 때 형성되는 애착 유형이다. 정서적으로 무디고 차가운 부모와의 상호작용 속에서 아이는 부모와 분리가 되어도 고통을 느끼지 않는 듯하며 낯선 사람에 대한 특별한 경계도 없고, 부모가 돌아왔을 때도 무시나 적극적인 회피를 한다. 이런 관계 속에서 아이는 사람들로부터 자신을 유리시키고, 타인에 대한 귀찮음과 자신에 대한 무가치감을 갖는다. 이러한 대인관계 인식은 언어가 발달되지 않은 2세 정도에 암묵적으로 형성되며, 결국 이후의 인지과정과 정서장애를 일으키는 근원이 된다. 성격장애로 본다면, 분열성 성격장애와 같은 정서적인 메마름을 보이게 된다.

'불안-양가감정형'의 부모는 아이의 정서에 대해서 가끔씩만 예민하게 반응하고 대체적으로 정서를 잘 이해해 주지 못한다. 양육과정에서 타인의 간섭을 싫어하고 아이에게 약을 올리는 부모이다. 이런 부모와의 관계 속에서 아이는 양육자에 대한 양가감정을 갖게 된다. 즉, 부모에게서 느낄 수밖에 없는 사랑과 미움이라는 감정을 잘 통합해서 받아들이지 못하고 분열된 감정을 갖는다. 부모라는 대상에 대한 두 가지의 상반된 감정을 갖게 되면서 상황과 사람에 맞게 일관성 있게 반응을 못한다. 부모와의 분리에 대하여 강한 저항을 한다. 결국 이런 애착 형성은 타인의 침범에 대한 불안과 자신의 가치에 대한 불확실성으로 타인에게 인정을 받으려고 억지로 노력하면서도 그 대상에 대해 증오를 갖는다. 대인관계에서 친근한 관계를 형성하기 위해 진실함이 아닌 전략적으로 접근을 하며, 대인관계가 혼란스럽고 일관성이 없다. 성격장애 중에서 B군에 속하는 연극성, 자기애성 성격장애를 유발하는 유형이다.

'혼란-미조직형'은 부모가 아이를 학대, 방치를 하거나 우울증 등 정신적으로 건강하지 못한 부모가 일관되게 아이를 양육하지 못했을 때 형성되는 유형이다. 이런 아이들은 앞뒤가 맞지 않는 불안정한 행동 패턴을 보이고, 긴장이 강하며, 가장 믿어야 할 어머니에게 두려운 감정을 가지고 있다. 이런 패턴이 고착되면서 대인관계가 혼란스럽고 뚜렷하지 않으며 새로운 연인을 사귀어도 혼란스러워하고 어쩔 줄 몰라 한다. 타인에 대해서 두려움을 갖고 있으며, 혼란스럽게 타인들 사이를 오가며 갈팡질팡한다. 가장 큰 성격장애를 일으키는데, 특히 반사회성 성격장애와 관련이 있다. 반사회성 성격장애 중에 사이코패스는 충동적이고 즉흥적이며, 두려움을 못 느끼는 기질을 갖고 태어난다. 이에 비해 소시오패스는 어린 시절 학대나 방임의 상황에 놓인 경우가 많고 주로 환경이 안전하지 못한 상황에서 형성된다. 결국 반사회성 성격장애는 애착 형성의 문제에서 발생이 되는 것이다.

이와 더불어 성공지향적이고 자기 분야에서 최고가 되어야지만 행복할 수 있다는 경쟁논리가 강한 사회 속에서 이러한 '착취적 성격장애자'들이 더욱 강화된다.

결국 성격이라는 것이 대인관계에서 드러나는 개인의 지각 방식 및 삶의 방식이라고 볼 때, 성격장애는 이것이 건강하게 형성되지 못한 것이다. 성격 형성이 이루어지는 유아 초기에 부모와의 상호작용 속에서 신체 및 정서적인 유대, 즉 '애착'이 얼마나 편안하고 일관되게 형성되었느냐에 따라 아이의 성격이 결정되는 것이다.

## 어떻게?

성격장애로 진단받거나 대인관계에서 다양한 갈등을 일으키며 '이상한 사람'이라는 평을 듣게 되는 경우는 이미 학교나 가정에서 개입하기 어렵다. 따라서 전문적인 치료 및 상담이 필요하다. 상담의 방향은 어릴 때의 '애착'이 잘못 형성된 것이기 때문에 상담자가 제2의 건강한 부모가 되어 상처 입은 아이를 달래주고 따뜻한 관계 속에서 안정감을 느끼면서 인간관계에 대한 신뢰감을 회복하도록 돕는 것이다.

이를 위해 상담자는 내담자의 '내면의 아이'가 보이는 트집이나 공격을 'holding(견디기)'하고 수용, 공감, 지지해 주어야 한다. 아울러 독특하고 비합리적으로 형성된 인지체계에 논리적으로 반박하면서 신념을 깨뜨릴 수 있도록 도와주는 것이 중요하다. 이 외에 정신역동적 치료에서는 충동적 행동에 대한 통제력

키우기, 자기표상과 대인표상을 통합하여 안정된 자기 인식과 대인관계 유도하기, 긍정적이고 지지적인 내면의 표상을 강화하여 좌절이나 분리에 대해서 견딜 수 있는 힘을 주는 것 등으로 진행된다. 결국 성격장애는 전문적인 상담이나 치료가 필요하다.

사실 이들이 스스로 치료자를 찾아오는 경우는 드물다. 자신이 주변을 힘들게 한다는 것을 느끼고 변화를 위해 노력한다면 장애라고 하지 않아도 될 것이다. 이들은 나름대로 자기 합리화와 자신의 세계 속에서 살며 주변을 고통스럽게 하는 것이기 때문이다. 특히 반사회성 성격장애는 의뢰되어 오는 경우가 대부분인데, 법적인 면책이나 이득을 위해 자신을 위장하고 협조적으로 나오기 때문에 치료가 어렵다.

이러한 성격장애는 일단 형성되면 근본적인 치료가 어렵다. 따라서 문제 행동을 보이는 아이나 비행청소년들에 대해서는 조기 개입이 필요하다. 더 근본적으로는 부모가 아이를 양육하는 데 따뜻하고 일관되게 정서적으로 반응을 해 주고 예방에 집중하는 것이 가장 중요하다.

넷

# 정서와 뇌

## 정서

정서란 무엇인가? 웹스터 사전에서 찾아보면 "주관적으로 강한 감정으로 경험되는 항상성으로부터의 생리적 이탈을 의미하며, 외현적 행위로 표현되거나 때로는 표현되지 않을 수 있지만, 이에 앞서 신경근육, 호흡기, 심장혈관, 호르몬 또는 다른 신체적 변화로 표현된다."라고 정의 내리고 있다. 이러한 알듯 말듯 한 정의를 패로트(Parrott, 2000)는 "인지적 · 신체적 · 행동적 증상으로 표현되는 지속적인 마음의 상태"로 간결하게 표현하고 있다. 웹스터 사전에서 이야기하는 것을 '표현될 수도 되지 않을 수도 있지만, 나름의 강한 감정의 형태로 느끼는 생리적인 이탈'이라고 다시 '재정의'할 수도 있겠다.

그럼에도 불구하고 우리가 헷갈리는 것은 정서(emotion)와 기분(mood), 감정(affect)의 구분이 모호하기 때문일 것이다. 이를 위해 기분 및 감정과 구별되는 정서의 특징을 알아보면 '정서'에 대한 개념이 보다 명확해질 것이다.

우선, 정서는 기분과 달리 '상황에 대한 인지적 평가'이다. 정서가 유발되는 시점에서 상황이 어떠한가에 대한 인지적 평가와 당시의 기분에 영향을 받는다. 여유가 있을 때보다 바쁜 아침 시간에 아이가 자잘한 요구를 하면 짜증이 더 심해지는 것, 한가한 늦은 오전보다 출근 시간에 쫓기는 와중에 도로가 막히면 더욱 화가 나는 것이다. 같은 아이의 요구 상황이라도 여유 있는 저녁 때인가, 아니면 쫓기는 출근 시간인가에 따라 '상황에 대한 인지적 평가'가 달라지기에 정서의 강도도 달라진다.

또한 정서는 '대상지향적인 반응'을 보인다. 기분은 그냥 짜증나는 기분이지만 정서는 아이들이 교실을 난장판으로 해서 화가 나고, 시험 기간인데 공부를 안 하는 것을 보니 불안하고, 기대하지 않던 아이들의 애교에 행복을 느끼는 것으로 그러한 감정을 느끼도록 하는 대상이 있다는 것이다.

따라서 정서는 정지된 것이 아니라 시간이 지남에 따라 '변하는 현상'이다. 즉, 기분보다 비교적 쉽게 변하는 속성이 있다. 자동적으로 유발되는 무의식적 산물인 감정에 비해 정서는 감정에 대한 의식적 노력의 결과로 만들어지는 산물 또는 반영적 평가로, 스스로 조절이 가능하다는 특성을 지닌다.

정서가 이처럼 상황에 대한 인지적 평가이고, 대상이 있으며, 변할 수 있고, 반영적 평가로 조절이 가능하다는 점을 살펴볼 때 우리는 다음의 결론을 얻을 수 있다. 즉, 정서는 적절한 교육이 가능하고, 교육 및 경험에 의해 정서를 인식 · 활용 · 통제 · 관리하는 능력이 달라질 수 있다고 하겠다. 지적 기능에 개개인의 차이가 있는 것처럼 정서를 조절 · 관리하는 것도 개개인마다 차이가 있고, 이것을 우리는 '정서지능(emotional intelligence)'이라고 일컫는다.

## 감정을 담당하는 뇌, 변연계

폴 맥린(Paul MacLean)의 '삼위일체 뇌 이론'에 의하면 뇌는 생명을 담당하는 뇌간, 감정을 담당하는 변연계, 이성과 사고를 담당하는 대뇌피질이라는 세 영역으로 발달한다. 특히 '변연계'에서 인간의 감정이 발생한다. 이 변연계는 포유류 이상의 동물에게만 있는 영역으로, 젖을 먹이며 새끼를 품어 키우는 포유류에게 보이는 모성애나 부성애, 유대감과 같은 따뜻한 감정은 변연계가 있기에 가능하다.

　언젠가 아이들을 데리고 동물원의 파충류관을 간 적이 있다. 유리관에 갇혀 있는 파충류들을 구경하다가 사람들이 웅성웅성 모여 있길래 다가가서 보는 순간, 온몸이 뻣뻣해지고 알 수 없는 공포감에 숨이 막혀 오는 느낌이 들었다. 하필 뱀이 사육사가 넣어 준 살아 있는 쥐를 잡아먹는 중이었는데, 뱀은 눈빛 하나 변하지 않고, 발버둥치다가 이내 스르르 꼬리가 축 늘어진 쥐를 껑껑 삼키고 있었다. 아니 눈빛 하나 변하지 않은 것이 아니라 눈빛에 어떤 감정도 애초에 없다는 것이 맞을 것이다. 심장이 얼어붙는 듯한 공포, 아이가 보면 충격을 받을지도 모른다는 불안감으로 나를 향해 웃으면서 뛰어오는 아이들이 이 장면을 보지 못하도록 어떻게 할 것인지 생각하며 머리가 어지러웠다.

　이런 일련의 과정, 특히 충격적인 장면을 보고 느끼는 이런 감정들은 변연계가 있기 때문에 가능하다. 사람은 포유류이기 때문에 이런 장면을 보고 큰 불편감을 느끼고 충격을 받는 것이다. 그리고 유리관에 갇혀 아무렇지 않게 살아 있는 것을 먹고 있는 저 뱀은 파충류로서 감정을 느끼는 변연계가 없기에 살아 있는 동물들을 아무렇지 않게 잡아먹는다. 안된 이야기이지만 배가 고프면 자기 새끼나 알을 먹어 치우고, 살모사 같은 경우에는 자신의 어미를 먹는데, 이런 잔인한 행동들은 뱀에게 변연계가 없기 때문이며 '뇌간'의 명령에 따라 생리적 욕구에 충실하게 본능을 충족하고 있는 것뿐이다. 인간은 신과 동물의 사이에 있는 중간자적 존재이기에 그 어떤 존재보다 고민과 번뇌가 많다는 철학자의 말이 있는데, 결국 정서는 뇌 발달과 깊은 관계가 있음을 새삼 깨닫게 된다.

　변연계가 있는 덕분에 우리는 정서를 느낄 수 있고, 특히 위협적인 상황, 공포스러운 상황에서 벗어날 수 있는 알람을 가지고 있는 것이다. 그러나 그런 상황에서 어떻게 대처할지에 대해서 판단하는 것은 변연계가 아닌 '대뇌피질', 즉 통제의 뇌영역이다.

## 정서를 관리하는 뇌, 대뇌피질

　대뇌피질은 그 위치에 따라 전두엽, 두정엽, 측두엽, 후두엽으로 구성되어 있고 각 영역은 뚜렷한 역할이 있다. 인간이 인간답게 살 수 있도록 핵심적 역할을 하는 곳으로, 생각 및 판단뿐만 아니라 감정을 조절·관리하며 인간으로서 인성과 도덕성을 갖도록 한다. 다른 동물들과 달리 이 대뇌피질이 뇌의 80%를 차지하는 것만으로도 인간다움을 결정하는 구성요소로 생각할 수 있지만, 이 부분이 의사 결정 및 문제해결이라는 고차원적 사고를 가능하게 하는 곳일 뿐만 아니라 인간으로서의 도덕적 갈등, 죄책감을 느끼게 하는 부분이라는 점에서 매우 중요하다.

전두엽은 사람에 대한 공감, 측은함, 분노 등의 감정이 일어나는 변연계와 연결이 되어 이 감정을 관리·조절하는 역할을 한다. 예를 들어, 마냥 불쌍한 생각이 들 때 어떻게 효과적으로 도와줄 것인지 판단을 하고, 분노가 일어날 때 그러한 분노를 달걀 투척처럼 문제가 되는 행동이 아니라 사회개혁 운동과 같은 사회에 도움이 되는 분노로 승화시키는 것을 전두엽이 담당을 하는 것이다. 사이코패스의 전두엽 뇌파 활동이 정상인에 비해 상당히 불규칙하고, 도덕성을 담당하는 전전두엽 부분이 상당히 다르다는 연구결과를 보더라도 전두엽, 특히 미간 사이의 이마 부분에 있는 전전두엽이 얼마나 중요한지 알 수 있다.

정서지능과 관련된 대뇌피질의 각 영역에 대해서 살펴보자.

측두엽은 언어 및 음악을 담당하는 영역으로 언어 능력과 밀접한 관계가 있다. 왼쪽 측두엽의 '브로카(Broca) 영역'과 '베르니케(Wernicke) 영역'은 언어의 핵심 중추로 언어의 의미를 이해하는 영역이다. 이에 비해 오른쪽 측두엽은 말 속에 감정적인 뉘앙스와 같은 정보를 인식한다. 즉, "오케이."라는 말을 들었을 때 '영어이고 알았다는 의미구나.' 하고 언어적으로 파악하는 것은 왼쪽 측두엽이고, '괜찮다고 하는데 말투가 심드렁한 것을 보니 썩 동의하는 것은 아닌 것 같네.'라고 미묘한 뉘앙스를 파악하는 부분은 우측 측두엽이다. 상대방의 말을 제대로 잘 듣는 것도 중요하지만, 상대의 미묘한 감정을 인식하는 부분인 측두엽은 '정서 인식'의 중요한 영역이다.

두정엽은 공간정보, 위치정보, 동작정보를 파악하는 등 운동기능과 시각정보를 처리하는 역할을 한다. 상대가 어디에 있는지 파악하는 '어디 경로'(후두엽 → 두정엽 → 전두엽)가 파괴된 '시각적 무시증'에 걸린 경우 눈으로 보고는 있지만 제대로 인식을 못 할 수 있다. 참고로 '무엇 경로'(후두엽 → 측두엽 → 전두엽)가 손상된 경우에는 눈에 보이는 사물이 어디에 있는지는 알지만 그것이 무엇인지를 모르는 증상을 보인다. 정서지능의 경우 상대방의 얼굴 표정을 섬세하게 파악하는 능력도 중요한데, 두정엽이 이러한 상대의 얼굴 표정이나 몸짓에 대해 섬세한 시각처리를 한다는 점에서 정서지능을 발휘하는 데 중요한 대뇌피질 영역이라 하겠다.

후두엽은 시각피질 부분으로 이 부분이 손상된 경우, 눈을 전혀 다치지 않아도 눈앞에 보이는 사물이 무엇인지 인식하지 못한다. 후두엽은 사물의 위치, 빠르기, 크기뿐만 아니라 색, 모양, 질감 등의 정보도 함께 처리하는데, 지금 나와 상대하고 있는 사람을 인식하고 기억해 내는 일은 우선 후두엽에서 기본적인 인식을 하는 것이고, 이 사람에 대한 기억을 떠올리는 것은 전두엽의 도움을 받아야 가능하다.

이 넷은 따로 기능하는 것이 아니라 '어디 경로'나 '무엇 경로'처럼 서로 유기적으로 기능을 한다. 초등 시기에 뇌세포의 연결망은 전두엽에서 두정엽, 측두엽, 후두엽의 순서로 발달한다. 정리하자면 전두엽은 고차원적 사고, 즉 이해와 판단, 문제해결, 의사결정 등 전반적인 인지기능을 담당하는 CEO이며, 두정엽은 운동기능 및 논리사고기능과 수학적 사고력을 담당한다. 논리사고기능이 발달하기 때문에 아이는 기준에 비추어 논리적으로 캐묻고 따지기 시작한다. 언어기능의 핵심 중추인 측두엽은 초등학교 저학년에 빠르게 발달하는데, 이때는 총체적인 언어학습이 유용하다. 마지막으로 후두엽은 사춘기에 이르러 발달하기에 시각을 담당하는 만큼 아이들이 외모에 관심을 갖는 것도 이와 무관하지 않다.

## 뇌의 발달, 정서의 발달

뇌의 발달을 생각하면 우리는 주로 인지발달을 떠올린다. 인지기능과 관련된 시냅스(신경 간의 연결을 전달하는 부위)가 태내에서 25%, 출생 후부터 10세까지 나머지 75%가 만들어진다고 생각한다면, 10세까지 자주 사용하는 시냅스는 살아남고 그렇지 않은 시냅스는 가지치기 된다는 사실을 안다면 이때까지의 경험과 학습이 얼마나 중요한지 새삼 느끼게 된다.

그러나 이러한 시냅스는 인지기능에만 한정되지 않는다. 아니, 여기서 말하는 인지기능, 즉 외부의 자극이나 경험을 인식하며 알아 가는 이 기능은 우리가 일반적으로 이야기하는 학습 이상의 기능을 의미한다. 우리가 시시각각 느끼는 정서를 어떻게 처리하느냐에 따라 우리의 삶은 많이 달라지며, 이 정서는 신경 간 연결 전달 부위인 시냅스 형성과 깊은 관련이 있다.

정서의 처리도 일종의 '뇌 세포 간 연결망의 정해진 경로'이고, 이 경로는 습관에 의해서 형성되는 것이다. 이러한 정서의 학습은 어릴 때 엄마의 품 속에서 이루어진다. 젖을 먹으며 엄마의 따스한 말과 사랑스러운 눈길에 담긴 그 모든 감정이 대뇌피질에서 처리가 되고 따스함과 유대감 속에서 긍정적인 호르몬이 다양하게 분비되면서 안정감을 느낀다. 이러한 포근한 정서의 학습은 감정적인 포만감을 가져오고 세상에 대한 신뢰감을 익히며 심리적인 여유를 갖게 만든다. 이러한 안정과 여유는 호기심을 가지고 세상을 탐색하는 기초가 된다. 결국 이러한 정서적 안정감은 그 자체로도 성격 및 인성의 형성에 긍정적이며 인지기능을 활발하게 하는 발판이 되는 것이다.

다양한 형태의 긍정적 정서 경험으로 긍정적인 정서의 시냅스가 형성되어 심리적인 안정감을 가져오며, 결국 이것이 세상을 적극적으로 탐색하고 학습하는 초석이 된다. 정서라는 바다 위에 인지의 배는 돛을 달고 출항을 하는 것이다. 안정된 물살 위로 배가 순항하는 것처럼 안정된 정서라는 바다 위에서 아이는 인지의 발달, 행복한 사회적 관계의 형성을 위한 항해를 하는 것이다. 결국 정서가 학습을 좌우한다는 의미이다.

뇌 발달의 첫 번째 메커니즘(원리)은 '반복'이라고 한다. 사용하지 않는 근육처럼 사용하지 않는 시냅스는 결국 퇴화되고 뇌세포도 손상된다. 단지 인지적 학습에서만이 아니라 정서의 학습도 아기 때 엄마의 품 속에서 얼마나 많은 긍정적 감정을 느끼고 받아들였던 경험이 있는지에 따라 뇌세포들은 긍정적 정서의 신경 경로를 형성하게 되는 것이며, 이 경로는 '반복'적인 경험에 의해서 단단해진다.

사람은 영아기, 유아기, 아동기를 거치면서 다양한 사회적 관계를 확장한다. 이런 사회적 관계 속에서 다양한 정서를 학습하게 되며, 정서의 학습뿐만 아니라 그런 감정들을 어떻게 처리할 것인지에 관한 기술들을 학습한다. 대인관계 기술, 상황이나 대상들에게서 느끼는 감정을 조절하고 통제하는 능력, 다시 말하면 원만한 인간관계 기술, 이해와 공감의 기술 등은 반복적인 연습을 통해 강화되며 연습하지 않으면 사라진다. 따라서 정서의 학습뿐만 아니라 인생의 성공에 관한 60%의 설명력을 가지는 정서지능은 훈련과 반복을 통해서 도야되는 것이다.

뇌 발달의 두 번째 원리는 영역별로 '**발달 시기가 다르다**'는 점이다. 0세에서 3세까지는 오감이 발달하고, 3세에서 6세까지는 전두엽이 가장 활발하게 이루어지는 시기이다. 전두엽은 학습과 관련된 사고, 판단, 주의집중, 언어뿐만 아니라 감정, 도덕성 등 모든 것에 적극적으로 관여한다. 초등학교에 해당되는 6세에서 12세까지는 언어발달을 담당하는 측두엽의 발달이 활발하며, 초등학교 고학년 시기에는 자아개념이나 자아의식이 발달하는 시기로서 후두엽의 발달로 시각적인 것에 민감한 시기이다. 따라서 발달 시기가 상이한 만큼 그에 맞게 인지적 학습이 이루어지도록 하는 것이 필요하며, 풍부한 것은 좋으나 결정적 시기에 제대로 제공하는 현명함이 요구된다.

예를 들면, 측두엽 발달의 최적기는 만 4세부터 초등 저학년 까지의 시기인데, 조기에 외국어 교육을 시킨다고 우리나라 나이로 3, 4세 아이들에게 과도하게 영어 공부를 시키는 경우가 종종 있다. 그러나 모국어 학습도 제대로 안 된 상태의 아이에게 이러한 외국어 교육이 과도한 스트레스를 주면서 부작용을 겪는 경우가 많다. 이것은 교육뿐만 아니라 아이의 인지 및 정서를 망치는 것이다. 만 4세는 두정엽의 발달이 한창인 시기이므로 열심히 뛰고 몸으로 부딪히면서 공간 기능에 대한 이해, 자신의 몸을 조절하는 운동기능 등을 키워 주는 것이 더 우선되어야 한다.

## 신경전달물질과 정서의 발달

뇌세포 간에 얼마나 다양하고 복잡하게 연결되어 있는지에 따라 인지기능을 비롯한 다양한 기능들이 어느 정도 발달했는가를 유추할 수 있다. 그러나 신경망인 시냅스의 형태가 유사한 사람들은 많다. 따라서 또 다른 무엇인가가 뇌 기능을 좌우하는데 그것이 바로 '신경전달물질'이다. 뇌세포 중에서 신경전달물질을 받아들이는 공간이 바로 수용체인데, 이 수용체에서 어떤 신경전달물질을 받느냐에 따라 아이의 사고, 행동, 감정이 결정되는 것이다.

신경전달물질은 약 500여 종이 있고, 그중 그 기능과 역할이 밝혀진 것이 약 40종이다. 이 신경전달물질은 우리가 주목하고 있는 정서와 관련이 깊다. 정서 장애에 속하는 우울증, 조증, 양극성 장애 등이 대표적인 신경전달물질인 도파민, 세로토닌, 노르에피네프린과 관계가 깊다는 사실에서도 그러하다. 이 물질들은 신경세포 간의 미세한 틈을 가로질러 다니면서 발생한 충동을 전달하고 아이의 기분 조절, 인성, 학습에까지 영향을 준다.

가장 대표적인 신경전달물질인 도파민, 세로토닌, 노르에피네프린과 정서와의 관계를 살펴보자.

### 아이의 의욕을 좌우하는 도파민

도파민은 즐겁고 유쾌하며 행복하고 짜릿한 기분과 관련이 있는 신경전달물질이다. 이 도파민은 전두엽과 감정의 뇌인 변연계에서 주로 분비된다. 도파민은 주의집중력, 단기기억력, 논리성, 운동성, 즐거움, 쾌락, 성취 동기, 자존감, 의지력, 성욕, 통증감 등 모두에 관여한다.

어떤 활동을 하면서 도파민 기분을 경험하게 되면 그 기분을 느끼고 싶어 계속해서 그 활동을 반복하게 된다. 매슬로우(Maslow)가 얘기하는 지적·심미적 욕구는 이런 '도파민 성격'과 관련이 깊다. 발명가가 발명에 빠져 몇 날 며칠을 연구실에 틀어박혀 꼼짝도 안 하고 연구를 거듭하는 것, 예술가들이 예술 활동에 몰두하느라 잠자고 먹는 것을 잊어버리는 것처럼 도파민은 어떤 과제를 수행할 때 집중력을 높여 준다. 아이가 낑낑대며 몇 시간을 레고 조립을 하다가 마침내 완성했을 때 얼굴에 퍼지는 미소와 흥분, 뿌듯함은 도파민이 퍼지고 있다는 증거이다.

이러한 성공의 경험 속에서 느끼는 희열과 짜릿함을 느껴 보고자 또다시 노력하게 되는데, 이처럼 도파민은 사람의 동기와 의욕을 좌지우지한다. 결국 도파민이 부족하면 동기와 의욕이 떨어지면서 집중이나 흥미 유발이 어렵다. 도파민의 부족은 ADHD(특히, ADD), 틱장애를 유발한다. 더 나아가, 아이의 감정 조절이 잘 안 되기 시작한다. 의욕 저하의 상태에서 부정적이고 우울한 기분이 계속되다가 갑자기 감정의 폭발을 일으키기도 한다.

도파민이 부족할 때 아이는 다양한 문제 행동을 일으킬 수 있다. 우선, 주의집중이나 단기기억에 문제가 있다. 놀이터나 심지어 교실에 옷이나 가방을 두고도 그냥 집으로 가거나, 선생님이 내준 과제나 준비물 등을 제대로 전달하지 못하는 경우가 생긴다. 의지력이 부족하다 보니, 사람이든 대상이든 쉽게 빠졌다가 쉽게 싫증을 내고 마무리가 어려우며 포기가 빠르다. 애초에 도파민이 부족한 아이들은 자극의 강도가 높은 인터넷이나 스마트폰 게임에 쉽게 중독된다. 자극적이기 때문에 많은 도파민이 필요 없기 때문이다. 중독된 아이들은 매우 자극적인 영상에만 익숙해져서 쾌락을 주는 더 자극적인 게임을 찾게 된다. 게임에 집중을 하는 것이 마치 집중력이 있는 것처럼 보이지만, 도파민이 부족하기에 특정한 것이나 자극적인 것에 집중을 하는 것이다. 도파민의 분출을 쉽게 일으키는 자극적인 영상에 빠지는 것은 엄청난 도파민 방출제인 마약에 중독되는 것과 같다. 도파민이 제대로 작동한다면 게임을 하면서도 과제나 학습 등 자신이 해야 할 일에 대한 관심을 유지할 수 있다.

도파민이 부족하면 동기도 의지도 약하기 때문에 현실에 안주하는 것에 익숙해지고, 발전이 없으니 현실에 대한 부정적인 감정과 우울감, 울분으로 가득 찰 수 있다. 물론 도파민이 너무 과다하면 조울증이나 조현병을 일으킬 수도 있다.

이렇게 중요한 도파민의 적절한 생성을 위해서 어릴 때부터 신체적인 활동, 인지적인 활동, 정서적인 활동 등의 경험을 많이 주어서 행복감을 많이 느끼게 해주는 것이 중요하다. 그리고 부정적인 상황에서도 긍정적인 면을 생각하도록 도와주고, 실패 속에서도 잘한 점을 찾아 격려해 주면서 아이의 도파민이 나오도록 도와주는 것이 부모와 교사의 역할이 될 것이다.

무엇보다 아이가 성취감을 많이 느끼는 경험을 제공하기 위해 스스로 선택할 수 있는 기회를 주는 것이다. 자율적으로 책임감을 가지고 한 일이나 과제, 놀이에서 원하는 결과를 얻었을 때 느끼는 짜릿함 또는 만족스러운 기분이 바로 도파민이 방출되는 순간이다.

## 용기와 분노의 호르몬 노르에피네프린(노르아드레날린)

아드레날린과 노르아드레날린은 사람이 위험에 처했을 때 평소 자신이 가진 능력 이상의 것을 발휘하도록 만드는 신경전달물질이다. 일시적인 '슈퍼맨' 상태로 만들거나 '호랑이에게 물려가도 정신만 차리면 된다'는 속담을 떠올리는 힘의 원천이다. 이 두 물질은 아침에 눈을 뜨면 분비가 되고 낮에 왕성해지다가 밤이 되면 잠이 드는 '생명 리듬의 근원'이다.

노르에피네프린은 '감정의 뇌'에 해당되는 편도체와 상당히 관련이 깊다. 불안이나 공포, 두려움의 감정이 발생할 때 투쟁-도피 반응을 하도록 준비하는 역할, 즉 싸움을 하거나 도망을 갈 수 있도록 근육을 긴장시켜서 단단하게 만들고, 평소와 다른 괴력이 나오게 한다. 위기뿐만 아니라 스트레스를 느낄 때도 노르에피네프린이 분비되어 시냅스를 따라 신경세포에 퍼지면 주변 뇌세포들이 상황에 맞게 함께 작용한다. 시험을 보는 상황에서 주의집중력, 기억력, 신속한 정보처리 등이 효율적으로 이루어지도록 돕는다. 따라서 일의 효율을 위해서는 약간의 긴장감이 도움이 된다. 그러나 스트레스와 긴장의 강도가 강하거나 장기간 이런 상태가 되면 이 물질은 몸에 독이 된다. 이 독은 뱀이나 복어의 독 다음으로 강력하다고 한다. 과도한 스트레스, 불안, 긴장, 공포의 상황에서 노르에피네프린이 과도하게 분비되어 두통, 심장의 두근거림, 식은땀, 호흡곤란, 심하게는 경련과 발작을 일으키기도 한다.

이 신경전달물질의 효과는 적절하게 분비가 되면 열정과 집중을 가져오지만, 과도하게 되면 정서조절이 어려워지고 문제 행동을 유발한다. 무한경쟁에 처해 있는 우리 현대인들의 삶은 자신을 극한의 상태까지 몰고 가서 성취를 이루는 것을 자랑으로 생각한다. 그런 사람들을 성취 욕구가 강한 사람 그리고 사회 발전의 원동력이라고 추켜세운다. 우리 아이들도 마찬가지이다. 공부에 모든 것을 거는, 공부가 곧 내 부모, 내 가정의 자랑이 되는 사회이기 때문에 공부 자체가 아닌 공부를 통한 자아실현을 하는 사회 분위기 속에서 아이들은 부모를 위한 공부를 한다. 이런 상황에서 경쟁은 더욱 심화되고 긴장과 스트레스의 연속선에서 아이들은 아드레날린과 노르아드레날린의 분비를 반복하며 쉬지를 못하는 것이다.

무엇보다 스트레스 상황에서 기억중추인 해마의 세포들이 위축되고 손상된다는 것은 신경과학자들에 의해 증명된 사실이다. 더구나 아이의 뇌는 아직 미성숙하기 때문에 더 좋지 않은 결과를 가져올 수 있다.

삶의 활력을 위해서 노르에피네프린의 분비는 필수적이다. 그러나 과도한 경쟁 체제 속에서 장기적인 스트레스와 불안의 상황, 슈퍼맨이 되기를 요구하는 분위기는 과도한 노르에피네프린의 분비를 요구하면서 문제가 발생한다. 늘 파이팅의 정신으로 일관하다 보면 어느덧 이 신경전달물질의 독에 몸이 망가지거나 자율신경계에 이상이 생기고 정서 조절도 제대로 안 되는 상황이 될 수 있다.

이런 상황에서 우리가 아이들을 위해 경쟁만을 강조하는 환경을 바꾸기 위해 노력하는 것도 필요하지만, 올바른 스트레스 대처법을 훈련시키는 것도 중요하다. 심호흡, 명상 등 전문적인 훈련이 그 예이다. 그러나 가정에서의 부모의 따뜻한 지지와 인정, 학교에서의 안정과 편안함, 인정과 격려를 하는 교사의 태도가 결국 아이에게 신뢰감과 안정감을 주면서 내적 강도를 강화하는 가장 큰 힘이 될 것이다.

## 실패를 극복하는 힘을 만드는 세로토닌

'도파민 성격', 즉 아이가 목표를 가지고 그 목표를 달성하기 위하여 열정적으로 노력하는 모습을 보면 참 흐뭇해진다. 그러나 이런 열정에도 불구하고 뜻대로 일이 안 되는 것이 인생이다. 하다못해 친구와의 작은 놀이 속에서 좌절을 경험하기도 한다. 우리가 아이들에게 가르쳐야 하는 것은 실패를 덜 하도록 완벽하게 일을 처리하라는 강박적 행동보다는 실패와 좌절을 극복할 수 있는 힘, 즉 '회복탄력성(resilience)'일 것이다. 이러한 심리적 회복탄력성과 관련된 신경전달물질이 세로토닌이다.

도파민은 적절히 분비가 되면 동기와 의욕을 불러일으키도록 도와주는 대표적인 신경전달물질이지만, 이 분비량이 과도하면 공격성과 충동성을 가져온다. 이 과정에서 목표를 달성하지 못해 좌절을 경험하면서 기분의 급저조로 우울을 겪을 수 있다. 이러한 감정의 기복을 조절해 주는 것이 '세로토닌'이다. 또한 공격적인 노르에피네프린이나 중독성의 엔도르핀 등이 과잉 분비가 될 때 이를 조절해서 마음을 차분하게 가라앉혀 준다. 결국 세로토닌은 기분의 균형을 잡아 주는 중재자의 역할을 담당한다. 너무 과하지도 모자라지도 않게, 도덕적 덕목으로 보자면 '중용'을 떠올리는 신경전달물질이다. 안정적인 감정, 행복감, 평온은 세로토닌을 통해 얻어진다.

세로토닌이 부족하면 양 극단의 감정에 휘둘릴 수 있다. 즉, 지나치게 우울하거나 반대로 공격적 · 충동적인 행동을 유발한다. 이렇게 중요한 세로토닌은 전두엽뿐만 아니라 후두엽, 측두엽, 두정엽 등 대뇌피질 전체에서 분비가 될 뿐만 아니라 도파민처럼 변연계에서도 분비가 되어 기분의 조절을 이끌어 준다. 결국 도파민은 뇌의 일부 기능을 활성화시키는 역할을 주로 하지만, 세로토닌은 뇌의 전반에 분비 시스템이 있어 뇌 전체가 안정적으로 기능을 유지할 수 있도록 균형을 잡아 준다.

청소년기에 요동치는 감정 기복을 그나마 덜 힘들지 않게 지날 수 있다는 점에서 이 신경전달물질의 활성화를 위해 부모와 교사가 신경을 써 주어야 할 것이다.

행복의 씨앗이라고 일컬어지는 세로토닌이 체내에서 자동적으로 생성이 되지 않기에 식품으로 섭취를 하고 활성화를 위해 여러 노력을 해야 한다. 우선, 필수 아미노산의 하나인 '트립토판(tryptophane)'을 섭취해야 한다. 오리, 닭, 돼지고기와 같은 고기류와 우유, 치즈, 무화과, 바나나, 생선도 권장되는데, 최근 초콜릿 속에 트립토판이 주목을 받고 있기도 하다.

이렇게 섭취된 세로토닌의 활성화를 위해서는 신체를 많이 움직이는 것이 중요하다. 햇빛을 보며 걷고, 달리고, 노래하고, 웃는 것, 그리고 식사를 할 때도 꼭꼭 씹어서 천천히 먹는 것, 심호흡과 명상 등이 행복한 느낌을 주는 데 기여하는 세로토닌을 활성화시키는 중요한 방법이다. 어떻게 보면 평화로운 삶, 자주 움직이고 자연과 함께하며 너무 급하게 서두르지 않고 자신을 돌보는 인간다운 삶 자체가 세로토닌의 활성화를 가져오고 행복을 가져오는 열쇠가 되는 것이다. 아이들에게 이런 삶의 중요성을 어릴 때부터 일깨우고 그런 삶을 살도록 도와주는 것이 바로 교육의 목표가 되어야 할 것이다.

다섯

# 새로운 지능관과 정서지능

## 아이마다 강점지능은 다르다

최근 지능의 개념이 많이 바뀌고 있다. 지능은 인지능력을 말하는 것으로, 환경과 끊임없이 상호작용을 하며 당면한 문제해결을 위해 빠르고 정확하게 인지과정을 조작하는 능력을 의미한다. 하지만 '감각식별력'을 지능으로 보았던 골턴(Galton)의 연구를 시작으로, 지능은 오랫동안 논리나 수학적인 인지능력에만 초점을 맞춰 왔다. 그러나 세상이 논리나 수학으로만 이해되고 해결되는 것은 아니다.

지능의 한 요소라고 누구나 인정하는 '기억력'을 보자. 우리가 이제까지 지능이라고 인정했던 논리·수학적인 내용에 대한 기억력이 뛰어난 아이도 있겠지만, 언어에 대한 개념 이해 및 기억이 뛰어난 아이도 있다. 음악적 기억력이 뛰어난 아이도 있고, 신체적인 동작의 기억력이 뛰어난 아이도 있으며, 심지어 만나는 사람에 대한 기억력이 뛰어난 아이, 한 번 간 길을 또다시 찾아갈 때 유난히 기억을 잘 하는 아이도 있다. 기억이라는 것은 머릿속에서 나름대로 잘하는 방식으로 대상을 이해하고 분석하며, 인코딩해서 장기기억에 저장하는 과정이다. 관심 있는 분야에 따라 기억을 더 잘하는 영역이 아이들마다 분명히 다르다.

이런 새로운 관점에서 다중지능이론이 탄생했으며, 대표적인 학자가 가드너(Gardner)와 스턴버그(Sternberg)이다. 모든 학습자는 서로 다른 능력과 흥미, 동기를 가지고 있어서 더 잘하는 학습 영역이 있다는 것이다. 이것을 찾아서 그 분야에 몰입하고 개발할 때 행복한 삶을 살 수 있다는 것이고, 이것을 우리는 '강점지능'이라고 말할 수 있다. 아이들은 각기 다른 얼굴 모습처럼 저마다의 흥미, 동기, 능력을 가지고 있다는 것을 우리는 잊지 말아야 한다.

인간의 능력이 이렇게 다양한데, IQ라는 한 가지 잣대로 모든 아이의 능력을 판단하는 것은 생각해 볼 문제이다. 인간의 능력은 모두 다르게 구성되어 있다는 것이 '강점지능'의 입장이고, 강점지능은 '다중지능' '정서지능' '성공지능'으로 나누어 볼 수 있다. 각자 나름대로 가장 좋아하고 가장 잘하는 강점이 다르며, 이것을 찾아서 행복하고 성공적인 삶을 살도록 도와주는 것이 강점지능이 추구하는 바이다. 정서지능에 대한 이해를 위해 다중지능, 성공지능 내에서의 정서적 요소를 찾아보도록 하겠다.

## 다중지능

우리가 일반적으로 얘기하는 지능지수가 기대하는 만큼의 성공이나 사회적 기여의 예측을 보장해 줄까? 1921년 IQ가 한창 인기였을 때, 지능지수(Intelligence Quotient)라는 용어를 상용화한 루이스 터먼(Lewis Terman) 교수는 지능지수에 대한 절대적인 신뢰를 기반으로 종단연구를 시작하였다. 총 3회의 IQ검사를 실시하여 IQ 140~200에 가까운 학생 1,470명을 뽑았다. 이 학생들이 노벨상 수상자나 국가 발전에 기여할 인재로 대부분 자랄 것으로 예측을 하면서 '터마이트'로 불리었다. 그러나 이 집단의 아이들 중 위대한 업적을 이룬 사람은 드물었다. 사회적으로 성공한 법률가나 학자들이 나타났지만, 그 비율은 일반 그룹의 성공률과 비슷했다. 단 한 명의 노벨상 수상자도 나오지 않았다. 오히려 이 시험에서 대상이 되었지만 탈락되었던 학생 중 노벨상 수상자가 두 명이나 나왔다. IQ가 더 이상 인간의 성공과 행복을 예측하는 요인이 아니라는 결론이다.

이런 회의론 속에서 지능을 다른 시각으로 보는 이론이 등장하였다. 그 대표적인 사람이 가드너와 스턴버그이다. 다중지능은 가드너 교수가 지능에 대한 새로운 패러다임의 변화를 예고하며 제시한 지능에 대한 신 개념이다. 기존의 지능 이론은 지능에 대해 지능검사에 올바로 답하는 능력으로, 대체로 타고나며 논리와 언어 능력을 지능의 범위로 본다. 영재나 천재라고 일컬어지는 사람들은 주로 수리, 논리, 기억, 추리 등 주로 언어 및 물리, 수학에서 두각을 나타내는 학생들을 일컬었다.

그러나 가드너는 "지능의 기저 능력은 서로 별개의 것으로 고유한 영역"이며 실생활에서 무언가를 잘하기 위해서는 한 가지 능력이 아닌 여러 가지 고유한 지능이 같이 사용된다고 하였다. 그 분야에서 성공하기 위해서는 자신의 강점지능을 찾아 다양한 지능들이 조합을 이루어야 한다고 이야기한다. 인간에게는 대표적인 아홉 가지의 지능이 있는데, 각 지능은 각기 다르게 발달하고 이 중에서 특별히 더 좋아하고 잘하는 능력이 있는데 그것이 강점이 된다는 것이다. 가드너가 설명하는 다중지능을 요약하면 다음과 같다.

**〈가드너의 아홉 가지 다중지능〉**

| 지능 | 핵심 성분 | 뇌의 발달 영역 |
|---|---|---|
| 언어지능 | 언어의 소리, 의미, 기능에 대한 민감성 | 왼쪽 측두엽(브로카 영역, 베르니케 영역)과 전두엽 |
| 논리-수학 지능 | 논리적·수리적 유형에 대한 민감성과 구분 능력 | 좌뇌의 두정엽과 우뇌의 일부 |
| 공간지능 | 시공간 세계에 대한 예민한 지각 | 후두엽의 시각피질 |
| 신체지능 | 몸의 움직임을 통제하고 사물을 능숙하게 다루는 능력 | 두정엽의 운동피질 |
| 음악지능 | 음정, 리듬, 음색을 만들고 평가하는 능력 | 오른쪽 측두엽 |
| 대인 간 지능 | 타인의 기분, 기질, 동기, 욕망을 구분하고 대응하는 능력 | 변연계와 전두엽의 연합 |
| 개인 내 지능 (개인 내 지능) | 자신의 감정에 충실하고 정서를 구분하는 능력 | 변연계와 전두엽의 연합 |
| 자연지능 | 다양한 종을 구분하고 인지할 수 있는 능력 | 좌반구와 우반구 양쪽에 있는 감각 연합피질 |
| 실존지능 | 삶의 근원적인 질문을 추구하는 능력(인문학적 소양) | 변연계와 전두엽의 연합 |

유념해서 볼 것은 '대인 간 지능' '개인 내 지능(자기이해 지능)' '실존지능'이다. 이른바 머리 좋은 아이라고 생각하는 학생들이 잘하는 수학, 과학을 잘하지는 못하지만 주변 친구들이나 사람들과 잘 어울려 지내는 아이들이 있다. 타인의 감정을 잘 이해하고 원하는 것을 파악하여 상황을 이끄는 능력이 우수한 이 아이들이 사회적으로 성공하거나 행복하게 사는 경우를 종종 본다. 이들은 '대인 간 지능'이 높은 아이들이다. 이 지능은 생후 3년 동안 주양육자(주로 어머니)와 매우 중요한 애착과 유대를 형성할 때 발달한다. 애착(attachment)이란 주양육자와의 특별한 정서적인 관계로 사회-정서 발달의 근간이 된다. 주로 엄마와의 따뜻한 유대관계 속에서 인간에 대한 기본적인 신뢰감을 형성하게 된다. 결국 영아기 때 안정적으로 부모와 따뜻한 관계를 형성하여, 심리적으로 건강한 아이일수록 '대인 간 지능'이 높다. 우리가 삶을 살면서 다른 사람에 대한 기본적인 신뢰감을 가지고 행복한 관계를 형성할 수 있다는 것, 그 능력이 타인보다 우수하다는 것은 축복받은 일임이 분명하다.

'대인 간 지능'이 뛰어난 아이들은 친구들과 친하게 지내며, 심리적으로 의지하는 절친이 있고, 자신에게 상담이나 조언을 구하러 오는 사람이 있다. 문제가 발생하면 위축되거나 외롭게 칩거하는 것이 아니라 다른 사람에게 적극적으로 도움을 요청한다. 개방적이면서도 맺힌 데가 없고 사람들과 활발하게 교류할 수 있는 이러한 능력 안에는 분명 정서지능이 활발하게 작용하고 있을 것이다.

'개인 내(자기 이해) 지능' 또한 매우 중요한 정서지능 영역이다. 사회적으로 성공한 사람들을 추적 조사해 보면, 우선 자신의 강점지능이 발휘되는 영역에서 활동하고 있다는 증거들이 많이 보고되고 있다. 또한 공통적으로 '개인 내 지능'이 높다. 이 지능은 자신을 정확하게 파악하고 통제·관리하는 능력이다.

주기적으로 자기 인생의 문제에 관해 사색하고 반성하는 시간을 갖고, 자신을 탐색하기 위해 성장 프로그램이나 명상, 상담에 적극적으로 참여하며, 실패의 순간에도 좌절감에 빠져서 장시간 허우적대지 않고 실패를 통해 배울 수 있는 내적 강도가 있는 것은 분명 성공하는 사람들의 특징이다. 같은 기량을 가지고 있는 축구선수라도 스스로 자신의 능력과 장점 및 약점을 냉철하게 분석하고 자율적으로 연습에 연습을 거듭하며 자신의 약점마저도 장점으로 만드는 힘은 분명 능력이다. 유명한 예체능 선수들이나 각 분야에서 성공한 사람들의 공통된 지능 영역이다.

이러한 '개인 내 지능'은 '대인 간 지능'과 마찬가지로 생후 3년 동안 주양육자와의 관계에서 비롯된다. 차이가 있다면 '대인 간 지능'은 주양육자와의 끈끈한 유대관계인 애착과 관련이 깊은 반면, '개인 내 지능'은 주양육자와의 경계형성(detachment)과 관련이 깊다.

인간은 사람들과 끈끈한 유대관계를 맺으면서도 자신만의 경계가 있어야 한다. 심리적으로 건강한 사람들은 다른 사람들과 잘 어울리면서도 자신의 울타리와 색깔이 있다. 건강한 가족도 가족 구성원 간에 이러한 경계가 있다. 건강하지 못한 가족 유형 중에는 심리적으로 상호 간에 침범하는 융합형이 있는데, 위험한 관계이다. 결국 주양육자, 특히 부모와의 애착과 탈착은 아이가 생후 3년 안에 이루어야 할 발달과업이다.

애착을 통해서는 인간에 대한 기본 신뢰감을, 탈착을 통해서는 자율성을 습득하는 것이다. 독립적으로 자신의 성장을 이끌어 가는 것은 정말 중요한 자산이다. 요즘 서른 살이 넘었는데도 부모의 그늘에서 벗어나지 못하는 '캥거루족'들이 있고, 아이의 일거수일투족을 감시하며 모든 것을 다해 주는 '헬리콥터 맘'과 '마마보이' '파파 걸' 등 부모에 대한 과도한 의존을 뜻하는 말들이 심심찮게 있다. 이런 용어들은 결국 부모에 대한 심리적인 탈착에 실패하여 자율성을 상실한 것을 의미하며, '개인 내 지능'이 성장하지 못한 상태를 뜻한다.

내 아이의 '개인 내 지능'을 높이기 위해서는 사랑하는 만큼 아이를 놓아주어야 한다. 즉, 아이가 독립적으로 할 수 있게끔 믿어 주고 지켜봐 주는 것이다. 그리고 실패하는 것을 보면서 "그것 봐라, 엄마, 아빠 말 안 듣더니만……" 하면서 비난하는 것보다는 "실패를 해서 안타깝구나. 하지만 엄마는 네가 이 실패 속에서 무엇인가 배웠다고 생각해. 그리고 너는 충분히 다시 할 수 있다고 믿어."라고 지지해 주는 것이 바람직할 것이다. 또는 "네가 실패한 모습을 보니 엄마도 속상하구나. 하지만 엄마는 네가 끝까지 최선을 다한 모습이 정말 자랑스럽다. 그런 인내심과 일관성은 이런 상황에서 발휘하기가 힘들었을 텐데 말이야."라며 진정한 **격려**를 해 줄 수도 있다. 이러한 태도가 내면화되어 자기 자신을 스스로 다잡는 모델링이 되면서 '개인 내 지능'은 높아지는 것이다.

수학, 과학 영재반에 우리 아이를 넣기 위해서 애쓰는 것보다 아이의 매 순간을 관찰하면서 심리적으로 자기 자신을 스스로 세울 수 있게끔 도와주는 것이 부모의 최고 역량일 것이다.

마지막으로, '실존지능'은 가드너가 맨 마지막에 제시한 지능이다. '나는 누구인가' '행복이란 무엇인가?' '어떻게 사는 것이 참다운 삶인가?' 등 이제까지 우리가 아는 인류 최고의 지성인인 철인(哲人)들이 물어 왔던 질문들에 관심이 많은 사람들에게 발달된 지능이다. 깊게 생각하고 그 사색한 것을 타인과 나누기 위해 실천할 수 있는 고도의 지능이다. 단순히 자신의 생각 속에만 갇혀 있는 것이 아니라 타인을 배려하는 마음, 사회적 정의의 실천, 리더십 등 신념을 행동에 옮기는 힘이다. 실제로 우리 인류의 역사는 '실존지능'이 뛰어난 사람들에 의해서 역사의 패러다임이 변해 왔다고 할 수 있다.

최근 인문학이 각광을 받고 있다. 우리나라의 CEO들이 새벽 일찍 인문학 강의를 들으며 인문학적 소양과 리더십을 키워 오고 있다는 것은 공공연한 사실이다. CEO들은 세상을 보는 눈, 사람을 보는 눈이 범인들과 달라야 하며 그 경영이 탁월해야 살아남을 수 있다. 때로는 기업의 문화를 바꾸는 큰 임무를 갖고 고용되기도 한다. 결국 이들의 힘은 '실존지능'에 달려 있다.

사실, 이러한 실존지능은 평범한 우리들, 좌절에 빠진 노숙자들에게도 매우 중요하다. 미국에서 노숙자를 대상으로 '클레멘스 코스'라는 인문학 강연 및 교육을 통해서 그들의 삶을 바꾸고 있다는 것은 이미 알려진 사실이다. 그들에게 경제적으로 도움을 주고 새로운 삶을 살도록 직업을 찾아 주는 것도 중요하겠지만, 더 중요한 것은 세상을 보는 바르고 깊은 눈을 갖게 하는 것이다.

남들이 보지 못한 것을 볼 수 있도록 혜안을 갖는 과정, 인류의 지혜인 인문학을 통해 깊이 사색하며 자신의 삶을 이끌고, 더 나아가 타인의 삶을 변화시킬 수 있는 힘은 인간이라면 누구나 갖고 싶어 하는 힘이다. 사실 이러한 힘은 하루 아침에 얻을 수 없다. 가장 훌륭한 방법은 힘든 여행을 하면서 다양한 체험을 하는 산 경험이다. 그러나 경제적으로나 시간적으로 쉽지 않다. 따라서 가장 좋은 방법은 독서이다. 읽기가 어렵지만 아이들 마음에 각인될 수 있는 지혜가 담긴 책에 맛을 들이도록 하는 것이다. 즉, 양서를 읽도록 하면서 그리고 그 내용을 부모나 교사들과 진지하게 대화를 하는 과정에서 아이의 '실존지능'은 성장하게 될 것이다.

나의 독서력이 그렇게 뛰어나지는 않지만, 내가 가장 혐오했던 책은 얕은 자기개발서나 신변잡기의 수필이었다. 어찌 보면 지적 허영심이었을 수도 있겠지만, 그 덕분에 학창 시절에 어려운 책을 읽으려고 끙끙대었다. 초등학교 때『나니아 연대기』가『요술옷장』이라는 제목으로 번안되어 나왔었는데, 그 책을 읽으면서 특급 마술사인 사자 아슬란이 왜 마법의 원천인 털을 깎이는 수모를 선택했을까 고민했던 기억이 생생하다. 그 책에서 내가 배운 것은 '희생'이었던 것 같다. 그 희생에 마음이 아팠고, 그런 감정의 추체험은 분명 나의 정서지능을 향상시키는 계기가 되었을 것이다. 이렇게 5, 6학년 때 책을 읽느라 밤에 늦게 잤던 기억이 많다.

중학교 때는 한국단편소설에 푹 빠져 지냈고, 에스트로젠의 영향 때문인지 정서적으로 한국단편소설의 시대 배경만큼이나 암울했던 것 같다. 그러면서 몇 백 페이지에 걸쳐 세로줄로 된, 정말 원문을 그대로 번역한 듯한 셰익스피어(Shakespeare)의『리어왕』을 읽으며 셋째 딸을 잃고 첫째, 둘째 딸에게 쫓겨나 반미치광이가 되어 숲을 헤매며 울부짖는 리어왕의 모습에 눈물을 흘렸던 기억이 난다. 헤르만 헤세(Hermann Hesse), 앙드레 지드(Andre Gide)의 작품들도 이때 만났다.

고등학교 때는 릴케(Rilke), 톨스토이(Tolstoy), 카뮈(Camus), 우리나라의 '이상'을 만나 고민하며 책을 읽었지만, 고2가 되니 선생님께서 책 읽을 시간이 어디 있느냐고 꾸중하시는 바람에 입시 공부에 매진할 수밖에 없었다. 대학교 1학년 때는 도스토옙스키(Dostoevskii)의 책을 그야말로 이를 악물고 읽었다. 2,000페이지에 육박하고 깨알 같은 글씨의 세로쓰기인 책을 읽는 것이 쉽지는 않았다. 하지만 그의 피, 땀, 눈물로 쓰여진 여러 작품을 집중적으로 읽어가며 희열을 느끼기도 하였다. 이 덕분인지 대학 4학년 때 임용고시가 끝나고 책 대여점에서 아르바이트를 하며 읽었던 조정래의『태백산맥』이나 박경리의『토지』, 이문열의『삼국지』는 좀 쉬운 느낌이 들었다. 이해가 쉽다기보다는 어려운 책으로 단련을 한 덕분인지 읽는 것이 괴롭지는 않았다. 도스토옙스키의 작품에서 그가 얼마나 치열하고 성실하게 작품들을 썼는지 다른 책들을 접하면서 새삼 느껴졌다는 의미이다. 그에게서 배운 것은 삶에 대한 성실성이었다. '작가라면 이 정도는 써야지.'라는 오만의 형성이 문제가 되긴 했다. 안 그래도 이상적인 기대감이 컸던 나의 심리적인 불안정함에 좀 더 '~다운'이라는 과도한 기대, 지적인 면에서 웬만해서는 만족하지 않는 심리적인 높은 이상을 키운 부작용이 있긴 하다.

생각해 보면 우리 부모님은 생업에 바쁘셨다. 아버지는 그 와중에도 종종 책을 읽으셨고 없는 살림에 나를 위해 세계문학전집 등을 사 주셨지만, 어머니는 그런 아버지와 나를 싫어하셨다. 내가 독서에 빠질 수 있었던 것은 '결핍' 때문이었던 것 같다. 책 읽는 것을 다소 못마땅해 하는 어머니(너무 삶이 고달프다 보니, 생활력이 좀 부족하신 아버지에 대한 반발심 때문이었을 것이다) 밑에서 가난한 생활의 도피처로 책을 가까이했다. 지금처럼 책의 홍수 속에서 끝없이 책을 읽으라고 잔소리를 하는 부모님이 계셨다면 과연 그만큼 책을 읽었을까 싶다. 누군가가 시켜서가 아닌, 나의 안식처이자 즐거움, 더 나아가 내 정신이 살아 있는 느낌을 받을 수 있는 유일한 행위가 독서였던 것 같다. 그 덕에 '실존지능'이 높아지지 않았나 싶다. 나의 실존지능이 높다는 것은 윤리 시간 중 철학과 관련된 이야기가 나오면 유독 가슴이 두근거렸다는 점에서 그렇다. 또 고등학교 때 적성검사를 하는데, 내게 맞는 직업 1위가 '철학자'였음으로 미루어 짐작해 보는 것이다. 그 많은 직업 중에 '철학자'라니, 친구들이 내 결과표를 보고 "딱이다."라고 웃으며 서로 동조한 기억이 난다.

'실존지능'을 이야기하면서 이해를 돕기 위해 나의 독서기를 길게 쓰게 되었다. 그러나 진정으로 '실존지능'이 높은, 시대의 정신적 선구자들에 비하면 나 자신은 지구의 먼지에 지나지 않을 것이다. 그리고 아직까지도 세계의 구루(Guru)들을 만나면서 내가 어떻게 살아야 할지를 책 속에서 찾는다. 결국 나와 주변의 진정한 행복은 무엇일까, 어떻게 사는 것이 올바른 삶인가, 인간적인 삶이 무엇인가를 생각하며 어쩔 수 없는 욕망과 감정에 휘둘리는 아이들을 인간답게 만드는 과정, 그 과정에 좋은 책들이 도움이 됨을 말하고 싶다.

아이들의 지능을 키우고 싶은가? 더 구체적으로 아이들의 강점지능을 키우고 싶은가? 그렇다면 그 첫걸음은 세계의 지성, 가능성의 기록인 책을 만나도록 하는 것이다. 이왕이면 종이로 된 책, 그 감촉과 냄새를 느끼게 하는 책들이 좋다.

# 성공지능

강점지능의 또 다른 한 영역인 성공지능은 예일대의 스턴버그 교수가 주장한 이론이다.

가드너는 아홉 가지의 개별적인 지능들이 각기 다른 정도로 발달된다는 것을 주장한 반면, 스턴버그는 지능의 삼원론을 주장하며 학문적 지능, 경험적 지능, 실제적 지능으로 지능의 다양성을 제시하고 있다. 우리가 이제까지 지능이라고 일컬었던 IQ는 학문적 지능(분석적 지능)이고, 그 외에 창의지능이라고 할 수 있는 '경험적 지능'과 생활 속 적응능력 및 대인관계라고 할 수 있는 '실제적 지능'을 제시하며 지능에 대한 새로운 지평을 열었다.

성공지능이 정서지능과 어떤 점에서 유사한지 살펴보자.

〈스턴버그 지능의 삼원론〉

| 삼원론 | 의미 | 요소 | 요소의 의미 | 예 |
|---|---|---|---|---|
| 학문적 지능 (분석적 지능) | 학문적 영역의 지능 | 메타 요소 | 과제에 대한 사전 계획, 진행 점검, 평가를 위한 통제의 정신과정으로 인간의 고등정신과정 | 보고서를 작성하기 위해 주제 선정, 구성방식 계획, 제대로 일이 수행되는지 점검 |
| | | 지식습득 요소 | 메타 요소와 수행 요소들이 하는 것을 실제로 어떻게 해야 하는지에 대한 학습의 정신과정 | 보고서 작성을 위해 데이터 수집, 수집 자료에 대한 상호 연관성 찾기, 유연하게 사고하며 결론 도출 |
| | | 수행 요소 | 메타 요소를 이행하기 위한 하위수준의 정신과정 | 실제 보고서를 쓰는 과정 |
| 경험적 지능 (창의) | 인간 경험과 밀접한 창조적인 지능 | 신기함을 다루는 능력 | 통찰력을 가지고 새로운 상황을 효과적으로 다루는 능력 | 새 스마트폰을 효과적으로 다루는 능력 |
| | | 정보처리 자동화 능력 | 새 해결책을 신속하게 익숙한 과정으로 전환하여 인지적 노력 없이 적용할 수 있는 능력 | 문자 체계가 다른 핸드폰에 빠르게 적용하여 문자를 보내는 능력 |

| 실제적 지능 | 적응 능력, 사회적 유능성과 같은 실용적 능력 (지능검사나 학업성취도와 무관) | 선택 | 자신이 적응할 환경을 스스로 선택 | 자신의 적성, 흥미, 능력에 맞는 상황을 찾는 능력 |
|---|---|---|---|---|
| | | 적응 | 선택한 환경에 적응 | 선택한 환경에서 열심히 일하며 적응하는 능력 |
| | | 조성 | 자신의 필요에 맞게 환경을 변화시키는 것 | 선택하여 적응한 환경을 자신의 취향대로 바꾸는 것 |

스턴버그의 지능 이론을 보면 기존의 IQ가 측정했던 요소는 분석적 지능에 해당된다. 그러면서도 지능이 우수한 학생들의 초인지적 기능, 즉 메타 요소도 지적 관리(Management)라는 점에서 새로운 영역을 제시했다. 아울러 새로운 것을 잘 다루고 그것을 자신에게 익숙해지도록 기능을 연마하는 정교성 등 창의적 지능을 제시한다는 점에서도 새로운 지능관이다.

실제적 지능은 무엇보다 지능에 대한 새 지평을 제시한다. 학업성취는 뛰어난 편은 아니지만 자신의 능력이 발휘될 수 있는 상황을 선택하고 적응하며, 더 나아가 자신에게 유리한 방향으로 조성해 가는 것이 지능임을 제시하며 그 지평을 넓히고 있다. 미국의 '백만장자'를 분석한 책을 읽어 보면, 대학에서 그렇게 뛰어난 성적을 거두지는 못하지만 나름의 신념과 통찰로 자신의 영역에서 성공하는 사람들, 자수성가형들이 많다고 제시하고 있다. 이른바 공부는 그저 그래도 친구들과 잘 어울리고 친구들을 자기의 편으로 만들고 행복하게 학교생활을 하는 학생들은 이런 실제적 지능이 뛰어난 학생들이라고 볼 수 있다.

결국 이렇게 환경을 잘 파악하고 선택·적응하며 나아가 자신이 원하는 방향으로 상황조성하는 능력은 '사회성 지능', 즉 '정서지능'과도 밀접하다고 할 수 있다. 눈치가 있는 아이들을 일컬으며, '절에서도 젓국을 얻어먹는다'는 속담처럼 수완이 있음을 뜻한다. 스턴버그의 '실제적 지능'은 결국 정서지능의 요소인 정서 조절 및 활용과 관계가 깊다.

강점지능, 즉 다중지능, 성공지능, 정서지능은 지능에 대한 새로운 패러다임임에는 틀림없다. 교육의 목표가 더불어 사는 건전한 민주시민, 행복한 개인의 육성에 있다면 과학, 수학 영재를 키우는 것에만 목표를 두는 현 영재교육도 변화가 있어야 할 것이다. 이제 영재의 개념도 1%의 아이들에서 20%의 다양한 영역의 아이들로 넓혀졌다. 상위 1%에게 엘리트 교육을 시키는 것보다는 더 많은 아이들에게 각자 잘하는 것, 좋아하는 것을 찾아 주고 자신과 타인에게 진실하고 행복한 삶을 살 수 있도록 도와주어야 할 것이다. 이런 행복 교육은 거창한 구호로 되는 것이 아니라 강점지능을 키우는 체계적인 교육으로 가능하다.

## 강점지능 향상 방법

예전에 한창, 4학년이면 한 아이의 가능성을 모두 판단할 수 있다는 식의 책이 유행했었다. 여기서 말하는 가능성은 아이의 인지기능, 더 깊은 속내는 좋은 대학을 갈 수 있는지 아닌지 싹수를 판단할 수 있는 시기라는 것이다. 물론 오랫동안 아이들을 만나 온 교사 입장에서도 1년간의 만남과 관찰 속에서 아이의 가능성을 언뜻언뜻 감지하거나 인지하는 예지력(?)이 생기는 느낌이 들기도 한다. 마냥 개구쟁이 같아도 수업 시간에 보이는 유연하고 다양하며 독특한 사고를 보이는 꽤 비범한 아이들도 있고, 모범적이고 성적은 잘 나오는데 부모님에 의해 트레이닝 된, 한계가 느껴지는 아이들도 있다. 그러나 한 사람의 능력과 진로가 그렇게 일찍 결정되는 것이 아님을 20여 년의 교직 생활을 통해 느끼게 된다.

무엇보다 초등학교 시기는 다른 시기와 달리 여러 가지 능력의 발달이 한창 진행되는 시기이며, 그 발달은 우후죽순처럼 이루어져 놀랍다. 또한 유아기부터 시작해서 다양한 결정적 시기가 있다. 결정적 시기(critical period)란 인간의 발달이 가장 효과적 · 효율적으로 쉽게 이루어지는 최적의 시기이다. 예를 들면, 언어발달의 결정적 시기는 만 4세로 이 즈음에 통합적인 언어학습을 시키면 아이들은 스펀지처럼 놀라운 언어적 성장이 이루어진다는 것이다. 초등학교 시기는 인지 발달의 결정적 시기이면서 사회성과 정서 및 인성발달의 결정적 시기이다.

아동기 전두엽의 발달은 문제해결 및 합리적인 의사결정의 기초가 된다. 피아제(Piaget)가 말하는 구체적 조작기에 이어 형식적 조작기로 인지의 틀(인지도식이라 한다)이 바뀌면서 추상적 사고, 상징과 비유를 이해하는 시기이다. 또한 도덕성과 인성의 핵심 중추인 전전두엽이 개화되기 시작하면서 자신의 감정과 기분을 적절하게 통제·관리할 수 있게 된다.

따라서 학교에서는 다양한 협동학습, 토의·토론학습을 활성화하여 활발한 상호작용 속에서 인지적 발달뿐만 아니라 정서적 발달을 위해 신경을 써야 한다. 그러나 아이를 가장 잘 알고 가장 많이 관찰하는 사람은 부모이다. 부모는 아이가 가장 좋아하고 잘하는 것을 찾기 위해 다양한 경험을 제공해야 한다. 지나친 기대나 비교 없이 아이가 자유롭게 즐기면서 탐색하도록 하는 여유가 필요하다. 다행히 아이의 강점지능을 발견했다면, 관련 분야에 대한 경험을 많이 하도록 도와주어야 하며, 이상주의가 발달하는 청소년기에 들어서는 5, 6학년 때 멘토나 롤모델을 찾도록 도와주는 것도 필요하다.

무엇보다 다양한 독서를 통해 이러한 탐색과 경험의 세계를 넓히도록 해야 할 것이다. 대학 수능 시험의 언어 영역에서 좋은 시험 점수를 얻기 위한 점수를 내려는 독서가 아닌 느끼고 생각하고 깨달을 수 있는 마음의 독서를 하도록 도와주어야 한다.

여섯

# 정서지능 안의 능력들

전통적인 지능으로 성공적인 삶을 설명하는 데 한계가 있다는 점에서 새롭게 조명되기 시작한 정서지능은 자신과 타인의 정서를 인식하고 효과적으로 활용할 수 있는 능력으로 정리할 수 있다.

정서지능의 정의에 대해서는 연구자에 따라 다소 차이가 있다.

정서지능 연구의 대가인 살로베이(Salovey)와 메이어(Mayer)는 정서지능을 "정서를 정확하게 지각하고 **평가**하고 **표현**하는 능력, 사고를 촉진시키는 정서에 접하거나 그 정서를 **일으킬 수 있는** 능력, 정서와 정서적 지식을 이해하는 능력, 정서 및 지적 성장을 증진시키기 위해 정서를 **조절하는** 능력"이라고 정의하였다 (1990). 이러한 정의를 바탕으로 정서적 · 지적 성숙을 증진시키기 위한 정서의 사려 깊은 조절, 정서의 이해와 분석 및 정서 지식의 사용, 정서를 통한 사고의 촉진, 정서의 지각과 평가 및 표현을 구성요소로 제시하였다.

정서지능의 대중화에 기여한 골먼(1995)은 "자신을 동기화 할 수 있고, 좌절을 이겨 내며, 충동을 억제하고, 만족을 지연시키며, 자신의 기분을 조절하고, 걱정에 의한 사고 능력의 저하를 막아 내고, 공감하고 희망을 가질 수 있는 능력"으로 정의하면서 '정서인식, 정서조절, 자기동기화, 감정이입, 대인관계 기술'로 구성요소를 설명하였다.

정서지능이라는 막연한 개념을 이 안에 속한 능력들을 밝힘으로써 더 잘 이해하고, 교육이나 훈련을 통해서 길러야 할 것이 무엇인지 구체적으로 알려 주기 때문에 이 '능력'들을 '요소'로 나누어 제시하면 다음의 다섯 가지로 요약된다.

〈정서지능의 다섯 가지 요소〉

| 요소 | 특성 |
| --- | --- |
| 정서인식능력 | 자신과 타인의 정서 상태를 알아차리고 이해하는 능력 |
| 정서표현능력 | 타인이 이해할 수 있도록 상황에 맞게 자신의 감정을 나타낼 수 있는 능력 |
| 감정이입능력 | 타인의 감정을 이해하고 자신의 내부에서 이해하고 공감하는 능력 |
| 정서조절능력 | 자신의 부정적 감정을 긍정적인 상태로 변화시켜 유지할 수 있는 능력 |
| 정서활용능력 | 과제나 문제해결을 위해 감정이나 기분을 적극적으로 활용하는 능력 |

출처: 곽윤정(2014).

## 정서인식능력

사진 속 사람의 감정은 어떤 상태인가? 노여움, 화 등 여러 가지 반응이 있을 것이다. 정답은 '못마땅함'이다. 약간 처든 얼굴, 아래로 터진 꼭 다문 입술, 미간의 주름, 한쪽으로 올라간 눈썹, 약간 붉어진 얼굴 등 전체적인 분위기를 감지하는 것은 이성적 판단이고 이것이 바로 정서지능의 '정서인식' 능력이다.

이런 표정은 오스트리아 여행에서 경험했었다. 건널목에서 우리 일행을 쳐다보던 한 백인 남성이 있었다. 가이드에게 물어보니 오스트리아 사람들이 복지정책과 관련하여 유입되는 동양인들에 대한 인식이 좋지 않다는 대답을 하였다. 처음 보는 낯선 외국인이 우리를 바라보는 '못마땅한 표정'은 지금도 잊혀지지 않는다. 이러한 표정을 슬픔이라고 보는 사람들도 있다. 분명 '기쁨'이라고 판단하는 사람들에 비하면 정서인식을 잘한 것이지만, 불만이

나 못마땅함이라고 읽은 사람들보다는 섬세하지 못한 것이 사실이다.

정서인식능력은 정서지능의 기본 능력이다. 아이가 정서를 정확하게 파악하고 자신의 마음에서 일어나는 감정 상태를 적절하게 표현하는 능력이다. 자신의 정서를 정확하게 파악하고 표현하는 능력은 환경에 대해 보다 적절하게 대처하고 반응하게 하는 기본이 된다.

정서인식은 정서지능의 가장 첫 번째 단계이기에 기초적인 단계이지만 이러한 기초도 제대로 훈련이 안 된 학생들이 많다. 사실, 정서인식을 이야기하면서 초등학생뿐만 아니라 우리 한국 사람들 모두가 타인의 정서는 잘 이해하지만, 자신의 정서에 직면하기는 어렵지 않을까 생각된다.

엄마와 아이들의 대화를 가끔 들어 보면 아이가 느끼고 있는 감정을 엄마가 이해를 못하거나, 알면서도 모르는 척하며 윽박지르는 경우를 종종 목격한다. 솔직히 나 또한 육아 스트레스를 겪으며 내 마음에서 차오르는 감정을 잘 알아채지 못하고 쌓아 두고 또 쌓아 두다가 갑작스레 그 감정을 터뜨린 적이 많았던 것 같다. 그때그때 내 감정을 솔직하게 인식하고 인정하면 내 마음을 들여다보는 것이 편하고 마음이 평온하다. 그러나 어떤 부정적인 감정을 느끼는 것 자체를 나도 모르게 죄악시하거나 자존심 때문에 인정하지 못할 때 마음에 부정적 감정이 켜켜이 쌓이면서 어느덧 마음이 불투명해지기 시작한다. 어느 순간 내 감정을 이해 못할 정도로 혼탁해진 마음을 들여다보며 답답함으로 한숨이 잦은 것을 종종 느끼게 된다. 나의 정서인식을 바로 할 수 있는 것, 불투명한 마음을 가만히 관조할 수 있는 과정 자체가 건강한 내 자신이 되는 길일 것이다.

자신의 정서인식능력이 최대한 발휘될 때 격하고 혼란스러운 감정을 냉철하게 인식할 수 있게 되며, 자신을 내려다볼 수 있는 제3의 눈이 생기면서 부정적 감정에 휩싸인 자신을 컨트롤할 수 있을 것이다. 아울러 '나의 감정에 대한 파악' '다른 사람의 표정이나 말투만으로 기분이나 감정을 알아채는 것' '그림이나 음악 등 예술 작품에 포함되어 있는 감정을 이해하는 것' '타인의 감정을 파악하는 것' '타인의 진실성에 대한 파악' 등이 정서지능의 한 요소인 '정서인식'에 대한 대표적인 능력이다.

## 정서표현능력

이규태의 『한국인의 의식 구조』라는 책을 읽어 보면 우리나라 사람들이 얼마나 정서적인 표현을 금기시해 왔는지 절절하게 느끼게 된다. 우리처럼 감정을 표현하는 것, 자신의 정서를 표현하는 것을 금기시하는 경직된 문화 속에서는 진실한 정서인식이 차단되는 경우가 흔하다. 예전에 우리 어머니들은 시집갈 때 눈에는 꿀을 바르고, 입에는 대추씨를 물리며, 귀에는 솜으로 틀어막았다고 한다. 한국 여성들은 자기무화(自己無化), 즉 자기를 숨겨야 한다는 세뇌를 받아 왔다. 또한 선비들도 말로 하는 의사표현뿐만 아니라 손짓, 눈매, 몸짓, 웃음, 표정 등 비언어적인 메시지를 전달하는 것까지도 목석화(木石化)하는 것이 우리의 문화였다.

최근 행복에 대한 담론이 매우 활발한 상황인데, 우리 한국인은 '행복'에 관해 언급하거나 생각하는 것조차도 부끄러워하거나 죄책감을 가지면서 그런 생각이나 말을 숨기는 것에 익숙한 상태로 오랜 세월을 살아왔다.

이 원인은 서양의 '인간주의 문화'와 우리나라의 '인격주의 문화'의 차이로 요약할 수 있다. 이규태의 말에 의하면, 서양은 '인간주의 문화'로 본능과 욕구를 중시하는, 그래서 개인의 개성과 권리, 욕구를 중요시하고 그런 욕구를 충분히 즐기며 행복을 찾는 것을 당연한 삶의 목표로 생각한다는 것이다. 따라서 서양은 식사 시간이 길고 충분히 맛을 음미하며 그 맛에서 오는 즐거움을 누리는 것을 귀하게 여기는 경향이 있다. 반면, 우리나라는 본능과 욕구를 극소화하는 '인격주의 문화'로 식생활, 주생활, 성생활 등 인간의 욕구와 관련된 것을 드러내거나 만족스러움을 나타내는 것을 터부시한다. 그래서 밥도 국이나 물에 말아서 빨리 먹는 것을 암암리에 가르치면서 극단적으로는 즐기면서 먹는 사람을 욕구를 따르는 게으른 사회 부적응자로 보거나 먹는 것만 밝히는 사람으로 생각한다. 재산 축적을 공공연히 자랑하는 사람들을 상놈이라고 흉을 보는 것도 이런 '인격주의 문화'의 소산일 것이다. 물론 오늘날에는 돈이 중요시되는 자본주의 사회이기에 달라지긴 했다. 구한말 우리나라에서 근무한 알렌(Allen) 공사를 비롯한 여러 외국인들이 표현하는 우리나라 사람들의 특징은 다음과 같다.

formal(형식적), reserved(쌀쌀한, 마음을 털어놓지 않는), silent(침묵하는), cautious(신중한), erasive(회피적인, 종잡을 수 없는), dependent(의존적인), distant(냉담한), indifferent(무관심한), tense(긴장한), responsive(쉽게 응하는)

서양 사람들에 비해 은폐성이 강한 우리 한국인들은 소수의 사람들과 선택적으로 접촉을 하며, 정보전달을 할 때 그 표현 방법을 최소화하고 애매하게 하며 자신의 주관적 견해를 가급적 남에게 표현하지 않게끔 억제한다.

알렌이 표현하기를 "한국인과 말하고 나면 그것이 아무리 길더라도 알맹이가 없고 무의미하며 시간 낭비임을 알게 된다. 형식적이고 회피적이며 유예와 침묵이 잦은 데다 결단이 불확실하다. 그들에게 진짜 의도를 말하게 하려면 부모 형제만큼 친밀해지지 않으면 안 된다."라고 하였다. 즉, 웬만해서는 정서를 표현하는 것이 쉽지 않다는 것이다.

그래도 나 자신은 예전 우리 부모님 세대에 비해서 감정을 표현하는 것이 쉽다고 생각을 했다. 그러나 나의 어릴 적 별명 중 하나가 '괜찮아요'였다. 친구네 집에서 친구 어머니가 밥을 먹고 가라고 하셨는데, 남의 집에서 식사를 하는 것이 왠지 낯설고 익숙하지 않아서 "괜찮아요."를 반복했고, 결국 먹지 않거나 먹긴 먹는데 무척이나 조심하며 부자연스럽게 먹었던 기억이 난다. 어른이 무엇인가를 주어도 "아니, 괜찮아요." 하며 거절하는 것이 너무 익숙했다. 심지어 정말 먹고 싶고, 갖고 싶은 것이 있어도 한 번에 넙죽 받는 것은 예의가 아니라는 생각으로 거절하고 또 거절했다. 결국 내 몸속에 한국인의 피가 흐르고 있는 것이다. 먹는 것 등 기본적인 생리적 욕구를 표현하는 것은 바람직하지 않음을 어떤 경로로든 교육받고 세뇌받은 것이다.

나를 비롯한 우리나라 사람들에게 사실 '정서인식'은 매우 발달되어 있다. 특히 비언어적인 메시지를 파악하는 데 있어서는 서양인 부럽지 않을 것 같다. 부모님이 어떤 기분인지, 선생님이 어떤 감정 상태인지, 친구, 상사, 남편, 부인이 그리고 아이들이 어떤 감정 상태인지를 느낌으로 통찰한다. 이른바 날벼락을 맞지 않기 위해 눈치를 발휘해야 한다.

그러나 안타깝게도 자기 자신에 대한 감정 통찰은 발달이 저해되어 왔다. 자신의 감정에 대한 인식이 잘 훈련되어 있지 않고 미숙하며 결국 '정서표현'도 미숙하고 그냥 참는 것이 미덕이 되었다. 이러한 감정의 억압이 겉으로 보기에는 조신하고 고상해 보이나 마음은 상할 대로 상하고 결국 다른 곳에 화풀이하기 일쑤이다. 특히 억압된 감정을 가장 소중한 가족에게 투사하는 것이 문제인 것이다. 또한 이러한 '누르기' 방법으로 인해 '火病(Hwabyeong)'이라는 세계적으로도 유명한, 한국인만의 마음의 병이 생겨났다. 아무리 슬퍼도 흐르는 눈물(涙)이 아닌 흐르지 않은 눈물(泪)을 흘려야 한다니 '정서표현'을 엄격하게 죄악시하고 금기시하는 데 익숙한 결과, 또 다른 부작용을 낳게 되지 않았나 싶다.

이러한 정서표현의 차단은 사람들을 걸어다니는 압력 밥솥으로 만들어 언제 감정이 터질지 모르는 순응자아(억압자아)를 키우고, 예상치 못한 곳, 예상치 못한 사람에게 감정을 투사하는 경우가 많다는 것이다. 아울러 충분히 기뻐할 일인데도 지나치게 기뻐하는 것은 예의가 아니라는 관습에 의해 그냥 한번 웃고 마는, 그러다 보니 기쁨을 있는 그대로 느끼지 못하는 상황이 많다.

행복은 '아이답게 순수한 마음'으로 '지금 이 순간을 충분히 느낄 때' 가능하다. 내가 나 자신에 대해서 또는 상대방에 대해서 어떤 감정을 느낄 때 그것을 타인이 이해할 수 있도록 안전하게 표현한다면 그것이 바로 소통이요, 관계를 발전시키는 계기가 될 것이다. 좋은 게 좋은 거라고 한없이 원망이나 분노의 감정이 드는 데도 참고 또 참다가 집에 가서 별일 하지도 않은 내 아이들에게 무섭게 화를 내는 상황은 참으로 불행한 모습이다. 나의 감정에 대한 정확한 인식과 건전한 정서표현능력은 우리 민족의 커다란 과제이며 우리 아이들이 행복해지기 위한 필요조건이라고 생각한다.

다행인지 불행인지 모르겠으나 오늘날 우리들이 대하는 아이들은 분명 우리와 많이 다르다. '신인류'라는 말이 나올 정도로 자기 표현이 과감하다. 감정 표현에 막힘이 없다. 이러한 갑작스러운 우리 문화의 변화는 어떻게 일어난 것일까? 아마도 대중매체의 영향이 가장 클 것이다. 어느 나라보다도 감정을 그대로 표현하는 것을 천시하던 우리 사회는 서양문물의 홍수 속에서 어느덧 감정을 제대로 표현하지 못하는 것을 쑥맥이나 답답한 사람으로 치부하게 되었다. 어느 나라보다도 돈이 있음을 드러내는 일은 상것들이나 하는 천박한 일이라고 생각하던 사회는 돈이 없는 것은 능력이 없는 것이며, 자본주의 사회에서는 돈이 곧 힘이라는 말을 대중매체 속에서 세뇌 당하며 배금주의 사상에 빠져들게 되었다. 이런 현상은 그동안 인간적인 감정들, 욕구들을 억누르는 사회 분위기에 대한 반동 작용일 수도 있다.

하지만 지금 우리들의 감정 표현은 분명 문제가 있다. 매우 즉각적이고 솔직한 것 같지만 모든 것이 '짜증'이라는 표현으로, 화라는 표현으로 단순화된다. 화난 감정을 표출한다고 고함을 먼저 지르고 상대방에게 상처가 되는 말을 아무렇지 않게 한다. 남을 비난하고 힐난하며 자신의 불편한 마음을 폭력적으로 표현한다. 폭력 대화로 비이성적이고 동물적인 수준으로, 변연계에서 느끼는 날것 그대로 표현을 한다. 전두엽의 통제를 벗어난 폭력적 언어로 나의 감정을 표현하는 것에 익숙해졌다.

이러한 표현은 상대방을 보지 않고 대화하는, 나를 숨길 수 있는 익명성을 띤 사이버 세계의 발달로 더욱 폭력적으로 변하고 있다. 나의 말에 상대가 어떤 반응을 하는지 대면적 피드백이 없으니 나의 생각과 감정을 여과 없이 쏟아 내어 버린다. 상대방의 얼굴을 보고는 할 수 없는 말을 사이버상에서는 거르지 않고 하게 된다. 이런 과정에 익명성이 더해지면서 도덕적 해이가 일어나고 솔직함이라는 미명하에 상처를 준다.

또 한 가지 문제점은 SNS로 서로 소통을 한다고 하지만, 각자 자신의 이야기를 하는 것으로 끝나는 경우가 많다. 피아제가 말하는 인간의 인지적 발달과정에서 전조작기(2~6세)가 있다. 이 시기의 아이들은 집단독백이라는 특징을 보인다. 전조작기 아이들이 노는 곳에 가 보면 대화를 하는 듯한데, 가까이 가서 들어보면 아이들은 각자 자기 이야기를 하고 있다. 한 아이는 슈퍼맨 이야기를 하고, 다른 아이는 동생 이야기를 한다. 각자 이야기하는 것이지 소통하는 것이 아니라는 것이다. 마찬가지 현상이 SNS에서도 느껴질 때가 있다. 더구나 SNS 등 사이버 세계에서의 소통은 현실에서의 소통을 차단하고 있는 상황이다. '수그리' 모드의 현 상황을 새삼 이야기할 필요는 없을 것이다. 우리는 어쩌면 사이버 세계의 발달로 더 외로움을 느끼고 집단독백을 하고 있는지도 모르겠다.

자신이 느끼는 것을 언어적 방식이든 비언어적 방식이든 적절하게 표현할 때 서로 소통하는 것이며, 사회적 관계를 행복하게 하는 기본적인 중요 요소가 된다. 이 방법에는 공감의 표현과 나-메시지의 표현으로 나누어 생각해 볼 수 있다. 어릴 때부터 자신의 감정을 안전하고 평화적인 방법으로 전달하는 것이 교육되어야 하고, 이는 우리 부모와 교사들부터 교육을 받고 체득화해야 하는 것이다.

## 감정이입능력

감정이입능력은 타인의 감정을 이해하고 추체험할 수 있는 능력, 즉 공감의 능력이다. 타인의 감정과 기분을 자신의 것처럼 느낄 수 있는 능력이다. 정서의 인식과 더불어 상대의 심정에 깊이 공명할 수 있는 능력으로, 선천적으로 '체계적인 뇌'를 가진 남학생보다는 '공감의 뇌'를 가진 여학생에게 더 발달되어 있다. 물론 남학생 중에서도 여성의 뇌를 가지고 있어서 공감력이 발달되어 있을 수 있다.

생일을 기다리던 아이가 생일날 저녁에 슬퍼한다. 무슨 일이 일어난 것일까?
① 친구들이 괴롭혔다.
② 친구들 앞에서 엄마에게 긴 잔소리를 들었다.
③ 친구들이 생일 파티에 오지 않았다.
④ 하지 않은 일로 선생님에게 꾸중을 들었다.

답: ①은 화남, ②는 창피함, ③은 슬픔, ④는 억울함이다. 따라서 정답은 ③이다.

출처: EBS 다큐프라임. 〈엄마도 모르는 우리 아이의 정서지능〉

감정이입, 즉 공감은 인지적 공감과 정서적 공감으로 나누어 생각해 볼 수 있다. 진정한 공감을 위해서는 이 둘을 모두 아울러서 상대의 심정을 깊이 느끼는 훈련이 필요하다. 즉, 상대방의 상황과 예전에 내가 겪었던 비슷한 상황 속에서 내가 겪었던 감정을 기억해 내어 지금 타인이 느끼는 감정을 유추해 내는 인지적 공감, 즉 정서에 대한 인식이 필요하고, 이것을 내 마음 속에서 재경험하는 정서적 공감, 즉 감정이입이 모두 필요한 것이다. 여기서 말하는 감정이입의 대상은 나와 친한 사람뿐만 아니라 인간 전체, 생물, 무생물 모두에 해당된다.

'친구의 기분을 내 기분처럼 여겨 함께 좋아하거나 같이 속상해 하는 것' '타인의 괴로움을 보면 안타깝고 도와주려는 마음이 생기는 것' 등이 이 영역의 구체적인 행동의 예이다.

사실, 극악한 범죄나 서로를 함부로 하고 무시하는 사회 현상, 학교 내의 다양한 폭력들은 모두 감정이입능력, 즉 공감의 부재에서 발생한다. 공감은 타고나는 사람들도 있으나 대부분 부모를 비롯한 또래, 교사, 사회인들과의 상호작용 속에서 배우게 된다. 내가 겪었던 일일 때 가장 잘 이해하고 느낄 수 있지만, 상대방을 배려하고 존중하는 기본이 되는 이 공감은 훈련과 교육, 경험에 의해 길러진다. 이를 반영하듯, 캐나다나 미국에서 '공감의 뿌리' 교육이 한창이다.

캐나다 교육학자인 메리 고든(Mary Gordon)은 가장 순수한 인간의 모습인 갓난아기가 가진 힘을 활용하여 학생들에게 공감 능력을 가르치고자 하였다. 유치원과 초 · 중등학교 아이들에게 1년 동안 갓난아기의 성장과정을 지켜보도록 하였는데, 아기의 감정을 관찰하면서 감정을 이해하는 정서이해능력을 키운다는 것이다. 이것은 타인의 관점에서 세상을 바라보는 법, 진정으로 이해할 수 있는 마음의 눈을 갖는 과정이다. 이 프로그램은 순수한 아이를 대하면서 자신이 정화되는 것을 느끼고, 욕구 표현이 어려운 아이들을 위해 **마음을 쓰면서** 있는 그대로, 어떤 조건 없이 만남으로써 공감을 체험하는 과정이다. 놀라운 것은 이 훈련으로 아이들의 학습력도 향상되었다는 것이다. 공감은 단순히 상대의 감정만을 느끼는 것이 아니라 상대의 말과 행동, 생각을 읽는 것이고 이것은 일종의 경청 훈련이 된다. 아기를 통한 이러한 훈련은 성인의 대표인 교사에 대한 경청을 강화하고 당연히 성적이 오르게 된다.

공부를 한다는 것이 결국 나를 이해하고 세상을 이해한 후 사람들과 좋은 관계를 맺고 세상과 뜻 깊은 관계를 맺으며 행복하게 살아가는 과정임은 누구나 이해할 것이다. 우리 어른들이 그토록 원하는 '공부 잘하는 아이'는 세상에 대한 호기심과 공감에서 키워진다. 아이들에게 영어나 수학에 대한 기계적인 학습도 중요하지만, 세상에 대해서, 특히 내 주변에 대해서 호기심을 갖고 느껴 보도록 하는 다양한 체험이 필요할 것이다.

## 정서조절능력

> 학교에서 내가 열심히 기안한 계획서를 다른 부장교사가 자신의 것인냥 이야기를 한다. 이 상황에서 교사인 나는 어떻게 할 것인가?
> ① 직장에서 감정을 표현하는 것은 옳지 않다.
> ② 당장 부장선생님에게 달려가서 따져야겠다.
> ③ 살다 보면 그럴 수도 있지. 뭐 어쩌겠어.
> ④ 기회를 봐서 내 입장을 밝혀야겠다.
>
> 답: 정답은 ④이다. 타인의 입장도 고려해서 자신의 감정을 표현하는 것은 '정서조절'의 한 예이다.

학습능력이 우수한 학생들의 공통점은 '메타 인지'가 발달되어 있다는 연구결과들이 있다. 내가 무엇을 알고 무엇을 모르는지, 그 모르는 것을 어떤 방법으로 어떤 순서로 배워 나가야 하는지, 지금 내가 하는 공부가 나의 목표에 도움이 되는지, 잘 진행이 되고 있는지 등, 자신의 학습을 스스로 모니터링하는 능력이다. 공부를 잘하기 위해서는 무조건 열심히 공부하는 것이 아니라 자신의 학습유형을 나름 파악하고 유형에 맞게 학습을 계획·실행해야 한다. 즉, 자신의 학습을 관리하고 경영하는 것에 익숙한, 학습의 가장 큰 목표 중의 하나인 '자기주도적 학습'이 가능한 학생들이 공부를 잘한다. 이러한 능력은 뇌의 기능으로 치자면 전두엽의 역할이다. 전두엽은 뇌의 CEO이며 관제탑으로, 실제 전두엽이 발달할 수록 학습력이 우수한 것이 사실이다.

　이런 전두엽 기능의 발달은 정서지능도 아울러 높여 준다. 정서지능 연구의 대가인 살로베이와 메이어가 주장한 정서지능의 정의를 보자.

- 사회지능의 하위요인으로 자신과 타인의 감정과 정서를 점검(monitor)하고, 그것들의 차이를 변별(discriminate)하며, 생각(thinking)하고 행동하는 데 정서정보를 이용할 줄 아는 능력(1990).
- 정서 정보를 처리하는 것과 관련된 과정(1997).

　이러한 정의는 인지기능과 정서지능은 서로 밀접한 관련이 있음을 시사한다. 변별하고 생각하고 처리하고 활용하는 것은 모두 인지과정이다. 따라서 정서지능이 발달하려면 인지기능이 어느 정도 필요함을 의미한다.

　학교에서 가끔 인지장애(IQ 70 이하)를 겪는 학생들을 만난다. 이들은 인지적인 문제해결력이 약하기도 하지만, 교사들이 더욱 신경 쓰는 것은 이 학생들의 낮은 정서조절 수준이다. 예를 들면, 누군가 자신을 무시하는 느낌에 서운함이 생길 때 대부분의 아이들은 수업 시간이기 때문에 일단은 참는다. 건강한 아이라면 쉬는 시간을 이용해서 그때 그래서 서운했다 등 자신의 감정을 부드럽게 전달할 수도 있고, 좀 힘든 학생이라면 화를 내거나 때리거나 복수를 벼르거나 할 수도 있다. 어떤 대처이든 자신과 상대에게 맞는 대처를 찾는데 수업 상황에서는 직접적으로 표현하면 안 된다는 것을 안다. 그러나 인지장애를 겪는 학생의 경우에는 이런 지연이 어렵다. 모두가 조용히 수업에 참여하는데 "선생님, 애가 저한테 뭐라 해요." 하면서 큰 소리로 운다. 안타까운 것은 이런 과정이 반복되면서 반 아이들과 교사도 지친다는 것이다. 교사가 슬며시 "머리가 안 좋으면 착하기라도 해야지." 하고 안타까워하는데, 착하다는 것은 다른 사람의 감정을 헤아리거나 지금 당장 서운해도 일단 참을 수 있는 조절의 능력이며, 사실 이것은 인지기능이 뒷받침해 주어야 한다.

　그렇다면 정서지능이 인지기능의 하위요소인가 의문이 들 수 있다. 그러나 인지기능도 정서지능의 영향을 받는다. 즉, 지식의 습득에 직접적 영향을 주는 것은 인지기능이지만, 이러한 능력을 조절하고 통제하는 것은 정의적 영역이다. 정서적으로 다소 동요되는 일이 있어도 그것을 유보하고 수업에 집중하는 것, 불안한 정서를 잘 조절해서 시험에 집중하여 문제를 푸는 것, 중요한 시험을 앞두고 긴장감을 갖고 공부에 임하는 것 등이 모두 정서조절을 통해 인지기능을 활성화하는 것이다.

이렇듯 최근 정서와 인지의 관계에 대한 관점은 이분법적이고, 대립적이 아닌 상보적인 관점으로 바뀌고 있다. 정서지능이 높은 사람이 정서를 통해 사고를 유용하게 하도록 한다는 연구들이 많다.

결국 정서조절은 정서지능의 가장 높은 수준의 영역이다. 정서 및 지적 성장을 위하여 기쁨과 같은 긍정적 정서와 슬픔, 불안과 같은 부정적 정서를 의식적으로 관리 · 통제하는 능력이다. 인간은 성숙해지면서 기분과 정서를 지속적으로 반영해 보거나 메타 경험을 갖게 된다. 메타 경험에는 메타 평가와 메타 조절이 있다. 현재 느끼고 있는 기분이 얼마나 명확한지, 수용할 만한 것인지, 내가 불안을 조절하며 주의를 집중하고 있는지 등의 또 다른 눈으로 관조하는 것이 '**메타 평가**'이다. 또한 나쁜 기분을 긍정적인 기분으로 얼마나 잘 전환하는지, 좋은 기분을 얼마나 잘 유지하는지 등이 '**메타 조절**'이다. 이것은 그 감정에서 빠져나와 객관적인 관조의 입장에서 인식 · 조절하는 상위의 수준을 뜻한다. 정서조절은 결국 변연계에서 일어나는 감정을 전두엽에서 얼마나 잘 조절하느냐인 것이다.

안타까운 것은 이런 전두엽의 기능이 청소년기에는 잘 안 된다는 것이다. 전두엽이 테스토스테론의 증가로 또는 에스트로겐의 과잉 현상으로 정서를 제대로 조절하지 못하여 제대로 인식도 표현도 조절도 못하게 된다. 그래서 청소년기에는 더더욱 정서지능 각 요소에 대한 훈련이 필요하다.

여기서 정서조절은 자신뿐만 아니라 타인의 정서를 효과적으로 조절하는 것도 포함한다. 즉, 자신의 부정적 기분이나 감정을 긍정적 상태로 변화 · 유지시키고 자신의 목표를 실천하는 데 정서를 적절히 조절할 수 있는 것뿐만 아니라, 부정적 감정 상태에 있는 타인의 기분을 전환시켜 대인관계 기술을 향상시키는 것도 포함한다.

정서조절이 가장 상위의 능력인 이유는 조절(regulation)이라는 의미가 불쾌한 상황에 대한 단순한 회피나 억압이 아니라 그러한 상황에서 느끼는 감정을 수용하고 객관적·반성적으로 숙고하면서 정서를 관리하는 것이기 때문이다. 이것은 자신의 정서조절뿐만 아니라 타인의 정서를 조절하여 가족, 친구, 이웃, 동료 등의 사회적 조직망을 구축하는 데 도움이 되는 대인관계 능력이다.

## 정서활용능력

---

학생들이 조별 과제를 하다가 말다툼을 하고 있다. 이 상황에서 교사는 어떤 감정으로 접근하는 것이 현명한 것인가?
① 화 ② 슬픔 ③ 놀람 ④ 편안함

답: 정답은 ③놀람이다. 사람의 감정 중에서 놀람을 느꼈을 때 사람은 상황을 가장 잘 파악할 수 있기 때문이다. 화 또는 슬픔은 정서적인 과잉으로 상황을 객관적으로 보기가 어려우며, 편안함은 방임이나 회피 행동을 유발할 수 있다. 따라서 아이들의 갈등을 해결하기 위해서는 교사가 놀람의 정서를 가지고 문제에 접근할 때 이성적으로 상황을 판단할 수 있다.

---

정서활용능력은 과제 수행을 위해 감정이나 기분을 적극적으로 활용하는 능력이다. 정서를 이해하고 분석하는 능력, 즉 정서 정보를 인식, 요약, 추론하는 인지적 처리과정이다.

정서활용을 위해서는 우선 정서를 이해하고 정서 정보를 담고 있는 지식을 활용하는 능력이 필요하다. 다양한 정서들 간의 관계를 이해하고 정서의 발생 원인과 그 결과에 대해 평가할 수 있는 능력이다. 여기에는 정서 정보의 관계와 더불어 정서의 종류와 강도에 대한 구분, 정서 내에서의 관련성도 포함된다. 예를 들어, 짜증, 화, 격분은 분노(anger)라는 감정과 관련이 있지만, 강도에서 차이가 나며 분노를 일으키는 원인을 아는 것이 정서 정보가 된다. 한 대상에 대하여 두 가지 감정을 느낄 수 있음을 이해하게 되며, 행위에 의해서 일어나는 감정의 변화 과정도 파악한다. 예컨대, 분노의 표출이 카타르시스(일종의 시원함)와 더불어 죄책감도 일으킬 수 있음을 알게 되는 것이다. 이것은 정서들 간의 공통점과 차이점을 인식하고 각각의 정서가 인간관계에 있어서 의미하는 바를 배우며, 정서를 상황과 연결하여 정서적 추론에 대해 이해하는 것이다. 또한 혼합된 정서를 받아들일 수 있는 능력을 인식하고 이해하며 이것을 인간관계에 활용하는 수준을 의미한다.

한 대상에 대해서 우리는 사랑과 미움을 함께 느낄 수 있다. 엄마라는 가장 최초의 사회적 존재(대상)에 대해서 아이는 사랑과 미움이라는 양가감정을 동시에 느낀다. 그러나 사랑을 주기도 하고 좌절을 주기도 하는 그 존재가 모두 엄마임을 수용할 때 인간에 대한 신뢰감과 안정성이 키워진다. 이것을 통합적 수용이라고 하며, 이후의 대인관계에서도 반복된다. 건강한 대인관계란 이렇게 대상에 대해 느끼는 혼합된 정서를 인식하고 수용하는 것이다. 이것이 곧 건강한 성격을 뜻한다. 이것이 잘 되지 않을 때 우리는 대인관계에 어려움을 겪게 되고 '성격장애'라는 진단을 받게 되는 것이다. 그만큼 정서활용은 정서에 대한 깊은 이해(단순한 지식으로의 이해가 아닌 마음으로 체득된)로 성격 형성에까지 중요한 역할을 담당한다.

'정서지식의 활용'은 복잡해지고 다양해진 정서에 대한 이해 능력을 토대로 과제 수행이나 문제해결을 위해 감정이나 기분을 적극적으로 활용하는지, 또한 정서적인 이해를 토대로 인간관계 향상에 어느 정도 활용하는지의 행동으로 판단할 수 있다. '사람의 양가적 감정의 인정' '복잡한 감정의 이해, 수용' '감정 간의 차이 구별' '감정을 나타내는 글에 대한 다양한 해석' '비슷한 감정들에 대한 세분화된 차이 구별' '상황에 따른 감정의 변화에 대한 수용' 등이 정서지식의 활용에 해당된다.

결국 정서활용능력은 정서에 대한 유연하고 다양한 사고를 의미하며 정서적인 문제해결 능력으로 건강한 성격의 기초가 된다.

# 아이를 위한 감정코칭

아이들의 감정 조절은 지능과 마찬가지로 능력이다. 이러한 조절력은 하루 아침에 이루어지는 것이 아니라 부모와 교사 등 주변 사람들의 대처에 의해서 서서히 배우고 체득되는 것이다. 이것을 가트맨(Gottman) 박사는 '감정코칭'이라고 말한다. 감정코칭의 기본은 아이의 감정에 대한 부모나 교사의 인식이다. 이것을 마음으로 느끼는 것이 공감이고, 이 마음을 적절히 표현하는 것이 감정에 대한 교육의 시작이다.

가트맨 박사는 5단계로 '감정코칭'을 소개한다.

## 1단계: 아이의 감정을 인식한다

정서지능을 연구한 학자들이 말하듯, 정서지능의 기본은 감정인식이다. 아이의 감정에 대해서 재빨리 알아차리고 파악을 하는 것이 감정인식이다. 아이가 보이는 행동 이면의 감정을 주의 깊게 살펴본다.

"동생이 자꾸 네 장난감을 만져서 짜증나고 속상하구나."라고 감정을 읽어 주는 것이 "동생이 좀 가지고 놀 수도 있지, 속 좁게 그것을 가지고 그렇게 징징대니?"라는 조롱과 비난보다 인간적 · 문제해결적이며 교육적인 반응일 것이다.

하지만 가끔 감정을 알 수 없을 때가 있다. 감정을 느끼려고 노력하면서 물어볼 수도 있지만, 아이의 경우에는 표현력이 부족하여 어떻게 해야 할지 몰라서 더 과도하게 부정적인 감정을 표현하는 경우가 발생한다. 이것을 부모나 교사에 대한 반항이나 공격의 표현으로 받아들이는 대신에 좀 더 여유를 갖고 아이가 어떤 감정 상태인지 읽으려는 노력만으로도 격해지는 감정을 막을 수 있다.

> **부모:** "지금 화가 많이 난 것 같은데 어떠니?"
> **아이:** "선생님은 나만 혼내고, 다른 친구들은 안 혼내. 선생님하고 애들을 때리고 싶고, 가슴이 뛰고 가슴이 답답하고!"
> **부모:** "그렇구나! ○○가 선생님께 서운하고 억울하구나."
> **아이:** "그래요, 억울해요!"

## 2단계: 감정이 일어나는 순간을 좋은 기회로 삼는다

앞의 대화에서처럼 아이가 부정적인 감정을 느끼고 있을 때, 공감을 해 주면 최소한 격해진 감정의 수위가 낮아질 수 있다. 감정에 휩싸여서 이성을 잃고 어쩔 줄 모를 때, '너의 감정은 이것이다.' 하고 읽어 주면 그 순간 감정의 너울에서 벗어나게 된다. 올라온 감정을 조금이라도 낮추는 것은 바람직하지 못한 행동으로 감정이 폭발하는 것을 막을 수 있고, 감정 조절을 배우는 기회가 된다.

> **아이:** "그래요, 억울해요!"
> **부모:** "나라도 서운하고 억울했겠네."
> **아이:** "다, 미워. 다 부숴 버릴 거야."
> (아이가 눈물을 흘리며 고함을 친다. 이때 부모는 이런 감정은 나쁜 것이고 어디

서 이렇게 고함을 치냐고 꾸중을 하거나 더 크게 소리치지 않도록 조심해야 한다.)

아이는 자리에서 엉엉 울면서 자신의 감정을 들여다본다. 단순히 분노가 아닌 분노 뒤에 감추어진 것을 찾을 수 있는 기회가 된다. 아울러 감정의 카타르시스를 경험할 수도 있다. 이 카타르시스는 아이의 마음을 환기시키고 여유 공간을 마련해 준다. 부정적인 감정으로 가득 찬 아이의 탁한 마음에 새로운 공기가 불어넣어지는 것이다.

### 3단계: 아이의 감정에 공감하고 경청한다

아이는 어른들의 이러한 태도를 보고, 자신이 감정을 자연스럽고 솔직하게 말해도 어른들이 이해를 한다는 것에 안도감을 느끼게 된다.

가트맨 박사는 긍정적인 감정뿐만 아니라 부정적인 감정을 충분히 공감해 주는 것이 중요하다고 말한다. 물론 맞는 말이다. 분노하고 슬프고 울적한 상황에서 더 깊이 느끼는 것은 이런 감정에 휩싸인 내 자신에 대한 부끄러움과 알아주는 사람이 없다는 좌절감과 외로움이다. 아이의 경우에는 이것이 어떤 감정인지 몰라서 숨이 막히고 혼란스러워서 더 힘들어하기 때문이다. 이런 상황에서 누군가 나의 마음과 감정을 알아준다는 것은 어둠 속에서 빛을 보는 것과 같은 경험이 된다.

그러나 우리나라의 상황에서는 긍정적인 감정의 표현에 인색한 문화적 특징상, 긍정적인 감정을 읽어 주고 함께 기뻐해 주는 것이 더 필요하지 않을까 싶다. 예전에 가르치던 3학년 학생이 상을 하루에 두 개나 받은 적이 있었다.

"오우, 상식이! 상을 두 개나 받았네. 좋겠다, 축하해." 그러자 그 친구의 반응이 놀라웠다. "엄마는 아마 그깟 종이 조각 받아 오면 뭐하냐고 할 걸요? 야, 이 상장 대신 가져갈 사람?" 평소에 아이가 보이는 이러한 냉소적인 반응은 긍정적인 감정을 부정하고 억누르는 부모의 양육태도에서 비롯되었음을 느끼게 된다.

## 4단계: 아이가 감정을 표현하도록 도와준다

이미 1, 2단계에서 말했지만, 아이가 자신이 가졌던 감정을 표현하게 도와주는 것이 감정 교육 내지는 훈련의 핵심이다. 공감하고 끝나는 것이 아니라 그 감정에 대해서 객관적으로 인식할 수 있도록 되돌려 주는 작업은 매우 중요하다.

알 수 없는 감정에 대해서 적절한 표현 단어를 찾도록 도와주면 좀 더 쉽게 감정에 접근할 수 있다. 분노, 억울함 뒤에 숨겨진 아이의 감정을 인식하고 적절하게 표현하도록 돕고 안내하는 것은 정말 중요하다.

> **아이:** "그래요, 억울해요!"
>
> **부모:** "나라도 서운하고 억울했겠네."
>
> **아이:** "다, 미워. 다 부숴 버릴 거야."
>
> (아이는 눈물을 흘리며 고함을 친다.)
>
> **부모:** "얼마나 억울하고 분했으면 눈물까지 흘리네. 선생님이 알아주지 않아서 많이 슬프고 서운하구나."
>
> **아이:** "맞아. 선생님은 내 말도 들어 주지 않고 걔 편만 들어. 그래서 슬퍼. 섭섭해. 선생님이 미워."
>
> **부모:** "선생님이 ○○를 이해해 주고 인정해 주었으면 좋았을 텐데, 안 그래서 섭섭하구나."
>
> **아이:** "맞아, 나도 선생님께 인정받고 싶단 말이야."

## 5단계: 스스로 문제를 해결할 수 있게 한다

섣부르게 공감을 한다고 "네가 억울해서 그렇게 친구들을 때린 것은 이해가 된단다."라고 하는 것은 공감이 아니다. 아이들은 감정의 인식이 서툴 듯이 자신의 행동에 한계도 규정해 주어야 한다. 부정적인 감정에 대해서 충분히 공감해 주되, 감정을 해소하는 행동에 대해서는 한계를 두어 어떻게 행동해야 하는지 스스로 깨닫도록 해 주어야 한다.

부정적인 감정 때문에 잘못된 행동을 했을 때, 그 행동을 지지해 주는 것이 아니라 그 감정을 이해해 주는 것이 공감이다. 잘못된 행동에 대해서는 이 잘못에 대해서 스스로 깨닫게 해 주어야 한다. 이 깨달음의 과정에서 중요한 것은 아이들의 발달단계에 따라 잘못을 깨닫는 수준이나 방법이 다르다는 것이다. 어린아이들에게는 나에게 오는 불이익으로 깨닫도록 하고, 초등학교 3~4학년의 경우에는 주변 사람들과의 관계에서 빚어지는 문제를 인식하도록 한다.

---

**부모:** "얼마나 억울하고 분했으면 눈물까지 흘리네. 선생님이 알아주지 않아서 많이 슬프고 서운하구나."

**아이:** "맞아. 선생님은 내 말도 들어 주지 않고 걔 편만 들어. 그래서 슬퍼. 섭섭해. 선생님이 미워."

**부모:** "선생님이 ○○를 이해해 주고 인정해 주었으면 좋았을 텐데, 안 그래서 섭섭하구나."

**아이:** "맞아, 나도 선생님께 인정받고 싶단 말이야."

**부모:** "그러게. 어떻게 하면 선생님이 ○○편도 들어 주실까?"

**아이:** "화가 난다고 친구 안 때리면……."

**부모:** "그래, 그러면 될 것 같다. 그럼 내일 가서 선생님께 어떻게 할까?"

**아이:** "화가 난다고 친구 때려서 죄송하다고 하고, 그렇지만 왜 때렸는지 잘 말해야겠지."

**부모:** "그래, 대단하다! 스스로 그런 생각도 하고. 엄마가 도와줄 게 있니?"

**아이:** "아니, 내가 해 볼게."

# 2부
# 정서지능 교육 방법

# 놀이 속 정서지능

## 많이 놀게 하라

정서의 발달은 결국 인지기능 발달의 기본이 될 뿐만 아니라 사회성 및 대인관계를 성공적으로 만들어, 행복하고 성공적인 삶을 사는 주요 변인이 된다는 것은 1부 내용을 통해 충분히 소개하였다. 그리고 이러한 정서 및 정서를 통제 · 관리하는 능력은 연습에 의해서 가능하다는 것도 이미 파악한 사실이다. 그렇다면 이렇게 중요한 정서발달을 위해서 부모로서 혹은 교사로서 어떻게 해야 할까?

한때 창의성에 대한 중요성이 한창 부각되면서 창의성 계발을 위해 유아기 때는 몬테소리, 프뢰벨 등 대표적인 유아교육용 완구를 가지고 교육을 하고, 좀 더 성장해서는 창의성 계발 프로그램을 진행하는 학원이나 연구소에 아이들을 보내서 체계적으로 창의성을 길러 내는 교육을 받도록 하였다. 그러나 비용도 비용이거니와 단기간의 프로그램으로 아이들의 창의성이 갑자기 점프한다는 것은 어불성설이다. 진정한 창의성을 기르기 위해서는 내적 동기가 키워져야 하며 오랜 시간의 지식과 기술 도야가 필요하다는 것이 결론이다. 즉, 지속적인 배움 속에서 창의성이 발휘된다. 정서지능도 마찬가지이다.

정서지능도 단기간의 프로그램으로 갑자기 그 능력이 길러지는 것은 아니다.

하지만 부모가 신경 써서 길러 주어야 하고 교사가 신념을 가지고 지도해야 하는 영역임에는 틀림없다. 정서지능을 키우기 위한 기본 방법은 무엇보다도 **아이들을 많이 놀게 하는 것**이다.

많은 연구들이 어릴 때부터 다양하게 여행을 하거나 놀이를 경험한 사람들이 창의성, 사회성, 인성, 대인관계 기술 등이 뛰어나다는 사실을 보여 주고 있다. 어찌 보면 놀이는 자율성을 전제로 해야 재미가 있고 계속하게 된다. 자율의 욕구가 있는 인간의 특성상 많이 놀도록 하는 것은 이러한 욕구를 충족시키는 것이며 이 과정에서 우리가 그토록 키워 주고 싶어 하는 여러 능력들이 자연스럽게 개화되는 것이다.

아이들이 노는 모습을 관찰해 보자. 놀이 속에서 신체, 인지, 정서가 총동원되는, 그야말로 예술로 치자면 종합예술이라고 할 수 있을 만큼 많은 기능이 발휘된다. 예를 들면, 숨바꼭질 놀이가 아이들에게 얼마나 많은 기능을 요하는지 살펴보면, 정서지능의 발달에 얼마나 도움을 주는지 새삼 깨닫게 된다.

숨바꼭질을 단순히 정리하면 진 아이가 술래가 되어 열을 세고 그 사이에 아이들이 숨고, 숨은 친구들을 술래가 찾으면 술래가 바뀌는 과정이다. 그러나 이 과정에는 미묘한 규칙들이 있다. 열을 모두 셀 때까지 술래가 찾지 못하지만 술래가 찾을 만한 거리에 숨어야 한다. 이러한 암묵적인 규칙을 깨닫지 못하고 자신의 집으로 가서 그것도 장롱 속에 숨어 있는 경우가 있다. 술래가 찾을 수 없는 곳에 숨는 것일수록 좋으니까 이렇게 집 안 깊숙이 숨는 것이 안전하겠지만, 술래가 찾을 가능성도 별로 없다 보니 놀이는 재미가 없어지게 된다. 아이들 간에 그 아이는 포기하자며 자기네들끼리 새판을 짜서 시작하고, 결국 그 놀이에서 제외되는 상황에 이르게 된다. 인간관계도 이와 마찬가지이다.

적당한 거리에 숨는 것, 즉 술래의 동태를 파악할 수 있으면서도 술래가 미처 생각하지 못해 허를 찌를 만한 곳에 숨는 것은 일종의 눈치(정서지능을 속된 말로 풀면 이렇게 말할 수도 있겠다)이며, 이는 인지기능이 제대로 작동해야 가능하다. 이러한 놀이 과정을 거치면 사람들과의 관계에서 적당히 거리를 두고 대하는 연습이 될 수 있다. 술래가 친구들을 잘 찾지 못하고 헤매는 경우 적당히 들켜 주거나 단서를 주어 술래가 지쳐서 찾는 것을 포기하지 않도록 게임의 재미를 조절할 수도 있다. 술래에 대한 배려이자 전체 게임을 운영해 가는 기술이다. 이러한 것은 매뉴얼 교육처럼 이렇게 저렇게 지시대로 하는 것이 아니라 기본이 되는 규칙들 속에서 나름의 암묵적 규칙들을 일궈 가는 창의적인 과정이다. 이 놀이 속에서 서로 간의 공감, 이해, 합의 등 다양한 정서적인 반응과 조율이 필요하게 된다.

술래든 숨는 아이든 놀이 속에서 아이들은 몰입을 한다. 술래가 아이들을 찾아내었을 때, 또는 숨은 아이가 술래보다 먼저 술래의 진지를 터치했을 때 해냈다는 기쁨 속에서 아이들은 도파민이라는 신경전달물질이 방출된다. '도파민'은 우리가 목표를 향해서 집중하도록 도와주며, 목표를 달성했을 때 환희를 선사한다. 도파민은 놀이를 하면서 웃고 떠드는 몰입의 순간에 만들어지는데, 도파민이 자주 그리고 많이 분비될수록 우리 뇌의 관제탑인 전두엽의 기능이 좋아진다. 전두엽의 기능은 인지기능의 핵심 중추이고 결국 똘똘한 아이가 된다는 것이다. 또한 도파민을 통해 시냅스의 연결망이 더욱 견고하고 복잡하게 조성되면서 문제해결력, 집중력이 발달하고 이는 '학습'의 기반이 된다.

숨바꼭질 뿐만 아니라 다양한 놀이는 몰입과 즐거움을 선사하며 도파민의 방출을 통해서 목표를 향한 추진력과 집중, 의욕, 인내력을 키운다는 점에서 '놀이'는 어떤 것보다도 우수한 정서교육 프로그램이다. 요즘 아이들은 아는 것이 많고 지적 수준이 예전에 비해 많이 상승한 것이 사실이다. 갈수록 다양한 학원을 다니고 학습 및 체험의 기회를 많이 가지기에 어찌 보면 당연한 결과이다. 그러나 아쉬운 것은 '끈기'이다. 조금 해 보다가 어려우면 쉽게 좌절하고 포기하는 경향이 많다. 즉, 내가 스스로 끝까지 해 보려는 일관성과 끈기가 부족하다.

놀이를 많이 하는 아이들은 놀이 속에서 일종의 '도파민 성격'을 키우게 된다. 놀이를 하면서 도파민이 뇌에 방출되면서 뇌의 모든 기능이 놀이를 위해 풀 가동이 되며, 끝을 보아 만족감을 느낄 때까지 끈기를 가지고 몰두하며 희열을 느낀다. 이 과정에서 마침내 해내는 내적 동기와 성취의욕이 높은 성격을 형성하게 되는 것이다. 물론 뜻대로 되지 않을 수도 있다. 그러나 놀이는 안전한 장면이라 실패를 하더라도 그것은 긍정적인 경험으로 작용할 가능성이 높다. 아울러 실패를 하더라도 스스로에게 피드백을 하면서 전략을 생각하고 이런 과정에서 아이들은 실패 속에서 어떻게 해야 하는지를 자연스럽게 배우게 되는 것이다.

아이들의 대표적인 놀이인 숨바꼭질은 정서지능의 다른 이름인 사회성과 도덕성을 키우는 우수한 기회이다. 놀이도 운동경기와 마찬가지로 혼자서 또는 여럿이, 경쟁 또는 협동, 몸을 많이 쓰는지 또는 상상력을 더 많이 요구하는지 다양하게 분류될 수 있지만, 숨바꼭질은 원칙적인 규칙뿐만 아니라 암묵적인 규칙(너무 멀리 숨지 않는 것), 즉 일종의 융통성도 생각하면서 신체·인지·정서적 기능이 총동원되는 의미 있는 정서 훈련의 과정이다.

## 놀이와 정서지능

놀이가 어떻게 뇌의 영역에 자극과 변화를 주는지 좀 더 살펴보자. 요즘 아이들이 하는 놀이 중에 경도놀이(경찰과 도둑 놀이)가 있다. 자신이 도둑이 되면 경찰에게 잡히지 않기 위해 흥분과 긴장의 상태로 도망을 다니다가 잡히면 순응을 한다. 이것은 뇌의 변연계가 감정의 흥분 상태를 유발하게 되고, 전두엽에서는 이러한 정서를 상황에 맞게 적절히 조절하는 과정이 이루어진다. 이런 과정의 반복 속에서 변연계와 전두엽의 연결망은 더욱 긴밀하게 연결된다.

정서지능을 구성하는 요소를 다시 살펴보면 놀이를 하면서 정서지능의 각 구성요소가 다양하게 발휘될 수밖에 없다는 것에 새삼 감탄하게 된다.

---

### 놀이 속 정서지능 활용의 예

1. 정서인식능력: 자신과 타인의 정서 상태를 정확히 알아차릴 수 있는 능력으로, 전체 정서지능의 토대
   예) 저 친구가 지금 어떤 감정이지?
   　　치, 쟤네들 둘만 저렇게 편들어 주네. 내가 지금 질투하나 보다.

2. 정서표현능력: 상황에 맞게 타인이 이해할 수 있도록 자신의 감정을 나타

넬 수 있는 능력

예) 저기, 내가 계속 술래만 하니까 참 지루해. 너희도 지루하지 않아? 누가 나 대신 술래를 한 번 해 주거나 아니면 우리 다른 놀이하자.

3. 감정이입능력: 타인의 감정을 이해하고 자신의 내부에서 재경험해 보는 능력

예) 저 친구가 정말 약이 오르나 보구나. 나도 저랬던 것 같아. 내가 술래가 되어 볼까?

4. 정서조절능력: 자신의 부정적인 기분이나 감정을 긍정적인 상태로 변화시키고, 유지할 수 있는 능력

예) 내가 자꾸 지니까 화가 나는데…… 오늘은 운도 없고 자꾸 안 되네. 하지만 내가 늘 못하는 것도 아니고 내가 져 주기도 해야 친구들도 기분 좋은 것이고, 나만 이기면 재미없잖아. 그래, 지든 이기든 같이 노는 것이 중요하니까. 그냥 즐기며 하자.

5. 정서활용능력: 과제 수행이나 문제해결을 위해 감정이나 기분을 적극적으로 활용하는 능력

예) 이건 좀 어려운 게임인데…… 자, 심호흡을 하고 흥분을 가라앉히고 집중해 보자. 맞히지 못하면 어쩔 수 없고, 편안하게 하자.

하다못해 꼬마들이 하는 소꿉놀이, 인형놀이 등을 포함한 상징놀이를 하면서 아이들은 지금 나와 놀고 있는 친구의 정서 상태를 파악하고 대화하는 연습을 한다. 자동차 놀이를 하는 과정에서도 "너 지금 별로 재미없니?" "응, 재미가 별로 없네." "그래? 그럼 다른 놀이할까?" 하면서 지루해하는 상대의 감정을 읽고 그에 맞게 상황을 바꾸는 기술들을 연습하게 된다. 상대방의 지루함을 파악하는 것은 매우 복잡한 과정이다. 상대의 얼굴 표정, 몸짓, 목소리의 분위기를 감지하고 판단하는 고도의 능력이며 이는 놀이로 체득된다.

요즘 아이들 중에는 정서 및 사회성이 지체된 경우가 점점 늘고 있다. 고지능 자폐라고 일컬어지는 '아스퍼거 장애'까지는 아니더라도 '사회ㆍ정서 지체'에 속

할 것 같은 정도로, 상대의 정서를 읽거나 그 정서에 적절하게 대응하는 데에 어설픈 학생들이 늘고 있다. 어쩌면 이런 놀이의 기회가 박탈되면서 그런 것이 아닐까 싶다. 물론 그 어느 때보다 학부모의 교육열이 높고 그 수준이 높아진 것은 사실이지만, 무조건 요구를 들어주고 맞춰 주는 엄마와 교육적으로 놀다 보면, 또래와 놀면서 종종 느끼는 갈등 상황에서 어떻게 대처해야 하는지에 대한 체득의 기회가 상실되기 때문에 그런 것일 수도 있다. 아니면 잘 놀아 주지 못하는 부모가 그 대안으로 택한 다양하고 화려한 장난감 속에서 아이가 혼자놀이에 빠져서 상호작용의 기회를 덜 가졌기 때문일 수도 있다.

놀이 중에 '마피아 게임'이 있다. 10명이 있다면 1명이 사회자를 한다. 사회자는 3명의 마피아를 몰래 정한다(쪽지로 주든 모두 눈 감고 있게 한 후 지목을 하든 지목의 방법은 다양하다). 마피아로 지목된 3명 역시 몰래 서로를 확인하도록 한 후(마을이 잠들었다고 하고는 모두가 눈을 감고 잠든 상태에서 마피아들만 조용히 고개를 들고 서로를 확인하도록 사회자가 지시한다), 사회자의 지시에 따라 9명 전원이 고개를 든다. 3명의 마피아와 6명의 일반 시민이 정해진 상태에서 서로 마피아를 찾아내는 게임이다. 마피아가 모두 밝혀져서 죽거나 시민과 마피아의 수가 같아지면 게임은 끝나게 된다. 서로의 정체를 모르기 때문에 시민들은 누가 마피아이고 시민인지 모르는 상태에서 다양한 대화를 통해 마피아를 찾아내야 한다. 마피아도 시민도 자신이 '마피아'가 아니라는 것을 표현해야 하고, 적절한 표정 연기를 하면서 사람들을 속이게 된다. 돌아가면서 자신을 소개하는 과정에서 "저는 일반 시민입니다." 또는 "저는 마피아가 아닙니다."라고 얘기를 하면서 사람들을 속이거나 자신의 진심을 전달하는 것이다.

이런 과정 속에서 상대의 얼굴 표정이나 말의 톤, 뉘앙스, 심지어 숨소리까지도 분석하면서 마피아를 찾는 고도의 정서지능 게임이다. 여기에 무고한 시민을 살리는 의사와 경찰, 또 마피아들이 담합해서 누군가 한 명을 죽이는 등 다양한 활동들이 첨가되면 놀이는 더욱 복잡해진다.

이런 오래된 게임 속에서, 타인의 정서 상태를 정확히 파악할 수 있는 '정서인식', 타인이 이해할 수 있도록 자신의 심정을 나타내는 '정서표현', 긴장되고 떨리는 마음을 조절하며 자신을 숨기거나 드러내는 '정서조절', 마피아를 찾아내고 시민인 자신을 지키기 위해 또는 자신이 마피아로서 이 경기에서 이기기 위한 목표를 위해 다양한 감정(억울함, 흥분이나 침착성 등)을 불러일으켜 활용할 수 있는 '정서활용 능력' 등 우리가 그렇게 갖기를 바라는 다양한 정서지능의 요소들이 발휘되는 것이다.

더구나 이런 놀이는 그야말로 '놀이'이기 때문에 안전하게 자신의 정서를 통제 및 조절하는 연습을 할 수가 있다. '놀이' 속에서 믿었던 상대에게 배신을 당하면서 다소 배신감도 느낄 수 있겠지만, 놀이 상황이었고 게임이었기에 유쾌하게 기분을 전환할 수 있는 또 다른 정서활용의 기회가 된다는 점에서 여러모로 소중한 정서지능 능력을 도야하는 기회가 된다.

이러한 정서조절능력은 요즘 부모들이 그토록 열망하는 우리 아이의 원만한 인간관계의 기초가 되며, 더 깊게는 놀이를 하면서 또래들의 비언어적인 메시지 등을 살피고 이해하는 능력 속에서 전전두엽의 피질이 견고하게 발달한다. 이것은 타인의 감정에 대한 정보를 편도체에 전달하는 역할도 함께하기에 공감능력까지 발달하게 된다. 정서인식, 공감, 정서조절, 더 나아가 정서활용은 사회성의 핵심이며, 이러한 사회성은 신체적으로 서로 부대끼고 눈을 마주치며 대화하고 정서적인 교류를 하면서 형성하게 되는 것이다.

아홉

# 언어 및 동화 속 정서지능

## 긍정적인 언어를 쓰게 하라

### 욕의 왕국에 사는 우리 아이들

언어가 정신을 지배한다는 말처럼, 아이가 쓰는 언어는 정서지능을 좌우하는 가장 확실한 요소 중 하나이다. 그러나 아이들의 언어는 어느덧 축약된 외계어, 욕으로 점철되고 있다.

예전에 6학년 담임 겸 부장을 한 적이 있다. 서울 강동 쪽에서 전학 온 학생이 있었다. 대인관계 기술이 있는지 텃세가 강한 아파트 지역 학교면서 그것도 6학년 때 전학을 왔는데 2학기 때 임원으로 선출될 정도로 인기가 있었다. 가끔 출근 길에 만나서 이런저런 이야기를 하다가 "너는 어떻게 그렇게 빨리 친구들을 사귈 수 있었니? 대단하네." 하고 물어보니 희미하게 웃으면서 "아이들 기선 제압을 위해 우선 일부러 욕부터 썼어요." 한다. 아이들에게 자신이 샌님이 아니라는 것, 강하다는 것을 보여 주기 위해서 욕부터 썼다는 것에 적잖이 충격을 받았다. 그러면서 이것을 요즘 아이들의 세태라고 그냥 넘어가야 하는지 갈등이 느껴졌다.

그해 1월에 둘째를 출산하느라 3개월 산가를 내고 4월 중순에 복직을 했다. 새로 옮긴 학교라서 설레는 마음으로 출근 전에 하교 시간에 맞춰서 학교에 가 보았다. 한창 쏟아져 나오는 4, 5, 6학년 아이들의 대화를 듣고 아연실색했다. 처음 옮긴 학교에서 그렇게 많은 욕을 원없이 들으며 충격에 빠졌다. 대화 속에 욕이 들어가지 않으면 대화가 이어지지 않는 듯한 상황이었다. 동네에서야 한두 마디 욕을 할 수도 있겠지만, 학교에서 그런 막욕을 아무렇게나 할 수 있다는 것이 고삐 풀린 망아지들 같은 느낌, 욕을 들으면서 마음이 한없이 불편하고 머리가 쭈뼛 서고 심란하기 그지 없었다. 한편으로는 학교 안에서 이렇게 많은 욕이 오가는 것이 예전부터 그러했을 텐데 왜 듣지 못했을까, 교실 안의 아이들에게만 익숙했었다는 반성의 마음이 들었다.

욕이 나쁜 이유는 무엇일까? 욕의 가장 안 좋은 점은 뇌가 파괴된다는 것이다. 초등학교 시기는 도덕성, 인성, 정서, 학습능력 등 모든 발달의 중요한 시기이다. 따라서 초등학교 때 어떤 경험을 통해서 자극을 받았느냐에 따라서 그대로 아이들의 뇌에 전달되며, 이후의 삶에 영향을 준다. 외부 자극에 민감하기에 좋은 자극이든 나쁜 자극이든 뇌에 곧바로 영향을 미치고, 한 아이의 삶에 중대한 영향을 미치는 결정적 시기이다.

초등학교 시기가 어려운 것은, 입학 전까지는 엄마가 일거수일투족을 관리하지만, 초등학생이 되면 학교뿐만 아니라 학원을 다니면서 서서히 부모의 간섭과 통제에서 벗어나 다양한 또래 관계를 맺기 때문이다. 또래와의 관계에서 다양한 자극을 받게 되고 당연히 부정적인 경험들도 하게 된다. 하지만 좋지 않은 또래 관계보다 더 위험한 자극은 인터넷과 스마트폰에 의한 다채로운 자극, 특히 욕이다. 좋아하는 게임을 하면서 계속 이야기를 나누고, 채팅이나 SNS를 통해서도 끊임없이 수다를 떤다. 이 과정에서 아이들은 다양한 욕과 외계어를 접하게 된다.

이런 상황인지라 집에서 보이는 모습과 친구들과의 사이에서 보이는 모습이 많이 다른 경우도 있다. 모범적이고 순하게 보이는 아이를 또래들이 "쌤, 걔가 얼마나 욕을 잘하는지 모르시죠? 카톡에서 걔가 하는 욕 보시면 아마 놀라 기절하실 걸요?"하며 고자질조로 말하는 아이들도 있다. 아이들의 이중생활은 의도적이라기보다는 또래 관계를 이어 가는 과정에서 겪을 수밖에 없는 부정적 경험들에 대한 나름의 대처이겠지만, 무엇보다 아이들이 이런 이중적인 생활을 할 수밖에 없는 세태가 참 안타깝다.

초등학교 시기는 부모의 통제에서 벗어나기 시작하는 시기이기는 하지만, 아이들의 이성적 판단과 결정의 중추인 전두엽이 여전히 미숙하고 자극에 민감하게 반응하는 시기이기에 부모는 더욱 관심을 가지고 관찰을 하고 중심을 잡아 주어야 한다. 아이들은 부모의 관여를 간섭이라고 하면서 귀찮아하면서도 누군가 자신을 잡아 주고 이끌어 줄 어른을 마음속 깊이, 여전히 간절하게 원하기 때문이다.

## 욕이 왜 나쁠까

욕도 중독이 된다. '중독'이라는 것은 처음 시작이 어렵지 일단 어떤 행위를 하면서 긍정적인 이익을 얻게 되면 계속 하게 되고, 내성이 생기면서 그 강도가 더 강해지고, 하지 않으면 불안과 같은 금단현상이 생겨 끊지 못하는 것이다. 이러한 중독은 마약, 술, 도박, 게임에만 해당되는 것이 아니라 '욕'도 그러하다.

처음 욕을 하면서 왠지 시원하고 짜릿한 기분을 경험했다면, 그 순간 뇌에서 도파민이 분출되는 것이다. 기분을 좋게 해 주는 도파민이 발생하는 경험을 하면서 그런 느낌을 자꾸 받고 싶은 생각에 욕을 또 하게 된다. 이런 인위적인 방법으로 욕을 해서 도파민을 자꾸 분비시키다 보면 도파민 생성의 균형이 깨지면서 그 결과 욕을 하지 않으면 기분이 나빠진다. 이런 기분을 만회하기 위해 더 강한 욕으로 더 자주 하면서 말은 점점 거칠어져 가는 것이다. 어느덧 욕을 하지 않으면 왠지 대화의 맛이 없는 듯하고 불안해지기까지 하며 좋은 대화를 하는 것이 부자연스러워진다. 남들이 들으면 정말 강한 욕인데도 별 느낌을 갖지 않고 내뱉을 수 있게 되고, 그렇게 언어 습관이 굳어져 버리는 것이다.

도파민 생성의 균형을 깨면서 중독되는 것뿐만 아니라, 욕을 습관적으로 하면 전두엽 발달에 문제가 발생한다. 욕은 화, 분노, 짜증 등 주로 부정적인 감정이 생길 때 감정을 쏟아 내는 것인데, 이러한 감정과 관련이 깊은 변연계가 활성화된다. 자주 욕을 하면서 이러한 변연계가 활성화되다 보니 감정을 적절히 통제·조절하는 전두엽이 성장할 수 있는 기회가 상실되면서 전두엽이 미성숙해지고 변연계만 살아 움직이는 '짐승의 뇌'가 될 수 있다.

욕을 많이 하는 아이들을 보면 얼굴이나 눈빛에서 인간답지 않은 느낌을 받을 때가 있다. 이는 이성적으로 감정을 조절하는 전두엽이 미성숙한 상태이고, 매우 원초적인 감정이 분출되는 변연계가 우선적으로 활발하게 기능하면서 감정 조절이나 참을성이 저하되고, 주변 상황에 1차원적으로만 반응을 하는 데 익숙해져 있기 때문이다.

욕을 습관적으로 하면서 어느덧 이성은 마비되고 매우 원시적이고 동물적인 반응으로 행동하게 된다. 이 과정에서 전두엽뿐만 아니라 인성과 도덕성을 담당하는 전전두엽의 발달 또한 이루어지지 못하면서 사람의 마음이 아닌 짐승의 마음을 갖게 되는 것이다. '언어가 정신을 지배한다.'는 말은 유명한 언어학자들뿐만 아니라 다른 분야의 학자들도 일관되게 주장하는 것이다. 언어는 그것을 사용하는 사람의 정신과 영혼을 반영하는 것이고, 아울러 어떤 언어를 사용하느냐에 따라 그 사람의 정신, 사고와 행동 패턴이 결정되는 것이다.

욕을 하는 아이들뿐만 아니라 욕을 듣는 아이도 상처를 받는다. 욕을 많이 듣는 것도 당연히 언어폭력이고, 신체폭력 못지않게 마음에 상처를 남긴다. 아니, 뇌발달 심리학자들은 욕이 '뇌'에 상처를 입힌다고 말한다.

아동기와 청소년기에 욕을 많이 들었던 사람들의 뇌는 그렇지 않은 사람들과 다르다는 연구결과가 있다. 우선, '전두엽'의 크기가 일반 성인보다 작다. 욕을 지속적으로 들으면서 분노와 두려움, 불안의 감정을 변연계가 자주 느꼈을 것이고, 역시 변연계가 활성화되면서 전두엽은 제대로 기능을 할 여력이 없을 것이다. 따라서 인지기능이 떨어지고 감정을 조절하기도 어려우면서 감정을 제대로 처리하지 못하는 '감정적 무기력' 상태에 빠져 드는 것이다.

또한 '해마'의 크기가 일반 성인에 비해 작다고 한다. 감정 발생 장소인 변연계에 해당되는 해마는 '기억중추'이다. 이 부분이 작다는 것은 기억장애, 감정처리의 어려움을 의미한다. 해마의 발달은 초등학교 3~6학년 시기가 결정적인데, 이때 언어폭력에 시달리게 되면 해마가 손상되고 해마의 손상은 쉽게 불안과 우울을 가져온다.

욕을 많이 듣는 아이들은 전두엽과 해마뿐만 아니라 '뇌량'의 두께가 얇다는 연구결과도 있다. '뇌량'은 좌뇌와 우뇌의 연결 다리로 두 뇌 사이의 정보전달

및 과제, 일의 원활한 처리를 결정한다. 어떤 말을 들었을 때 단순히 물리적 의미의 해석뿐만 아니라 우뇌에서 느끼는 감정의 미묘한 차이를 좌뇌로 전달해 주면서 미묘한 뉘앙스의 해석을 빠르게 하여 의사소통을 원만하게 하고 적절한 어휘를 표현할 수 있도록 도와준다. 보통 여자가 남자에 비해 뇌량이 두꺼워서 언어적 정보에 대한 정보처리가 빠르다 보니 공감을 잘하고 말을 잘하는 것이다. 이렇게 중요한 뇌량이 욕을 많이 들으면서 얇아지고, 자연스럽게 어휘능력과 대인관계도 떨어지게 되는 것이다.

욕을 많이 들으면서 전두엽, 해마, 뇌량의 기능이 저하되는 것은 기분이 나쁠 때 분비되는 스트레스 호르몬인 코르티솔이 만성적이고 비정상적인 양으로 분비가 되기 때문이다. 초등학교 때의 뇌발달은 매우 민감하며 결정적이기에 '욕'은 뇌의 중추 기관들에게 원자폭탄 수준의 충격과 손실을 가져온다고 할 수 있다.

## 정서어휘교육 및 동화를 통한 정서 훈련

### 필요성

아이들과 대화를 하다 보면 "아, 짜증나!"라는 말을 많이 한다. 서운해도, 화가나도 '짜증난다'고 하고, 무시당하는 기분에도, 친구에게 배신감을 느낄 때도, 선생님에게 혼나서 창피스러워도 모두 '짜증난다'는 말로 단일화한다. 이 아이들은 모든 감정을 '짜증난다'로 통일하면서 자신의 감정을 단순화하고 잘 들여다보지 못한다. 정서지능의 중요한 요소인 '정서인식'이 서툰 것이다.

이런 상황은 다른 사람의 정서를 제대로 인식하지 못하면서 대인관계에서도 문제가 된다. 즉, 주변 사람들의 정서를 오인하면서 엉뚱한 반응과 정서표현을 하는 것이다. 정서를 표현할 수 있는 적절한 교육을 받지 못한 상황이면 욕 등의 비속어로 표현하게 된다. 짜증난다 등의 한정된 표현으로, 그리고 순간적으로 정돈되지 못한 형식으로 표출하면서 의사소통이 매끄럽지 못하기도 하다. 이런 상황의 반복 속에서 긍정적인 대인관계 형성은 어렵다.

내가 지금 어떤 감정 상태인지 인식하는 것은 정서를 통제하는 첫 단계이다. 정서인식을 위한 다양한 훈련이 있을 수 있겠으나, 정서 및 감정에 대한 다양한 어휘를 알고 있으면 내가 느끼는 감정을 인식하는 데 많은 도움이 된다.

말은 정신을 지배한다. 즉, 말은 정신을 만든다. 따라서 정서지능을 키우기 위해서는 정서지능의 첫 번째 단계인 정서인식을 키워 주어야 하고, 정서인식을 위해서는 자신의 정서와 상대의 정서를 적당한 어휘로 표현할 수 있는 교육이 필요하다. 아이들이 다양한 부정적인 감정을 느낄 때 자신의 정서를 이해할 수 없어서 트집을 잡거나 욕으로 표현하거나 '짜증난다'라는 단어로만 표현하는 것은 정서어휘가 부족하기 때문이다. '정서어휘의 인식' 훈련은 '정서인식'을 기르는 데 매우 중요하면서도 기본적인 방법이다.

아이들이 정서 상태를 표현하는 어휘를 알고 적절히 사용하는 능력인 정서어휘력을 가질 때, 자신이 느끼는 정서를 상황에 맞게 말이나 표정, 행동으로 표현하는 정서표현력이 성장하게 되는 것이다.

초등학생들이 알아야 할 한자어, 영어 단어는 있어도 정작 아이들이 인식하고 실생활에서 활용할 정서어휘는 연구 단계에 있다. 다행인 것은 정서지능을 교과에서 접목시키려는 시도들이 진행 중이며, 그 결과들이 하나둘씩 나오고 있다.

정서어휘를 위해 김주연(2014) 등의 연구자들이 교과서 속에 나오는 정서어휘를 분석해 내었다. 『우리말현장연구』 제8집에 발표된 연구결과를 토대로 다음과 같이 프로그램을 재구성하였다.

**〈실제 프로그램의 예〉**

| 프로그램 개요 | | |
|---|---|---|
| 단계 | 프로그램명 | 정서지능 영역 |
| 1단계 | 우리에게는 다양한 감정을 나타내는 말이 있어요 | 정서인식 |
| 2단계 | 감정을 묶을 수 있어요 | 정서인식, 정서표현 |
| 3단계 | 책 속 주인공들의 감정을 찾아봐요 | 감정이입 |
| 4단계 | 찾은 감정을 주인공에게 되돌려 주기 | 감정이입, 정서활용 |
| 5단계 | 주인공과 같은 감정을 떠올려 짧은 글 쓰기 | 정서인식, 정서표현, 정서활용 |

아이들과 이야기를 하다 보면 생각보다 감정을 나타내는 어휘를 많이 알지 못하고 있음을 느낄 때가 있다. 문화적으로 정서적인 표현이 많이 억눌린 아이들을 보면 어릴 때는 표현을 안 하고, 정작 사춘기에 들어서는 얼굴 표정이 붉으락푸르락한데 "짜증 나."라는 표현으로 일괄해 버린다. 둘 다 일종의 감정적 억압인 것이다. 이런 억압은 심리적 건강을 해친다. 아울러 이런 태도는 대인관계에서도 부정적으로 작용한다.

앞에서도 이야기한 것처럼 친구들과의 놀이를 통해 감정을 분출하고 상호작용을 통해서 정서지능을 다져 갈 수도 있지만, 아이들이 사용하는 어휘를 점검하고 훈련하면서 보다 정서적으로 풍부하고 체계적인 교육이 이루어지도록 할 수 있다.

정서지능의 1단계는 정서의 인식이라고 누차 이야기했다. 우리들이 표현하는 감정의 단어를 풍부하게 알고 있다면 자신과 주변 사람들이 느끼는 정서를 이해하고 표현하는 것이 더욱 쉬워질 것이다. 다양한 게임 활동을 통해서 아이들이 정서를 이해하는 것에 도움을 줄 수 있다.

2단계는 1단계에서 찾은 진주알과 같이 소중하지만 흐트러져 있는 감정의 어휘들을 다양한 관점에서 묶어 보는 활동이다. 교사가 제시하는 다양한 어휘들을 학생들이 모둠 활동을 통해서 분류하고 대표적인 정서어휘로 명명하면서 같은 감정이라도 다양하고 세밀한 표현이 가능함을 인식해 간다. 아울러 1단계의 정서인식에서 머무는 것이 아니라 이를 가지고 자신의 감정을 다양하게 표현하는 기회로 삼는다.

3단계는 1, 2단계의 정서어휘교육을 기반으로 하여 다양한 동화책을 접하면서 주인공 및 인물의 감정을 인식, 이해, 공감하는 과정이다. 고학년이라고 하더라도 이야기의 사실적 이해에 몰입하기보다는 감정을 읽기에 좋은 자료를 선택하는 것이 좋고, 훌륭하고 짧은 동화들이 오히려 도움이 될 것이다.

4단계는 찾은 감정을 주인공에게 돌려 주는 진정한 공감의 연습이다. 사랑과 같은 감정은 표현이라고 하지 않는가? 마음에 담긴 감정, 이해한 감정을 되돌려 주는 연습을 하면서 감정적인 상호 의사소통의 기초를 다질 수 있을 것이다.

5단계는 동화책 속의 인물들의 감정을 내 경험에서 끌어내어 이해, 공감, 표현하며 아울러 이런 감정의 장단점을 생각해 보고 조절을 위해 감정을 활용하는 방법을 모색해 보는 단계이다. 종합적이면서 중요한 단계라고 할 수 있다.

## 1단계: 우리에게는 다양한 감정을 나타내는 말이 있어요

❖ 목표

우리는 다양한 감정을 느끼며 감정을 나타내는 말이 매우 많음을 인식한다(정서인식).

❖ 운영

| 활동명 | 활동방법 |
|---|---|
| 1. 감정의 브레인스토밍 〈준비: A4용지〉 | • 학생들과 아는 감정의 단어를 브레인스토밍(B.S.)이나 브레인라이팅(B.W.)으로 알아보기<br>☞ (B.S.)학생들이 말하는 감정의 단어를 칠판에 쓰거나 (B.S.)돌아가면서 겹치지 않게 정서어휘를 말하도록 한다. (B.W.)4인 1조이면 A4용지 4장을 준비한 후 종이를 오른쪽으로 계속 돌리면서 정서어휘를 쓰도록 한다.<br>☞ 학급으로 운영하는 경우에는 가장 많은 감정 단어를 찾은 모둠에게 보상을 한다. |
| 2. 정서어휘로 짧은 문장 짓기 〈준비: 포스트 잇〉 | • 정서어휘 중 하나를 선택하여 짧은 문장 짓기<br>• 또는 1번 활동에서 쓴 정서어휘를 5~6개 선택하여 짧은 이야기를 짓는다.<br>☞ 1번 활동처럼 다양한 방법으로 운영할 수 있다. 포스트잇을 준비해서 아이들에게 몇 장씩 주고 정서어휘를 넣어 짧은 문장을 짓도록 한 후 칠판에 게시해서 공유한다.<br>예) 엄마가 맛있는 음식을 만들어 주서서 행복하다.<br>예) 친한 친구가 다른 친구와 노는 것을 보니 질투가 난다. |
| 3. 정서어휘 스피드 퀴즈 〈준비: 정서어휘를 쓴 스케치북〉 | • 모둠의 대표가 그 감정에 대한 설명을 하고 모둠원이 맞히는 게임하기<br>예) 시험을 보았는데 100점을 받았을 때 느끼는 감정입니다.<br>　　　　　　　　　　　　　　　　　→ 답: 기뻐하다<br>예) 키우던 강아지가 죽었을 때 느끼는 감정입니다.<br>　　　　　　　　　　　　　　　　　→ 답: 슬프다 |

## 2단계: 감정을 묶을 수 있어요

❖ 목표

다양한 감정을 아우르는 대표적인 정서어휘가 있음을 인식하고 다양한 감정 표현의 가능성을 이해한다(정서인식, 정서표현).

❖ 운영

| 활동명 | 활동방법 |
|---|---|
| 1. 감정의 구슬들<br>〈준비: 교사 자료 2〉 | • 감정을 나타내는 낱말들을 나타낸 종이 오리기<br>☞교사가 미리 자료를 오려 두어도 좋다.<br>• 내가 아는 감정과 잘 모르는 감정들을 분류해서 서로 가르쳐 주면서 자연스럽게 이야기를 나누기<br>☞이야기 과정에서 서로 배움의 기회가 될 수 있고, 감정 카드에 익숙해지는 기회가 되도록 한다.<br>☞학생들의 수준을 고려하여 '교사 자료 2'를 선별하여 적당한 양으로 제시한다. |
| 2. 꿰어야 보배<br>〈준비: 교사 자료 2〉 | • 오려 둔 정서어휘들을 비슷한 것끼리 묶어서 대표적인 정서어휘로 이름 붙이기<br>☞모둠별로 학생들이 스스로 분류를 하도록 한다. 비슷한 감정들을 분류하는 과정에서 정서어휘에 대한 감각이 성장하기에 모둠별로 자율적인 활동을 장려한다.<br>예) 즐겁다, 반갑다, 보람차다 → 기쁨<br>예) 가련하다, 소외감을 느낀다, 허탈하다, 처량하다 → 슬픔 |
| 3. 감정 목걸이 소개하기<br>〈준비: 교사 자료 1, 교사 자료 2〉 | • 대표적인 감정에 대해서 소개하기<br>  - 기쁨: 목표한 것을 달성했을 때의 느낌<br>  - 슬픔: 돌이킬 수 없는 상실을 경험하는 것<br>  - 두려움: 무엇인가 꺼리고 싫어서 회피하고 싶은 마음이 드는 상태<br>  - 괴로움: 불쾌한 감정을 모두 포괄하는 상태<br>  - 분노: 나 또는 내 소유에 대한 침해로 인해 발생하는 감정<br>• 함께 나누어 보기<br>☞칠판에 기쁨, 슬픔, 두려움, 괴로움, 분노의 감정 바구니를 붙이고 교사가 준비한 감정 카드를 학생들과 함께 분류한다.<br>• 감정의 섬세함 표현하기<br>☞비슷하지만 조금씩 뉘앙스가 다른 정서어휘들에 대해서 함께 이야기를 나눈다.<br>예) 즐겁다와 행복하다/ 무섭다와 불안하다/ 화나다와 분노하다 |

❖ 교사 자료 1

### 〈초등학생 정서교육용 정서어휘〉

| 대표적 감정 | 관련 있는 표현 |
|---|---|
| **기쁨**<br>(목표한 것을 달성했을 때의 느낌) | 만족하다, 맘 놓다, 정감, 정겹다, 정답다, 감개, 좋다, 감개무량, 감동하다, 감명, 감미롭다. 감탄하다, 즐겁다, 안도하다, 뭉클하다, 안락하다, 안심, 안정되다, 반갑다, 반하다, 경쾌하다, 경탄하다, 보람차다, 애석하다, 애정, 고맙다, 애지중지하다, 충족감, 고무되다, 애착, 친애하다, 쾌감, 태평스럽다, 통쾌하다, 편안하다, 편하다, 긍지, 뿌듯하다, 평안하다, 사랑스럽다, 평온하다, 열광하다, 평화롭다, 기쁘다, 열정, 상쾌하다, 영광스럽다, 행복하다, 온정, 우습다, 우쭐하다, 설레다, 환희, 성취감, 유쾌하다, 속시원하다, 후련하다, 흐뭇하다, 흡족하다, 흥겹다, 흥, 흥 나다, 이뻐하다, 흥미롭다, 흥미진진하다, 자긍, 자랑스럽다, 희, 자신만만하다, 자부하다, 들뜨다, 신나다, 재미있다, 신명 나다, 신바람 나다, 떳떳하다 |
| **슬픔**<br>(돌이킬 수 없는 상실을 경험하는 것) | 가련하다, 가엾다, 쓸쓸하다, 아쉽다, 무료하다, 안쓰럽다, 안타깝다, 암담하다, 찡하다, 처량하다, 처절하다, 측은하다, 불쌍하다, 침울하다, 침통하다, 불행하다, 구슬프다, 패배감, 열등감, 풀 죽다, 상실감, 기죽다, 외롭다, 서글프다, 서러워하다, 허전하다, 서럽다, 허탈하다, 낙담하다, 우울하다, 서운하다, 울적하다, 섭섭하다, 소외감, 속상하다, 뉘우치다, 슬프다, 딱하다 |
| **두려움**<br>(무엇인가 꺼리고 싫어서 회피하고 싶은 마음이 드는 상태) | 막막하다, 싱숭생숭하다, 조마조마하다, 조바심, 쑥스럽다, 주눅 들다, 아슬아슬하다, 아찔하다, 무섭다, 무시무시하다, 걱정하다, 무안하다, 겁나다, 질겁하다, 박진감, 반감, 부끄럽다, 초조하다, 불안하다, 공포, 근심걱정, 근심하다, 기겁하다, 염려하다, 긴장하다, 끔찍하다, 위압감, 위축감, 소름 끼치다, 당혹하다, 당황하다, 두렵다, 실의 |
| **괴로움**<br>(불쾌한 감정을 모두 포괄하는 상태) | 가책, 갈등하다, 싫증나다, 좌절하다, 머쓱하다, 죄스럽다, 죄의식, 죄책감, 무덤덤하다, 지겹다, 거부감, 안달복달하다, 지긋지긋하다, 거북하다, 안달하다, 지루하다, 미안하다, 진저리나다, 민망하다, 질리다, 질색하다, 짝사랑하다, 창피하다, 고뇌하다, 부럽다, 처참하다, 고독하다, 고민하다, 곤혹스럽다, 불만족하다, 불쾌하다, 불편하다, 약 오르다, 얄밉다, 괴롭다, 억울하다, 굴욕, 비참하다, 귀찮다, 그립다, 뼈아프다, 꺼리다, 께름칙하다, 서먹하다, 위화감, 후회하다, 의심, 수치, 답답하다, 시무룩하다, 시큰둥하다, 실망하다, 절망하다, 절박감, 싫다 |
| **분노**<br>(나 또는 내 소유에 대한 침해로 인해 발생하는 감정) | 마땅찮다, 심통, 아니꼽다, 증오하다, 개탄하다, 진노하다, 격노하다, 격분하다, 밉다, 격정, 격하다, 짜증 내다, 경멸하다, 반항심, 경악하다, 발끈하다, 분노하다, 분통, 분하다, 불만, 골나다, 괘씸하다, 토라지다, 언짢다, 역정, 뾰로통하다, 샘내다, 화나다, 원망하다, 원통하다, 성나다, 원한, 노발대발, 성내다, 노엽다, 노하다, 흥분, 시기하다, 신경질 |

❖ 교사 자료 2

〈감정 카드〉

| | | | |
|---|---|---|---|
| 싫증나다 | 정감 있다 | 가련하다 | 마땅찮다 |
| 정겹다 | 막막하다 | 정답다 | 가엾다 |
| 만족하다 | 맘 놓다 | 가책 | 심통 나다 |
| 조마조마하다 | 갈등하다 | 싱숭생숭하다 | 조바심 나다 |
| 감개 | 쑥스럽다 | 좋다 | 감개무량하다 |
| 쓸쓸하다 | 좌절하다 | 감격하다 | 맥 빠지다 |
| 씁쓸하다 | 죄송스럽다 | 감동하다 | 머쓱하다 |
| 아니꼽다 | 죄스럽다 | 감명 | 죄의식 |
| 감미롭다 | 죄책감 | 아쉽다 | 주눅 들다 |
| 감탄하다 | 무덤덤하다 | 아슬아슬하다 | 즐겁다 |
| 무력감 | 아연실색하다 | 즐기다 | 감회 |
| 무료하다 | 증오하다 | 개탄하다 | 아찔하다 |
| 지겹다 | 거부감 | 무섭다 | 안달복달하다 |
| 지긋지긋하다 | 거북하다 | 무시무시하다 | 안달하다 |
| 지루하다 | 걱정하다 | 무안하다 | 안도하다 |

| | | | |
|---|---|---|---|
| 겁나다 | 뭉클하다 | 안락하다 | 진노하다 |
| 격노하다 | 미안하다 | 안심 | 진저리 나다 |
| 민망하다 | 안쓰럽다 | 질겁하다 | 격분하다 |
| 밉다 | 안정되다 | 질리다 | 박진감 |
| 안타깝다 | 질색하다 | 격정 | 반감 |
| 질투하다 | 격하다 | 반갑다 | 짜증 내다 |
| 반하다 | 짝사랑하다 | 경멸하다 | 반항심 |
| 찡하다 | 경악하다 | 발끈하다 | 창피하다 |
| 경쾌하다 | 처량하다 | 경탄하다 | 보람차다 |
| 애석하다 | 부끄럽다 | 처절하다 | 고뇌하다 |
| 부럽다 | 처참하다 | 고독하다 | 애정 |
| 고립감 | 초조하다 | 고맙다 | 분노하다 |
| 애지중지하다 | 충족감 | 고무되다 | 분통 |
| 애착 | 측은하다 | 고민하다 | 분하다 |
| 불만 | 곤혹스럽다 | 불만족하다 | 친애하다 |
| 골나다 | 불쌍하다 | 침울하다 | 불안하다 |

| | | | |
|---|---|---|---|
| 침통하다 | 공포 | 불쾌하다 | 불편하다 |
| 약 오르다 | 괘씸하다 | 불행하다 | 얄밉다 |
| 쾌감 | 괴롭다 | 태평스럽다 | 토라지다 |
| 구슬프다 | 억울하다 | 굴욕 | 언짢다 |
| 통쾌하다 | 비참하다 | 귀찮다 | 그립다 |
| 역정 | 패배감 | 근심걱정 | 뼈아프다 |
| 편안하다 | 근심하다 | 뾰로통하다 | 편하다 |
| 긍지 | 뿌듯하다 | 평안하다 | 기겁하다 |
| 사랑스럽다 | 평온하다 | 열광하다 | 평화롭다 |
| 열등감 | 풀 죽다 | 기쁘다 | 상실감 |
| 열정 | 상심하다 | 염려하다 | 기죽다 |
| 상쾌하다 | 영광스럽다 | 긴장하다 | 행복하다 |
| 꺼리다 | 온정 | 샘내다 | 외롭다 |
| 께름칙하다 | 서글프다 | 끔찍하다 | 서러워하다 |
| 허전하다 | 서럽다 | 우습다 | 허탈하다 |
| 낙담하다 | 서먹하다 | 우울하다 | 서운하다 |

| | | | |
|---|---|---|---|
| 우쭐하다 | 낙심하다 | 호감 | 울적하다 |
| 설레다 | 화나다 | 원망하다 | 섭섭하다 |
| 원통하다 | 성나다 | 원한 | 노발대발 |
| 성내다 | 위압감 | 성취감 | 위축감 |
| 노엽다 | 소름 끼치다 | 위화감 | 소외감 |
| 노하다 | 속상하다 | 유쾌하다 | 속시원하다 |
| 후련하다 | 후회하다 | 흐뭇하다 | 뉘우치다 |
| 의심 | 흡족하다 | 수치 | 흥겹다 |
| 답답하다 | 흥 나다 | 당혹하다 | 이뻐하다 |
| 흥미롭다 | 당황하다 | 흥미진진하다 | 슬프다 |
| 자긍 | 흥분 | 시기하다 | 자랑스럽다 |
| 희 | 시무룩하다 | 자부하다 | 시큰둥하다 |
| 자신만만하다 | 두렵다 | 들뜨다 | 신경질 |
| 신나다 | 재미있다 | 딱하다 | 신명 나다 |
| 신바람 나다 | 실망하다 | 절망하다 | 떳떳하다 |
| 실의 | 절박감 | 싫다 | |

## 3단계: 책 속 주인공들의 감정을 찾아봐요

❖ 목표

책 속 주인공의 감정을 찾아 친구들과 비교하며 적합한 감정표현을 연습한다(감정이입).

❖ 운영[동화 자료: 아네스 드 레스트라드(Agnès de Lestrade)의 『낱말 공장 나라』]

| 활동명 | 활동방법 |
|---|---|
| 1. 책과 만나기 〈준비: 동화 자료〉 | • 『낱말 공장 나라』 이야기 들려주기<br>☞ 러그미팅으로 읽어 주거나 프로젝션으로 보여 준다. 교사가 직접 읽어 주는 것이 중요하다. 교사의 가슴 높이에서 책 끝으로 넘긴다. 교사의 머리로 가리지 않도록 한다. |
| 2. 아하, 그랬구나! | • 작품 속에 등장하는 인물들의 감정을 이해하고 표현해 보기<br>예) - 가난한 필리아스가 사랑하는 시벨을 만나도 표현할 낱말이 없어서 무척 답답했겠다.<br>  - 부자인 오스카가 시벨에게 사랑한다는 말을 힘차게 할 수 있을 때 필리아스는 답답하고 괴롭고 질투가 나고 초라하고 안타까웠겠다.<br>  - 시벨이 필리아스의 마음을 알고 볼에 입 맞추었을 때, 필리아스는 너무 행복하고, 황홀하고, 설레었겠다. |
| 3. 느낌 이야기하기 | • 이야기를 읽으며 드는 생각이나 느낌 이야기하기<br>☞ 느낌을 이야기하기 어려워하면 생각부터 이야기하도록 한다. |

❖ 지도 tip

책 속 주인공의 감정을 표현하는 것을 연습하기 위해 긴 글도 좋겠지만, 맨 처음에는 명료한 동화로 시작하는 것도 좋은 방법이다. 같은 동화 작품이라도 그 속에서 찾아내는 것은 학년별, 수준별로 얼마든지 달라지고 생각은 확장될 수 있다.

예를 들면, 『아낌없이 주는 나무』를 읽고 1, 2학년 학생들은 주인공을 위해서 베이는 나무가 아프겠다고 비교적 쉬운 감정을 찾을 수 있지만, 고학년인 경우 베이는 것은 아프겠지만 사랑하는 소년을 위해서 자신을 희생하며 기쁨을 느낀다는 것을 생각해 낼 수도 있고, 이런 나무의 사랑을 이해 못하는 삶을 사는 소년이 야속하다고 나무 입장에서의 감정을 말할 수도 있다. 짧은 동화이지만 아이들은 다양한 감정을 찾을 수 있다. 어떻게 보면 가장 훌륭한 시가 함축성, 상징성이 뛰어난 시인 것처럼, 아이들에게 가장 좋은 '정서지능' 훈련을 위한 책은 짧지만 많은 감정을 불러일으키는 책일 것이다.

훌륭한 동화들이 많이 숨어 있고 또 많이 쏟아져 나오고 있다. 동화를 통해 아이에게 감정 인식과 표현을 훈련시키고, 이 과정에서 인간의 정서와 인성을 쑥쑥 배양할 수 있을 것이다.

❖ 참고 자료

**1. 정서어휘 활용 프로그램 관련 초등학교 저학년 권장도서 목록(30권)**

|  | 책 이름 | 저자 | 출판사 |
|---|---|---|---|
| 1 | 강아지똥 | 권정생 | 길벗어린이 |
| 2 | 책 먹는 여우 | 프란치스카 비어만 | 주니어김영사 |
| 3 | 아낌없이 주는 나무 | 쉘 실버스타인 | 시공주니어 |
| 4 | 내 짝궁 최영대 | 채인선 | 재미마주 |
| 5 | 종이 봉지 공주 | 로버트 먼치 | 비룡소 |
| 6 | 행복한 청소부 | 모나카 페트 | 풀빛 |
| 7 | 까막눈 삼디기 | 원유순 | 웅진주니어 |
| 8 | 가방 들어 주는 아이 | 고정욱 | 사계절출판사 |
| 9 | 밤티 마을 큰돌이네 집 | 이금이 | 푸른책들 |
| 10 | 고맙습니다, 선생님 | 패트리샤 폴라코 | 아이세움 |
| 11 | 나쁜 어린이표 | 황선미 | 웅진주니어 |
| 12 | 도서관 | 사라 스튜어트 | 시공주니어 |
| 13 | 멋진 여우 씨 | 로알드 달 | 논장 |
| 14 | 똥벼락 | 김희경 | 사계절출판사 |
| 15 | 개구리네 한솥밥 | 백석 동화시 | 보림 |
| 16 | 폭풍우 치는 밤에 | 키무라 유이치 | 아이세움 |
| 17 | 틀려도 괜찮아 | 마키타 신지 | 토토북 |
| 18 | 화요일의 두꺼비 | 러셀 에릭슨 | 사계절출판사 |

| 19 | 아씨방 일곱동무 | 이영경 | 비룡소 |
| 20 | 칠판 앞에 나가기 싫어 | 다니엘 포세트 | 비룡소 |
| 21 | 황소와 도깨비 | 이상 | 다림 |
| 22 | 일기 감추는 날 | 황선미 | 웅진주니어 |
| 23 | 들키고 싶은 비밀 | 황선미 | 창비 |
| 24 | 오소리네 집 꽃밭 | 권정생 | 길벗어린이 |
| 25 | 보이지 않는 아이 | 트루디 루드위그 | 책과콩나무 |
| 26 | 아름다운 가치 사전 | 채인선 | 한울림어린이 |
| 27 | 크리스마스 이야기 | 파멜라 돌턴 | 지식나이테 |
| 28 | 사라, 버스를 타다 | 윌리엄 밀러 | 사계절출판사 |
| 29 | 생각을 모으는 사람 | 모니카 페트 | 풀빛 |
| 30 | 안녕, 가부 | 키무라 유이치 | 아이세움 |

## 2. 정서어휘 활용 프로그램 관련 초등학교 중학년 권장도서 목록(30권)

| | 책 이름 | 저자 | 출판사 |
|---|---|---|---|
| 1 | 마법의 설탕 두 조각 | 미하엘 엔데 | 한길사 |
| 2 | 양파의 왕따 일기 | 문선이 | 주니어파랑새 |
| 3 | 프린들 주세요 | 앤드루 클레먼츠 | 사계절출판사 |
| 4 | 찰리와 초콜릿 공장 | 로알드 달 | 시공주니어 |
| 5 | 까마귀 소년 | 야시마 타로 | 비룡소 |
| 6 | 엄마 사용법 | 김성진 | 창비 |
| 7 | 무인도에서 살아남기 | 최덕희 | 아이세움 |
| 8 | 꼬마 정원 | 크리스티나 비외르크 | 미래사 |
| 9 | 그림 도둑 준모 | 오승희 | 낮은산 |
| 10 | 안네의 일기 | 안네 프랑크 | 지경사 |
| 11 | 나, 오늘 일기 뭐 써! | 정설아 | 파란정원 |
| 12 | 신나는 열두 달 명절이야기 | 우리누리 | 주니어 중앙 |
| 13 | 오세암 | 정채봉 | 창비 |
| 14 | 엄마가 사랑하는 책벌레 | 김현태 | 아이앤북 |

| 15 | 우리누나 | 오카 슈즈 | 웅진주니어 |
|---|---|---|---|
| 16 | 과수원을 점령하라 | 황선미 | 사계절출판사 |
| 17 | 진짜 도둑 | 윌리엄 스타이그 | 베틀북 |
| 18 | 조금만, 조금만 더 | 존 레이놀즈 가디너 | 시공주니어 |
| 19 | 몽실 언니 | 권정생 | 창비 |
| 20 | 만년샤쓰 | 방정환 | 길벗어린이 |
| 21 | 종이밥 | 김중미 | 낮은산 |
| 22 | 존 아저씨의 꿈의 목록 | 존 고다드 | 글담어린이 |
| 23 | 동백꽃 | 김유정 | 아이세움 |
| 24 | 서울 방귀쟁이<br>시골 방귀쟁이 | 임정자 | 별숲 |
| 25 | 기호 3번 안석뽕 | 진형민 | 창비 |
| 26 | 인간의 오랜 친구 개 | 김황 | 논장 |
| 27 | 숲 속의 가게 | 하야시바라 다마에 | 갈대상자 |
| 28 | 우리 동네 전설은 | 한윤섭 | 창비 |
| 29 | 그들이 세상을 바꾼다<br>(세트-2번) | 마리-엘렌 드 슈리제 | 초록개구리 |
| 30 | 오늘 아침에 고래를<br>만났습니다 | 마이클 모퍼고 | 책과콩나무 |

## 3. 정서어휘 활용 프로그램 관련 초등학교 고학년 권장도서 목록(30권)

| | 책 이름 | 저자 | 출판사 |
|---|---|---|---|
| 1 | 모모 | 미하엘 엔데 | 비룡소 |
| 2 | 마당을 나온 암탉 | 황선미 | 사계절출판사 |
| 3 | 책만 보는 바보 | 안소영 | 보림 |
| 4 | 너도 하늘말나리야 | 이금이 | 푸른책들 |
| 5 | 우리들의 일그러진 영웅 | 이문열 | 다림 |
| 6 | 잔소리 없는 날 | 노르덴 | 보물창고 |
| 7 | 초정리 편지 | 배유안 | 창비 |

| 8 | 어린이를 위한 꿈꾸는 다락방 | 이지성 | 국일아이 |
|---|---|---|---|
| 9 | 클로디아의 비밀 | 코닉스버그 | 비룡소 |
| 10 | 소나기 | 황순원 | 다림 |
| 11 | 비밀의 화원 | 프랜시스 호지슨 버넷 | 시공주니어 |
| 12 | 빨간 머리 앤 | 루시 M. 몽고메리 | 시공주니어 |
| 13 | 옛날 사람들은 어떻게 살았을까 | 조은수 | 창비 |
| 14 | 아주 특별한 우리 형 | 고정욱 | 대교출판 |
| 15 | 수일이와 수일이 | 김우경 | 우리교육 |
| 16 | 지엠오 아이 | 문선이 | 창비 |
| 17 | 봉주르, 뚜르 | 한윤섭 | 문학동네어린이 |
| 18 | 핵 폭발 뒤 최후의 아이들 | 구드룬 파우제방 | 보물창고 |
| 19 | 손도끼 | 게리 폴슨 | 사계절출판사 |
| 20 | 엄마는 파업중 | 김희숙 | 푸른책들 |
| 21 | 마지막 거인 | 프랑수아플라스 | 디자인하우스 |
| 22 | 끝없는 이야기 | 미하엘 엔데 | 비룡소 |
| 23 | 무기 팔지 마세요! | 위기철 | 청년사 |
| 24 | 문제아 | 박기범 | 창비 |
| 25 | 열두 살에 부자가 된 키라 | 보도 섀퍼 | 을파소 |
| 26 | 자전거 도둑 | 박완서 | 다림 |
| 27 | 책과 노니는 집 | 이영서 | 문학동네어린이 |
| 28 | 샬롯의 거미줄 | 엘윈 브룩스 | 시공주니어 |
| 29 | 괭이부리말 아이들 | 김중미 | 창비 |
| 30 | 공부가 되는 가치 사전 | 글공작소 | 아름다운사람들 |

## 4단계: 찾은 감정을 주인공에게 되돌려 주기

❖ 목표

정서어휘를 다양하게 사용하여 책 속 등장인물에게 글로 전한다(감정이입, 정서활용).

❖ 운영

| 활동명 | 활동방법 |
|---|---|
| 1. 책과 마음으로 만나기 〈준비: 동화 자료〉 | • 『낱말 공장 나라』 이야기 다시 한 번 들려 주기 ☞등장인물과 해설을 정해서 학생들이 읽어도 효과가 있다. |
| 2. 나의 마음을 전해 봐요! | • 대상을 정하여 느낀 점을 쪽지 형식으로 쓰기 ☞ 꼭 주인공에게만 쓰는 것이 아니라 대상은 다양하게 정할 수 있음 예) 필리아스에게　가난하지만 시벨을 사랑하는 너의 마음이 느껴져서 마음이 찡했어. 사랑하는 사람에게 표현하고 싶은 말이 있어도 돈이 없어서 오스카처럼 하고 싶은 말을 마음대로 못하는 것을 보면서 얼마나 좌절스러웠을까? 하지만 사랑은 말이 아닌 마음으로 통하는 것임을 깨달았어. 결국 시벨이 너의 마음을 알았으니 말이야. 시벨에게 너의 마음을 전달해서 얼마나 행복했니? 체리, 먼지, 의자라는 사랑 고백과 전혀 상관없는 말을 듣고도 사랑을 느낀 시벨도 참 대단하다는 생각이 들어. 사랑은 마음과 마음이 통하는 진심이라는 것을 알게 해 주어서 고마워. 그리고 낱말 공장 나라와 달리 나는 내가 느끼는 것을 이렇게 자유롭게 표현할 수 있다는 것이 너무 감사해. |
| 3. 감정의 낱말 찾기 | • 친구들이 쓴 글에서 감정을 나타내는 낱말 찾기 ☞모둠별로 친구들이 쓴 글을 바꾸어 읽으며 친구들이 쓴 글에서 감정을 나타내는 낱말을 찾아본다. |

## 5단계: 감정 스토리텔링(주인공과 같은 감정을 떠올려 짧은 글 쓰기)

❖ 목표

이야기 속에서 찾은 정서어휘를 활용하여 짧은 글이나 시를 써 본다.

❖ 운영

| 활동명 | 활동방법 |
|---|---|
| 1. 감정의<br>마인드 맵 | • 등장인물을 분류하고 등장인물이 느꼈을 감정을 마인드맵으로 그려 보기 |
| 2. 나의 마음을<br>시로 써요! | • 정서어휘들을 살펴보며 최근 느꼈던 감정이나 인상 깊은 감정을 활용하<br>여 시 쓰기<br><br>예)                           슬픔<br><br>필리아스가 돈이 없어서 사랑 고백을 할 낱말을 사지 못했을 때<br>그가 느낀 감정은 슬픔이에요.<br>슬픔은 더운 날 녹아서 뚝뚝 떨어지는 아이스크림처럼<br>남에게 쉽게 눈에 띄고 들키면 수습하기가 어려워요.<br>비 오는 날 신발이 서서히 젖는 것처럼<br>아무도 모르게 내 마음을 울적하게 만들 수도 있지요.<br>슬픔은 나쁜 감정일까요?<br>하지만 슬픔이 있어서 기쁨이 더 크게 느껴지는 건 아닐까요?<br>어느 시인이 말했어요.<br>기쁨은 울다 지친 새가 마지막으로 느끼는 순간이라고요.<br>비가 그치고 무지개가 뜨는 날이 있고,<br>먹구름으로 잔뜩 흐리다가 쨍 햇빛이 비추는 날이 있듯이<br>우리는 슬픔 속에 기쁨이 품어져 있음을 믿어요. |
| 3. 나누기 | • 지은 시를 게시하여 서로 정서어휘의 다양함을 공유하기 |

# 대화 훈련 속 정서교육

우리가 누군가를 만나서 대화를 한다는 것은 무엇인가? 정보를 전달하는 일방통행이 아니라 마음과 마음이 오가는 대화 말이다. 계몽주의 시대와 같은 이성의 시대라면 서로를 분석하고, 논리적이고 합리적으로 깔끔하게 토론이나 토의에 가까운 명쾌한 대화가 환영을 받을 것이다. 그러나 지금은 '정서의 시대'이다. 미래학자인 다니엘 핑크(Daniel Pink)의 말처럼 사회는 '하이 터치'라는 감성의 시대로 변하고 있다. 논리를 생명으로 하는 토론의 장에서도 감성은 기본이 되고 있다.

대화나 설득에서 가장 중요한 것을 아리스토텔리스(Aristoteles)는 이미 언급했다. 그는 '수사학'에서 설득의 세 가지 기법으로 에토스, 파토스, 로고스를 제시하였는데, 비율로 따지면 에토스 60, 파토스 30, 로고스 10이다. 쉽게 풀이하면 말하는 사람의 인격, 도덕성, 신뢰감이라는 윤리적 측면이 60, 공감 및 감성이 30, 논리와 이성이 10이라는 것이다. 대화 중에서 타인을 설득하는 대화는 특히 어려운데, 말하는 사람이 깊은 신뢰감을 주는 순간 설득의 단초가 만들어지게 된다. 우리가 그토록 중요하다고 배웠던 논리는 실상 10에 지나지 않는다.

이것을 현대 '메라비언의 법칙'에서는 과학적으로 증명하고 있다. 그 사람이 전달하는 언어의 메시지는 7%의 영향력을 가지며, 대화를 할 때 표정, 태도, 몸짓과 같은 비언어가 55%, 억양, 음조, 목소리, 말투와 같은 반언어가 38%의 영향력을 발휘한다는 메라비언(Mehrabian)의 연구결과는 의사소통에서 정서적인 교류와 분석이 큰 비중으로 이루어지고 있음을 알려 준다.

아이들의 정서 훈련은 단순히 인지적으로 상대를 파악한다는 의미가 아니다. 기계적인 공감은 오히려 상대를 기분 나쁘게 할 수도 있고, 인지적인 공감력만 발달되어 있을 때는 메마르고 상대를 이용하는 느낌을 준다. 따라서 정서적으로 상대와 교류를 하는 인간적 상호작용, 즉 정서적인 공감의 방법을 체득하는 것이 매우 중요하다. 느낌과 상대의 욕구를 이해하기 위한 노력은 마셜 로젠버그(Marshall Rosenberg) 박사의 '비폭력 대화'와 연결이 된다. 여기서의 느낌과 욕구는 대화 중에 상대의 마음을 느끼고 욕구를 파악하는 것도 중요하지만, 나 자신의 마음속 느낌과 욕구를 인식하는 것도 중요하다. 어쩌면 나를 이해하는 과정에서 타인의 마음을 더 잘 이해할 수 있을 것이다.

비폭력 대화는 관찰, 느낌, 욕구, 부탁이라는 네 가지 단계로 이루어진다. 즉, 상대의 행동을 있는 그대로 관찰하고(편견 및 평가 없이), 나의 느낌에 직면하며(생각이 아닌), 욕구(중요하게 생각하는 가치들)를 찾아내는 과정을 거쳐서 이 모두를 연결하여 진심 어린 부탁을 하는 것이다. 비난과 비판 없이 솔직하게 진심을 말하는 것이며, 상대방의 메시지 뒤의 진심을 열린 마음으로 공감하며 듣는 평화적인 대화법이다.

이러한 비폭력 대화는 대화의 패턴을 변화시켜서 마음과 마음이 연결되도록 하는 과정이고, 자신의 주인으로서 상황의 주인으로서 내 삶의 주인이 되는 것이다. 아이들이 어릴 때부터 이런 대화를 접한다면 최소한 자신의 느낌과 욕구를 인식할 수 있고, 더 나아가 적절히 표현할 수 있다면 우리가 그렇게도 원하는 행복한 삶에 다가가는 열쇠를 얻게 되는 것이다.

비폭력 대화를 위해서는 의도적인 노력이 필요하다. 일반적으로 대인관계 속에서의 마음의 갈등은 상대의 말을 어떻게 받아들이느냐에 따라 달라진다. NVC(Nonviolent Communication)의 창시자인 마셜 로젠버그는 상대방이 비난하는 말을 들을 때 네 가지 유형으로 들을 수 있다고 말한다. 네 가지 유형을 설명하기 전에 기린과 자칼은 비폭력 대화에서 중요한 상징임을 알려 둔다. 우선, 대화의 상징을 자칼의 대화와 기린의 대화로 상징한다. '기린'은 심장이 가장 큰 초식동물로 평화적이면서도 힘이 있는 비폭력 대화를 상징한다. 이에 비해 '자칼'은 관찰 대신 평가로, 느낌 대신 분석으로, 욕구에 대한 의식 없이 겉도는 수단과 방법으로, 부탁 대신 강요와 명령으로 대화하는 것이다. 상처와 소외를 일으키는 대화의 상징이다.

이러한 상징을 기준으로 네 가지 듣기 유형을 말하면, 자칼의 귀 안으로 듣기, 자칼의 귀 밖으로 듣기, 기린의 귀 안으로 듣기, 기린의 귀 밖으로 듣기가 그것이다.

'자칼의 귀 안으로 듣기'는 상대가 하는 말을 그대로 받아들여서 상처받고, 그 책임이 나에게 있다고 생각하면서 자신을 탓한다. 이러한 자신에 대한 비난과 비판은 자동적으로 이루어지며 자책과 우울에 빠지면서 소통의 단절이 일어난다.

'자칼의 귀 밖으로 듣기'는 상대의 말을 공격적으로 받아들이면서 상대를 반박하고 비난하는 데 초점을 둔다. 자칼의 귀 안으로 듣는다는 것이 자신에 대한 공격으로 이어진다면, 이것은 남에 대한 공격으로 이어지고 분노나 남 탓을 하면서 역시 소통은 단절될 것이다. 상대를 비난하고 비판하는 생각이나 말은 '자칼의 귀 밖으로 듣기'이다.

'기린의 귀 안으로 듣기'는 상대가 나를 비난하는 말을 들을 때, 나의 느낌과 욕구에 초점을 맞추어 자기공감을 하는 것이다. 상대의 상처 주는 말에 휩싸이지 않고, '저 사람이 말할 때 내 마음이 어떻지? 내가 바라는 점은 무엇일까?'를 생각하는 것이다.

'기린의 귀 밖으로 듣기'는 '저 사람은 왜 저런 말을 할까?'라고 호기심을 가지면서 상대의 느낌과 욕구에 초점을 둔다. 기린의 귀 안으로 듣기가 '자기공감'이라면, 기린의 귀 밖으로 듣기는 '상대에 대한 공감'이다.

결국 우리 아이들에게 가르칠 것은 비난이나 파괴가 아닌 연결과 창조적인 삶이며, 이를 위해서는 기린의 귀 안팎으로 듣는 훈련이 필요하다.

## 관찰의 힘

비폭력 대화의 첫 번째 요소인 관찰은 우리를 감정적으로 자극하는 일을 객관적이고 구체적으로 묘사하는 것이다. 우리가 타인의 행동을 볼 때 나도 모르게 '평가'적인 시각으로 바라본다. 이러한 인식은 비난, 변명, 방어, 더 나아가 공격적인 태세를 취하게 되며 긴장의 분위기를 일으킨다.

| 평가 | vs. | 관찰 |
|---|---|---|
| • "너, 나를 무시하니?" | | • "내가 너에게 '안녕' 하고 인사를 했는데 네가 고개를 돌려 다른 곳을 보았어." |
| • 우리 아이는 책을 싫어한다. | | • 우리 아이는 책을 세 달에 한 권 읽는다. |
| • 철수는 공격적이다. | | • 철수는 친구들과 놀다가 화가 나면 소리를 지르고 욕을 하며 때리거나 물건을 던진다. |
| • 우리 선생님은 독재자이다. | | • 우리 선생님은 의견을 내려고 하면 "됐어. 그만해."하고 말하며 말을 끊는다. |
| • 나는 버림받는 것에 대한 불안감이 있다. | | • 상사가 "○○씨는 엘리트야."라며 입사동료인 ○○를 칭찬하는 말을 내 앞에서 할 때, 머릿속에서 '나는 뭐지?'라는 생각이 든다. |
| • 나는 깔끔쟁이이다. | | • 흐트러진 거실을 보면 마음이 불편해지고 인상이 찌푸려진다. |
| • 그는 성깔이 있고 욱하는 인간이다. | | • 그는 자신의 의견과 다른 의견을 내면 바로 소리를 치고 얼굴을 붉힌다. |
| • 그 아이는 나를 비웃고 무시하는 것이 틀림없다. | | • 큐브를 만지작거리는 아이에게 "수업 시간이니 큐브를 넣어." 했더니, 집어넣지 않고 나를 웃으며 쳐다보았다. |

'관찰'은 부정적인 '평가와 편견'을 막기 위한 방법이다. 부정적인 평가와 편견은 상대방뿐만 아니라 나 자신에 대한 태도에도 문제가 된다. 평가는 상대나 나 자신에 대한 꼬리표이며, 변화의 가능성이나 대화의 여지를 차단하면서 무력감을 준다. 이에 비해서 관찰은 불편함을 가져오는 행동이나 태도를 그대로 묘사하

듯 말하면서 내 인식의 틀로 사람들을 분석하는 것을 막고, 평가를 하면서 겪게 되는 감정의 고조를 저지할 수 있다.

앞의 표를 보면 왼쪽의 평가적인 대화는 매우 강하고 불편하며, '그 사람은 그렇구나.'라는 낙인과 왜곡, 반발심을 가져오기조차 한다. 이에 비해 오른쪽의 '관찰'적 대화는 상황에 대한 사실적인 묘사이기에 감정의 고조나 오해를 막기가 훨씬 쉽다. 아이가 나를 보고 웃을 때 그것이 비웃는 것이라고 생각하는 것은 나의 오해일 수 있다. 겸연쩍어 미안해서 웃는 것일 수도 있고, 다른 생각을 하느라 웃을 수도 있으며, 원래 얼굴 표정이 그래서 오해를 받는 사람일 수도 있는데, 그것을 나에 대한 무례한 표정이라고 생각하면 관계도 깨질 뿐만 아니라 불편한 감정이 더 강해져서 상처를 입을 수 있다.

청소년기는 전두엽의 리모델링 과정이라서 상대의 표정이나 태도를 곡해하여 감정이 격해져 폭력적인 상황을 일으킬 수 있다. 상대의 감정이나 태도를 편견이나 오해 없이 인식하는 훈련을 통해서 체득화되면, 냉철한 상황 판단을 하는 습관이 들면서 대인관계에서 긍정적인 태도를 형성할 수 있다.


## 느낌의 힘


느낌이란 나 자신의 외·내부의 자극에 대해 몸과 마음에서 일어나는 반응이다. 나와 타인의 느낌을 제대로 공감할 때, 우리는 서로 간에 더 큰 유대감을 형성한다. 그리고 선한 마음으로 이 느낌을 표현할 수 있을 때 우리 사이의 친밀감은 높아지게 된다. 그런데 우리는 이러한 느낌에 대한 표현마저도 머리에서 나오는 생각으로 표현을 하면서 서로 간에 상처를 줄 수도 있다.

| 생각 | vs. | 느낌 |
|---|---|---|
| • 나는 부당하게 취급받은 느낌이야. | | • 그 사람이 나에 대한 존칭을 빼고 말할 때마다 서운하고 짜증이 나. |
| • 그 아이는 나를 무시하는 것 같아. | | • 그 아이가 내가 지시하는 대로 행동하지 않을 때마다 당황스럽고 두려워. |

| | |
|---|---|
| • 그 남자에게 위협당한 느낌이야. | • 그 남자가 나에게 소리를 지를 때마다 두려워. |
| • 나는 나쁜 엄마인 것 같아. | • 내가 연수를 받는다고 주말마다 아이들과 있지를 못해서 미안하고 안타까워. |
| • 그 남자는 너무 차갑다는 느낌이 들어. | • 그 남자 하고 같이 있으면 불편하고 서먹해. 거리감도 느껴지고. |

우리는 주로 어떤 상황이나 대화 속에서 자동적으로 생각을 말할 때가 많다. 이러한 생각은 평가와 더불어 '오해'를 가져오고 상대에 대한 생각의 표현은 '편견'을 가져올 수도 있다. 따라서 있는 그대로의 관찰 속에서 그때의 느낌을 말하면서 결국은 내 마음의 기본이 되는 욕구를 파악할 수 있다.

진정한 느낌의 표현은 상대의 공감을 불러올 수도 있고, 또 자신의 감정에 솔직해지면서 자유로움과 자신감을 느낄 수 있다.


## 욕구의 힘

우리는 상황 속에서 다양한 느낌을 갖는다. 같은 상황에서도 주요하게 보는 점이 다르고 그에 따른 느낌도 제각각이다. 왜 그럴까? 느낌의 저변에는 욕구가 숨어 있기 때문이다. 내가 중요하게 생각하는 욕구에 의해 같은 상황에서도 다른 느낌을 받는 것이다.

비폭력 대화에 따르면, 우리는 욕구가 충족되었을 때와 충족되지 않았을 때 긍정적인 느낌과 부정적인 느낌을 겪게 된다. 아울러 인간의 기본적인 욕구는 자율성, 생존(신체적), 사회적(정서적, 상호의존적), 놀이(재미), 삶의 의미, 진실함, 아름다움(평화), 자기구현의 욕구로 나누어진다고 본다. 이것을 매슬로우(Maslow)는 '결핍'에 의해 움직이는 욕구(생리적, 안전, 소속 및 유대감, 자존)와 '성장'을 추구하는 욕구(지적, 심미적, 자기실현)로 나누어 설명하고 있다.

느낌 뒤에 있는 욕구를 짚어 줄 때, 대화는 깊어지게 되고 갈등 해결의 단서를 찾게 된다. 다음의 상황을 살펴보자.

| 상황 | vs. | 욕구 |
|---|---|---|
| • 어머니가 겨울마다 집이 너무 '춥다, 춥다' 하셔서 아버지께 보일러를 켜라고 말씀드려도 전기세가 많이 나온다고 켜지 않는다. "왜 그렇게 아끼시며 골병 드느냐?"며 언성을 높이고 짜증을 내게 된다. | | • 나의 욕구: 어머니를 보살펴 드리고 싶다. 두 분 모두 따뜻하게 지내도록 해 드리고 싶다.<br><br>• 아버지의 욕구: 절약, 경제적인 안정, 아들로부터의 독립과 자립, 평생 아끼며 여기까지 살아왔다는 인정 |

　이 상황에서 아들은 추운 겨울에도 보일러를 켜지 않아서 주변 사람들, 특히 늙으신 어머니를 힘들게 하는 아버지에 대한 안타까움이 있는 것이 분명하다. 아버지의 고집에 짜증도 나고 화도 날 것이다. 이 마음의 밑바탕에는 어머니를 보살펴 드리고 싶다는 마음과 부모님을 따뜻하게 해 드리고 싶다는 욕구가 있다. 이런 욕구로 아버지와의 갈등에 지쳐서 용돈을 더 드리거나, 집수리를 제안하거나, 따뜻한 옷을 사 드리거나, 안 되면 어머니라도 겨울에 우리집으로 모실 대안을 찾을 것이다. 그러나 이 상황에서 아들이 보일러를 켜거나 그 대안 행동에만 치중한다면 갈등은 사라지지 않는다. 여기서 아들은 '아버지의 깊은 욕구는 무엇일까?'를 생각해 보는 것이다. 고집스러운 아버지의 태도 뒤에는 분명히 아버지의 행동을 움직이는 깊은 욕구가 있을 것이다. 그것을 이해하는 순간 아버지와의 갈등이 바로 해결되지는 않더라도 아버지에 대한 원망과 분노는 줄어들고 아버지의 욕구를 존중하면서 함께 해결책을 의논하게 될 것이다. 아버지의 인정의 욕구를 읽을 수 있다면 "아버지, 아버지께서 이렇게 추운 날씨에도 보일러를 안 켜고 절약하시는 일이 아버지의 신념이시고, 평생의 습관이시라는 거 알아요. 그렇게 아끼시면서 자식들 뒷바라지 하고 아끼신 것도 알고 있습니다. 고맙습니다."라는 말로 아버지의 절약과 인정의 욕구를 읽어 주고, 그다음 단계로 부모님을 잘 모시고 싶은 나의 바람을 진정으로 전달한다면 갈등 해결의 실마리가 주어질 것이다.

　우리의 생활 속에서 욕구는 보편적이다. 그러나 그것을 드러내는 수단이나 방법은 저마다 다르고 이로 인해서 갈등이 생기게 된다. 내가 뭔가 잘할 수 있다는 힘을 느끼고 싶은 '효율성'의 욕구를 부모님이 몰라주고 이렇게 저렇게 로봇처럼 조종하며 따르라고 강요하는 상황에서 아이들은 무기력감을 느끼고 반항이나 무력감으로 응하게 되는 경우도 종종 있다.

인간의 욕구를 발견하고 이해하며, 더 나아가 읽어 주는 순간, 우리는 내면의 선한 욕구를 깨닫게 되고 마음의 평화를 얻을 수 있는 것이다.

## 부탁의 힘

부탁이란 자신의 욕구를 인식한 후 자신이 원하는 삶을 구현하기 위해 구체적인 행동을 요청하는 것이다. NVC에 따르면, 부탁에는 상대를 대화에 초대하는 '연결 부탁'("내가 한 이야기에 어떤 생각이 드세요?"), 구체적이고 긍정적인 행동을 의문형으로 부탁하는 '행동 부탁'("약속한 시간에 오기 힘들 때는 최소한 30분 전에는 알려 주겠다고 지금 약속해 줄 수 있겠니?"), 회의나 미팅과 같은 '그룹에서의 부탁'("다음 주 수요일 3시에 회의에 참석하기 어려우신 분 있으신가요?")으로 나누어 제시를 한다. 어떤 경우든 평화적으로 요청하는 것이다.

부탁은 갈등의 상황에서 구체적인 관찰, 느낌, 욕구와 함께 전달하는 경우가 많다. 예를 들면, 학교에서 공부 시간에 발을 구르고 책상을 치며 "씨이"라고 말하며 반항적인 행동을 보이는 학생이 있다고 하자. 그 학생의 감정이 가라앉을 때까지 기다렸다가 조용히 대화를 시도하면서 교사의 마음과 욕구를 전달하며 부탁을 하게 된다.

**(관 찰)**  "진영이가 수업 시간에 친구들 앞에서 발을 구르고 책상을 치며 '씨이' 하는 것을 보았어."

**(느 낌)**  "선생님은 당황스럽고 속상하고 또 걱정스러워."

**(욕 구)**  "선생님은 존중받고 싶단다. 또한 너의 이미지가 좋게 되었으면 좋겠어."

**(연결 부탁)**  "내 말을 듣고 어떤 느낌이 드니?"

**(행동 부탁)**  "불만이 있을 때나 속상할 때라도 선생님을 존중해 주면서 네가 바라는 점을 표현하면 좋겠구나. 한번 생각해 보렴."

이때 이것을 받아들이는 학생이 여전히 표정이 좋지 않을 때, 그 표정에 초점을 두고 훈계가 시작되면 그전까지 잘 다스렸던 부탁은 헛것이 되고 만다. 따라서 이후 아이의 반응이 내가 기대한 대로 나오지 않더라도 조용히 말을 들어 주는 것만으로 아이의 마음에 내 마음과 욕구가 전달된 것이니 기다릴 필요가 있다.

온전히 나의 마음과 욕구를 전달하고 부탁하는 것이 강요가 되지 않기 위해서는 상대의 반응에 대해서 자유로울 수 있어야 한다. 이런 부드러운 표현에 익숙하지 않은 사람들은 평화적인 부탁이 당황스러울 수 있다. 하지만 "한번 생각해 보세요."라는 연결 부탁으로 많은 여지를 줄 수 있는 것이고 상대를 누그러뜨릴 수 있다.

앞의 일련의 비폭력 대화 과정은 대인관계에서 수시로 일어나는 다양한 감정에 대해서 자신이 주인이 되어 통제권을 갖는, 더 나아가 상황을 평화롭게 만드는 막강한 힘이 될 수 있다. 조심할 것은 기계적인 나-전달법이 아니라, 상대의 이야기를 경청하고 나와 상대의 느낌과 욕구를 이해하고 되돌려 주는 진정성이다.

또한 비폭력 대화를 훈련시키는 과정에서 가장 기본이 되는 것은 공감 훈련이다. 마음을 비우고 자신의 존재 전체로 상대의 말(마음과 욕구)을 들어 주는 것 자체가 친밀감 형성과 더불어 감정의 정화, 치유의 힘이 있음은 두말할 나위가 없다. 그리고 가장 중요한 공감의 대상은 바로 '나 자신'임을 아이들이 이해할 때 아이들의 삶은 안정되고 풍요로워질 수 있다.

# 미술 감상 속 정서 훈련

## 왜 미술 감상인가

　인간의 풍부한 감정, 미적인 감수성을 키운다는 것, 그것은 인간성 확립을 의미하는 것이다. 그중에서도 미적 감수성을 키우는 최고의 방법은 예술 감상이다.

　어릴 적에 인상 깊게 본 많은 동화 중에서 『플랜더스의 개』라는 동화가 있었다. 사실, 동화보다도 만화가 더 인기가 있었다. 만화를 보고 책을 일부러 읽었던 것 같다. 화가가 꿈이었던 네로가 결국 화가의 꿈을 이루지 못하고 차디찬 성당에서 자신이 키우던 개 파트라슈와 죽어 간 이야기이다. 모든 희망을 잃은 네로가 오직 그 그림을 보기 위해 눈보라를 헤치며 성당으로 가는 모습, 비참한 죽음임에도 불구하고 그림 앞에서 행복한 미소를 지으며 죽어 가는 모습을 읽으며 얼마나 눈물을 많이 흘렸는지 모른다. 그러면서 돈이 없는 네로가 그토록 보고 싶어 하던 그 작품이 도대체 어떤 작품일까, 미술 작품이 사람을 그렇게 행복하게 만들 수 있나 여러 가지 생각이 들었던 초등학교 시절이 있었다. 지금이야 그 작품이 루벤스(Rubens)의 〈성모의 승천〉이라는 작품이며, 대학교 때 미술사를 공부하면서 루벤스가 기라성 같은 많은 화가들 중 한 명이며, 이것은 이야기에 불과하다는 것도 안다. 그러나 미술 작품이 사람들에게 저마다 다른 의미로 다가오는 귀한 기회라는 것을 어릴 때부터 느꼈던 것도 사실이다. 학교폭력 등 인간적인 공감력이 상실된 현 교육 상황에서 이러한 미술 감상 교육의 가치가 더 크게 다가온다.

1997년에 고시되고 2000년에 초등학교를 시작으로 적용된 제7차 교육과정은 조변석개하는 우리나라 교육의 특성과 달리 지금까지 유지되고 있는 교육과정이다. 이 교육과정을 근간으로 조금씩 개정되어 오고 있다.

이런 상황에서 정서지능과 관련이 깊은 과목을 뽑으라면 문학 및 예체능 과목이 아닌가 싶다. 한때 교육과정 재구성 및 시수를 증감하는 과정에서 가장 먼저 시수 감축의 대상이 된 과목이 예체능이었다. 입시 위주의 교육이 팽배한, 소위 주지교과를 더 잘 가르치기 위해서 초등학교에서부터 희생이 되었던 과목이다. 그러나 학교폭력이 증가하고 인성교육에 문제가 생기면서 예체능 교육의 감축을 금지하는 지침이 내려 왔고, 다행히 예체능 과목들은 학교에서 찬밥 신세를 간신히 면하고 있다.

예체능이 과연 아이들의 정서지능과 관련이 있을까? 나의 의견은 '그렇다'이다. 사실, 다른 과목도 어떻게 접근하느냐에 따라 정서지능을 키우는 데 초점을 두어 지도가 될 수 있다. 논문을 찾아보면 '과학' 과목에서 유난히 정서지능을 많이 다루고 있다. 동식물을 다루는 데 생명의 소중함을 공감하는 교육이 함께 이루어지고, 환경보호에 대한 교육도 감정이입, 즉 공감의 관점에서 접근하는 시도들이 모색되고 있다. 과학과에서 정서지능 향상을 위한 다양한 현장연구가 이루어지고 있는 것이 참 신선하다. 어찌 보면 과학은 차가운 논리와 이성의 학문이지만, 결국은 인간이 자연 현상을 이해하고 자연과 조화를 이루는 것을 목적으로 하는 것이므로 정서지능과 밀접한 학문일 수 있겠다.

과학뿐만 아니라 다른 교과 지도를 통해서도 정서교육은 가능하다. 협동학습 등을 통해 어떤 과목에서든 정서지능의 일종이라고 할 수 있는 사회성 지도를 체계적으로 할 수 있겠지만, 여기서 정서교육은 부수적인 산물이다. 예를 들어, 수학 문제를 모둠별 협업으로 해결하면서 서로 소통하고 문제해결을 위해 함께 활동하는 친구들의 감정을 파악하고 내 생각을 상대가 이해하고 기분 나쁘지 않게 표현하며 자신의 감정을 조절하는 등 분명 정서지능적인 요소들이 활발하게 키워질 수 있을 것이다. 그러나 수학적 문제해결력을 기르는 것이 목표이고 상호 의사소통은 부수적으로 얻어지는 교육의 성과이다. 다른 교과목들도 마찬가지이다. 교과목표의 달성을 위해서 정서적인 요소들을 고려하는 정도가 예전보다 확대되었을 뿐, 목표가 정서교육에 있지는 않다.

이에 비해서 예체능 교육은 적극적으로 인간의 정서를 교육한다. 아름다운 정서, 인간이라면 가져야 할 기본적인 감수성, 즉 '미적 감수성'을 가르치는 것을 목표로 한다. 미적 감수성이란 아름다움을 느끼고 표현하게 하는 것이다. 미적 감수성, 아름다움을 추구하는 인간의 특성을 이해하기 위해 대표적인 욕구 이론을 살펴보자.

인간은 다양한 욕구(need)를 가지고 있다. 이 욕구는 우리가 목표를 향해 움직이도록 동기화시키는 결핍 상태이다. 어떤 특정 방향으로 에너지를 가지고 움직이게 하는 동기화는 욕구를 해결하기 위해 움직이는 에너지인 것이다. 매슬로우의 이론에 따르면, 인간의 욕구는 결핍의 욕구와 성장의 욕구로 크게 나뉜다. '결핍의 욕구(deficiency needs)'는 생존, 안전, 소속감 및 사랑, 자기존중이라는 우선적으로 충족되어야 하는 욕구이다. 이에 비해 '성장의 욕구(growth needs)'는 지적ㆍ심미적ㆍ자아실현 욕구로 보다 고차원적인 욕구이다. 미적 감수성은 '심미적 욕구'에 속한다.

우리는 인간이기 때문에 동물들과 마찬가지로 '결핍의 욕구'를 충족해야 한다. 하지만 인간이기 때문에 동물 이상의 존재로서, 그리고 지적이고 아름답고 진정한 나를 세상에 실현시키고자 하는 신을 향하는 존재로서 결핍의 욕구 이상의 성장을 해야 한다. 학교를 다닌다는 것, 교육을 받는다는 것은 '성장의 욕구'를 아이들이 맛보게 하고 그것을 스스로 추구해 가는 자율적인 존재로 키우기 위함이다.

지적ㆍ심미적ㆍ자아실현 욕구라는 성장의 욕구의 맛을 보도록 하는 데 예술과 관련된 교과나 활동들이 크게 도움이 되는 것은 당연하다. 그러나 분명한 것은 지적 욕구 위에 심미적 욕구가 있다는 것이다. 알고자 하는 지적 욕구를 위해 학문을 배우고 익히는 것도 중요하지만, 인간다움의 교육을 위해서는 다양한 아름다움을 볼 줄 아는 안목, 향유할 줄 아는 태도인 심미적 태도를 교육해야 한다.

아름다움에 대해서 풍부하게 반응할 수 있는 감수성은 인간의 정서를 풍부하게 하여 인간을 인간답게 하는 '정서지능' 교육과도 매우 밀접한 관련이 있다. 정서교육을 위해서는 아이들로 하여금 다양한 정서를 경험하도록 하는 것이 중요하다. 특히 인간적이고 아름다운 정서를 느끼게 해야 하는데, 이것은 인류가 이제까지 축적해 온 다양한 예술 작품을 통해서 더욱 확장될 수 있다.

예술이라면 문학 작품, 무용, 조형 작품, 음악 등 그 영역이 다양하다. 그러나 이 책에서는 시각예술인 조형 작품들을 통해 정서교육의 가능성을 제시해 본다. 초등학교 학생들은 피아제의 인지발달단계의 '구체적 조작기'에 속하는 아이들이기에 '시각적인 자료'로서 아이들에게 다가간다면 분명 효과가 있을 것이다. 작가들의 인생, 철학, 미에 대한 관점이 응축되어 있는 미술 작품은 훌륭한 교육 자료이다. 성인들처럼 깊은 이해는 아니더라도, 작품 속의 인물들, 얼굴 표정, 행동들을 관찰하면서 아이는 상상력을 펼쳐 읽어 낼 수가 있다. 여기서의 상상력은 『해리 포터』의 작가 조앤 롤링(Joan Rowling)이 말한 '공감력'이다. 인간으로서 타인의 감정을 읽고 그 감정을 상상하여 경험할 수 있는 연습은 반드시 이루어져야 한다. 공감은 인간으로서 가져야 하는 기본적인 인성이며 훈계한다고 형성되는 것이 아니다. 공감은 훈련되어야 하고, 다양한 교육 장면에서 경험해야 한다. 미국에서 '공감의 뿌리' 교육을 실시한 것도 결국 경험을 통한 공감의 체득화가 어느 때보다 중요하고, 그 방법에 발전이 있어야 함을 의미한다고 하겠다.

문학, 음악 모두 좋지만 시각적인 머묾이 가능한 '미술 감상'을 통해 좀 더 편안하고 안전하게, 시간적 여유를 두고 다양한 방법으로 자신의 정서지능을 시험하고 성장시켜 나갈 수 있을 것이다.

## 미술 감상을 통한 교실 속 정서교육의 예

### 빈센트 반 고흐의 〈아이리스〉: 외로움

우리나라 사람들이 제일 좋아하는 화가이면서 인지도가 높은 화가라면 빈센트 반 고흐(Vincent van Gogh)를 들 수 있다. 하지만 내가 어릴 때는 그의 작품

보다는 그 화가에 대한 범상치 않은 이야기가 특히 인상에 남았다. 5학년 때 처음 고흐의 이야기를 읽고 "고흐라는 사람이 있는데 자기 귀를 자르고 붕대로 처맨 후 초상화를 그렸대." 하며 무서운 이야기를 하듯 친구들과 수군대던 기억이 난다. 대학에 와서 미술사를 공부하면서는 자신의 경쟁자였던 폴 고갱에게 자신의 귀를 잘라 크리스마스 선물로 준 광기 어린 화가라는 것을 넘어 원래 네덜란드의 목사로 광부들과 함께 고생하며 이상적인 목회자의 길을 실현하려 했으며, 동생 테오에게 미안함과 죄책감 등을 느끼고 있었다는 것에서 인간적인 안타까움을 느꼈다. 또한 자연주의 화가 밀레의 영향을 받아 서민의 삶에 대한 강한 관심을 담으면서도, 프리즘의 발견으로 빛에 대한 연구가 활발하게 이루어진 시대에 맞게 화풍을 개척한 화가로서 온전히 이해할 수 있었다. 다시 말해, 그가 광인이 아닌 가장 순수하고 열정적인 신념을 가진 외골수 화가로 이해되었다.

사실, 내가 좋아하던 화가는 미켈란젤로(Michelangelo)이다. 곱사등이가 되는 것을 감내하며 처절하게 시스티나 성당의 벽화를 그려 내던 그의 예술혼에 감동해서 그랬을 것이다. 미켈란젤로의 웅장하고도 정확한 그림에 비하면 고흐의 작품은 어린 눈으로 봤을 때는 별로 이해할 수 없는 그림이었다. 칸딘스키(Kandinsky)와 같은 깔끔한 느낌의 차가운 추상화를 좋아하는 것도 어쩌면 그림 속 화가의 정리벽을 찾았는지도 모르겠다.

그러나 어느덧 학생들에게 감상 수업을 할 기회가 있을 때마다 자연스럽게 선택하는 것이 고흐의 그림이 되었다. 그의 고통과 아픔 때문이기도 하겠지만, 누구보다도 열정적이었고 색에 대한 연구, 인간에 대한 연구, 자신에 대한 연구에 최선을 다한 그의 인간적 고뇌를 나이가 먹으면서 그림 속에서 읽게 된 덕분인 것 같다. 그림을 통해 무엇인가를 느끼고 읽을 수 있다는 것은 정서 및 감성 교육의 최고가 아닌가 싶다.

**〈정서교육 활동〉: 외로움**

| 작품명 | | 고흐의 〈아이리스(붓꽃)〉 |
|---|---|---|
| 정서지능 요소 | | 정서인식, 감정이입, 정서표현 |
| 활동 | 들어가기 | 1. 돈 맥클린(Don Mclean)의 〈Vincent(Starry,Starry Night)〉 노래 들려주기 |
| | | 2. 서로 노래의 느낌을 나누기 |
| | 배경 소개 | 3. 고흐(1853~1890)의 삶에 대해서 이야기 들려주기 |
| | 감상 | 4. 고흐의 〈아이리스〉 감상하기 |
| | 정서인식 | 5. 작품에 대해서 자유롭게 이야기 나누기<br>• 그림의 느낌이 어떤가요?<br>• 그림을 들여다보면서 어떤 생각이 떠오르나요?<br>• 새롭게 발견한 점이 있나요?<br>• 고흐는 이 그림을 그리면서 어떤 심정을 느꼈을까요? |
| | 감정이입 | 6. 〈아이리스〉 엽서화 그리기 |
| | 정서표현 | 7. 고흐에게 엽서 쓰기 |
| | 정서확장 | 8. 마음 나누기<br>• 각자 쓴 엽서를 돌려 읽어 봅시다. 새롭게 드는 느낌이 있나요? |

### 교육 경험 나누기

초임 시절에는 아이들에게 다양한 미술 작품을 보여 주며 활동을 했던 열정이 있었는데, 가장 많이 보여 주었던 작품이 고흐의 작품이었고, 기대처럼 그의 작품이 아이들의 다양한 정서적 반응을 이끌어 내었다.

고흐의 〈아이리스(붓꽃)〉라는 작품을 아이들에게 보여 주었다. 그림을 보던 몇몇 아이들이 "어, 저기 흰 꽃이 하나 있네?"하며 새로운 것을 발견한 흥분에 들떠 이야기를 한다. "그러네요? 그럼 고흐는 왜 다른 보랏빛 꽃들 속에서 이런 흰 꽃을 그렸을까?" 하고 질문을 하였다. 아이들은 한동안 심각해지더니 "외로워서 그런가?"라며 반응하는 아이가 있다. 그러자 "왕따인가 봐." "잘난 척하는 꽃인가?" 하며 다양한 답을 쏟아 냈다. 무엇보다 놀라운 것은 3학년 아이들이 고흐의 〈아이리스〉에서 외로움을 읽어 낸 점이다. 물론 작가의 의도가 아닐 수도 있다. 그러나 고흐의 이야기를 듣고 그의 그림이 '외로움'이라고 나름대로 해석하고 다른 눈으로 감상할 수 있는 것은 '정서인식' 교육으로 충분히 가치 있는 수업이다. 좀 더 수업을 진행하면서 그림을 엽서 크기로 따라 그리고 엽서이니까 고흐에게 짧은 편지를 쓰도록 했다. 아이들의 반응 중 "아저씨, 천국에 가셨겠죠? 아저씨 그림을 처음 볼 때는 그냥 예쁘다고 느꼈는데, 가만히 보니 좀 슬퍼 보여요. 거기서는 친구들 많이 사귀고 행복하세요."라는 반응들도 나왔다. 지금 생각해 보니 고흐의 심정에 대한 '감정이입'과 '정서표현'의 교육까지 이루어진 것이다.

## 빈센트 반 고흐의 〈턱수염이 없는 자화상〉: 고독함

정서는 얼굴에 주로 표현이 된다. 자신의 얼굴을 유독 많이 그린 화가로 고흐가 단연 으뜸이다. 모델을 살 돈이 없어서라는 매우 애잔한 이유가 있을 수도 있겠지만, 고흐의 초상화를 보며 아이들과 그의 감정에 대해서 다양하게 이야기를 나눌 수 있어 가치가 있다. 그의 작품들을 찾는 과정에서 우연히 〈턱수염이 없는 자화상〉(1889)을 볼 기회가 있었다. 이 작품은 수염을 기르고 있는 대부분의 작품과는 달리 말끔하게 면도를 한 모습이고, 어머니에게 뒤늦게 보낸 생신 선물이다.

"자화상을 보냅니다. 파리, 런던도 가 보고 웬만한 도시에서 오래 살았는데도 여전히 저는 준더르트 농부처럼 보입니다. 느끼고 생각하는 것도 농부처럼 하는 듯합니다. 세상에 정말 필요한 사람은 농부뿐인 것 같아요. 책이나 그림은 그들이 쉴 때나 필요하니까 저는 확실히 그들보다 못합니다. 그래도 저에게는 캔버스가 밭이에요. 제가 건강해져서 다시 파리로 돌아갈 수 있다면 이 그림은 아마 제 대표작이 될 거예요."(이창실 역, 2007)

그의 그림을 자세히 들여다본다. 자꾸 그림 속 고흐의 눈빛에 눈길이 간다. 간질 발작의 고통으로 수척해진 얼굴, 고통과 외로움 속에서도 일흔 살 어머니에게 자신이 잘 지내고 있다고 알리고 싶어 안간힘을 쓰는 마음이 느껴진다. 개인적으로 이 그림을 보면 감정이 동요한다. 이 작품을 그리고 9개월 후에 생을 마감했다니 더 마음이 아프다. 얼마나 힘들었을까, 얼마나 고독했을까, 얼마나 살고 싶었을까. 약 750억으로 팔리는 작품이라는 놀라움도 그림을 보노라면 시들해진다. 그냥 조용히 보고 있으면 수줍으면서도 단호함을 가지고 있는데, 그런데 그 단호함이 간신히 지탱되는 느낌이 들어서 슬프고 안쓰럽다.

이 작품을 보고 나 스스로 미술 작품을 통해서 감정이 다양하게 일어날 수 있고, 그 감정을 깊이 느낄 수 있음을 체험했다. 아이들도 얼마든지 느낄 수 있다. 오히려 나보다 더 순수하고 진정성이 있기에 더 잘 느낄 수 있을지도 모른다는 생각이 든다.

〈정서교육 활동〉: 고독함

| 작품명 | | 고흐의 〈턱수염이 없는 자화상〉 |
|---|---|---|
| 정서지능 요소 | | 정서인식, 감정이입, 정서표현 |
| 활동 | 들어가기 | 1. 고흐(1853~1890)의 삶에 대해서 이야기 들려 주기 |
| | 배경 소개 | 2. 작품의 제작 배경, 편지 내용 읽어 주기 |
| | 감상 | 3. 고흐의 〈턱수염이 없는 자화상〉 감상하기 |
| | 정서인식 | 4. 작품에 대해서 자유롭게 이야기 나누기<br>• 그림 속 남자를 보면서 어떤 느낌이 드나요?<br>• 이 남자는 지금 어떤 생각을 하고 있을까요?<br>• 이 남자는 지금 심정이 어떨까요? 왜 그런 느낌이 들었나요? |
| | 감정이입 | 5. 깊이 있게 감상하기<br>• 여러분은 어느 때 이런 표정을 지을 것 같나요? |
| | 정서표현 | 6. 나의 느낌 정리하기<br>• 빈센트 아저씨를 위해 시를 지어 봅시다. |
| | 정서확장 | 7. 마음 나누기<br>• 지은 시를 모둠별로 돌려 읽어 봅시다. 전체와 나누고 싶은 시를 뽑아서 발표해 봅시다. |

## 에드가 드가의 〈불쾌한 얼굴〉: 불쾌함

인상주의 화가인 에드가 드가(Edger Degas)는 도시적이고 인간적인 주제를 즐겨 그린 화가이다. 이 작품은 1873~1875년경에 제작된 것으로, 여느 사무실에서 빚어진 미묘한 어떤 상황을 순간적으로 포착하듯 그려 내고 있다. 한 여인이 책상에 앉은 남자의 곁에서 샐쭉한 표정으로 우리를 보고 있고, 남자는 팔짱을 끼고 피곤한 듯 미간을 찌푸린 채 서류를 들여다보고 있다. 사무실 또는 은행으로 보이는 실내 뒤편에 '경마하는 장면'을 나타낸 그림은 실내 분위기와 대조적이다. 날쌔고 밝은 색채를 보이며 두 사람 사이의 미묘한 분위기를 대비하여 강조하는 것 같다. 무슨 상황일지 나도 궁금하다.

### 〈정서교육 활동〉: 불쾌함

| 작품명 | | 드가의 〈불쾌한 얼굴〉 |
|---|---|---|
| 정서지능 요소 | | 정서인식, 감정이입 |
| 활동 | 들어가기 | 1. 작품 보여 주기<br>2. 돌발 퀴즈 내기<br>• 이 그림 속의 두 사람이 있는 곳은 어디일까요? |
| | 배경 소개 | 3. 드가에 대한 대강의 안내하기<br>☞ 인상주의 화가, 발레리나를 많이 그림, 파스텔화, 도시 속 사람들의 밝지 않은 내면과 표정을 많이 그림 |
| | 감상 | 4. 작품 자세히 관찰하기 |
| | 정서인식 | 5. 이 작품 속 두 인물의 감정을 파악하고 제목 유추하기<br>• 그림 속 여자의 감정이 어떠한 것 같나요? 왜 그런가요?<br>• 남자의 감정은 어떠할 것 같나요? 왜 그런가요?<br>• 작품의 제목은 〈○○한 얼굴〉입니다. 제목이 뭘까요? |
| | 감정이입 | 6. 깊이 있게 감상하기<br>• 불쾌한 기분을 느꼈던 경험과 그때의 나의 행동을 간단히 써봅시다.<br>• 같은 모둠 친구들과 이야기를 나누어 봅시다. |

## 폴 고갱의 〈테 파토르마〉: 토라짐

『달과 6펜스』라는 소설의 실제 주인공이며, 고흐의 질투를 샀던 동료 폴 고갱(Paul Gauguin)의 작품이다. 프랑스에서 태어나 안정적인 직장 생활을 하던 고갱은 원시의 매력에 사로잡혀 타히티 섬의 원주민들을 모델로 단순한 색채와 뚜렷한 선, 특이한 색조로 독자적인 화풍을 세우며 후기 인상파의 대표적인 화가로 자리매김한다. 폴 고갱의 작품은 색채도 강렬하지만 대상의 윤곽선을 검은색으로 둘러치면서 더욱 뚜렷한 느낌을 발휘하고 있다.

그 많은 폴 고갱의 작품 중에서 〈테 파토르마〉는 1891년 작품으로, 작품 속 인물의 표정이 명확하기 때문에 학생들에게 보여 줄 만하다. 고흐의 그림처럼 고독하거나 드가의 그림처럼 염세적이지 않고 순수한 원시성과 순박함, 코믹함마저 느껴지는 작품이다. 할 이야기가 떠오르는 작품, 아이들이 자유롭게 스토리를 만들 수 있는 작품이다. 어떤 감정이 느껴지는지, 왜 그러한지 이야기를 만드는 과정에서 상대의 감정을 인식하고 공감하는 능력이 키워진다.

**〈정서교육 활동〉: 토라짐**

| 작품명 | | 고갱의 〈테 파토르마〉 |
|---|---|---|
| 정서지능 요소 | | 정서인식, 감정이입, 정서활용 |
| 활동 | 들어가기 | 1. 작품 보여 주기<br>☞ 느껴지는 감정을 자유롭게 이야기 나누기 |
| | 배경 소개 | 2. 폴 고갱에 대한 대강의 소개하기<br>☞ 고흐와 함께 작업했던 유명한 후기 인상파 화가. 30대에 그림을 시작하면서 모든 것을 버리고 타히티 섬으로 떠남 |
| | 감상 | 3. 작품 자세히 관찰하기<br>☞ 작품 속 두 주인공이 부부임을 알려 줄 수 있음 |

| 정서인식 | 4. 작품 속 인물의 감정 읽기<br>• 작품 속 타히티 여인의 감정은 어떤 상태인가요? 왜 그렇게 느꼈나요?<br>☞ 표정, 자세 등에 초점을 두도록 함<br>• 남자의 감정은 어떠할 것 같나요? 왜 그런가요? |
|---|---|
| 감정이입<br>정서조절 | 5. 인물의 감정 더 깊이 느끼기<br>• 인물의 상황처럼 토라졌던 경험 이야기 나누기<br>• 그 순간 나에게 필요한 감정을 친구들과 이야기 나누기 |

## 에드가 드가의 〈애수〉: 깊은 슬픔, 우울

드가는 1874년 제작한 이 작품을 통해 표현하기 어려운 슬픔에 잠긴 듯한 여인상을 그리고 있다. 여성에 대한 상이 부정적인 드가의 다른 작품들과 달리 이 작품에서 표현된 여인은 고뇌 어린, 고달픔이 담긴 모습을 하고 있다. 거침없이 뻗은 날카로운 선, 회화용 칼로 벽과 소파를 나타내고, 여인의 표정에 주목하도록 측면광을 통해 두드러지게 보이는 것이 특징이다. 흐느끼고 있는 것인지, 여자는 두 손으로 자신을 감싸듯 안고 있다.

〈정서교육 활동〉: 우울

| 작품명 | | 드가의 〈애수〉 |
|---|---|---|
| 정서지능 요소 | | 정서인식, 감정이입, 정서표현, 정서활용, 정서조절 |
| 활동 | 들어가기 | 1. THE BLUE 사진들을 보여 주기(우울과 관련된 사진)<br>☞ 작품 보여 주기 |
| | 배경 소개 | 2. 드가에 대한 대강의 안내하기<br>☞ 인상주의 화가, 발레리나를 많이 그림, 파스텔화, 도시 속 사람들의 밝지 않은 표정을 많이 그림 |

| 감상 | 3. 작품 자세히 관찰하기 |
|---|---|
| 정서인식 | 4. 작품 속 여인의 감정 인식하기<br>• 그림 속 여자의 감정은 어떤 상태일까요? 그런 감정을 증명하는 표정이나 몸짓을 찾아보세요. |
| 감정이입<br>정서표현 | 5. 깊이 있게 감상하기<br>• 이 여인이 우울이나 슬픔의 감정을 느끼고 있는 이유는 무엇일까요?<br>• 이 여인에게 뭐라고 이야기하고 싶나요? |
| 정서활용<br>정서조절 | 6. 정서를 이해해요<br>• 살면서 이런 슬픔이나 우울의 감정을 느낀 적이 있나요?<br>• 이런 감정이 우리에게 주는 나쁜 점과 좋은 점은 무엇일까요? 모둠별로 나쁜 점과 좋은 점을 넣어서 표현해도 좋아요. |
| | 7. 정서를 바꾸어 봐요<br>• 이런 정서를 바꾸기 위한 나만의 방법을 서로 소개해 봐요.<br>☞ 방법을 전체적으로 공유하고, 서로 평가하여 긍정적인 대처와 파괴적인 대처를 좀 더 생각해 보도록 함 |

## 레오나르도 다 빈치의 〈최후의 만찬〉: 비언어적 메시지

르네상스 화가인 레오나르도 다 빈치(Leonardo da Vinci)의 작품 중에서 가장 잘 알려진 작품의 하나이다. 주로 수도원의 식당에 그려지는 템페라 벽화들처럼 1490년대에 제작된 이 작품도 이탈리아 밀라노의 산타마리아 델레 그라치의 수도원 식당에 그려졌다. 화가의 붓 자국이 30%가량만 남아 있는 상태라 지금 복원 작업이 한창이다. 이 장면은 『신약성서』요한복음 제13장 22~30절에 이르는 내용을 표현한 것으로, '너희들에게 고하노니 너희 중의 하나가 나를 팔 것이다.'라고 그리스도가 슬픈 얼굴로 말하고 있다. 열두 제자의 다양한 모습, 이 중에서 유다를 찾아보는 것도 재미있는 일이다. 유다를 추측해 보고, 어떤 단서로 파악했는지 알아보는 과정에서 비언어적인 메시지를 읽는 기회가 될 수 있다.

**〈정서교육 활동〉: 비언어적 메시지 파악하기**

| 작품명 | | 다 빈치의 〈최후의 만찬〉 |
|---|---|---|
| 정서지능 요소 | | 정서인식, 감정이입 |
| 활동 | 들어가기 | 1. 누구의 작품인가요?<br>☞ 보기를 주면서 다 빈치를 찾게 하는데, '닌자 거북이'라는 만화 주인공과 연결시켜도 흥미 있을 것임 |
| | 배경 소개 | 2. 다 빈치에 대한 짧은 소개와 작품 안내하기 |
| | 감상 | 3. 작품을 자세히 감상하기 |
| | 정서인식<br>감정이입 | 4. 이 작품 속 인물들의 감정 파악하기<br>• 예수님은 어떤 감정 상태일까요? 이유는?<br>• 주변 제자들은 어떤 감정 상태일까요? 이유는? |
| | 정서인식 | 5. 깊이 있게 감상하기<br>• 이 중에서 유다는 누구일까요? 이유는? |
| | 정서활용<br>감정이입 | 6. 정서를 깊이 이해하기<br>• 유다는 결국 예수님을 배신합니다. 유다에게 하고 싶은 말을 쪽지로 써 봅시다. |

## 레오나르도 다 빈치의 〈모나리자〉: 미소, 온화함

미술에 대한 문외한도 쉽게 대답하는 작품인 〈모나리자〉. 너무나 유명한 작품이라 부푼 기대를 안고 루브르 박물관을 찾으면 그 크기에 실망하는 사람들도 있다.

아이들 사이에서는 눈썹이 없는 이유 때문에 다양한 상상을 하느라 이 작품의 올바른 감상을 방해받기도 한다. 여러 설이 있지만, 그 당시에 미의 기준이 눈썹을 뽑는 것이라는 설, 큐레이터가 청소를 하다가 부주의하게 지웠다는 설 등이 있다.

그러나 이 작품은 인간을 연구하는 인문학의 시대인 르네상스의 대표적인 화가가 가장 이상적인 여성상을 표현한 작품으로, 단순히 누구를 따라 그린 것이 아니라 해부학 등 인체에 대한 연구에 기초해 황금비율, 스푸마토 기법 등 새로운 기법 및 시대를 대표하는 위대한 작품이다.

우선, '모나(mona)'는 부인이라는 이탈리아어의 경칭이고, '리자(Lisa)'는 초상화의 모델이 된 여인의 이름이다. 즉, '리자 여사'라는 뜻으로 그 모델은 아직도 다양한 논의가 있다.

조형학적으로 이 작품은 '스푸마토(sfumato)' 기법을 사용하여 모나리자의 은은한 '미소'를 창조해 내었다. 또한 모나리자가 이상적인 여성상이라는 것은 황금비율인 1:1.618의 비율이 얼굴 구성에 활용되었기 때문이다. 코와 눈썹의 길이와 턱과 코의 길이의 비율, 인중과 입술의 길이와 입술과 턱의 길이의 비율, 얼굴의 가로와 세로의 비율 등 황금비율이 많이 들어가 균형 잡힌 느낌을 준다.

이 작품으로 할 수 있는 정서교육은 '미소'이다. 대인관계에서 가장 중요한 것은 미소이기 때문이다. 미소는 입 근육을 움직여 자신의 감정을 나타내는 방법인데, 이 미소도 비언어적인 메시지로 다양한 의미를 포함하며 이것을 학생들이 구별하도록 하는 것도 매우 디테일한 정서교육의 하나가 될 것이다. 즉, 미소도 즐거움, 행복감, 불안함, 쓸쓸함, 비웃음, 예의상 짓는 미소 등 다양하다. 이것을 제대로 인식하는 능력도 훌륭한 정서지능의 요소가 된다.

아울러 눈가의 주름까지 생기도록 진정으로 웃는, 프랑스의 심리학자 기욤 뒤셴(Guillaume Duchenne)의 이름을 딴 '뒤셴 미소'와 팬암사의 승무원들이 영업을 위해 입꼬리만 올리는 '팬아메리칸 미소'의 차이를 아이들에게 교육할 수 있다. 이 과정에서 진정한 미소와 웃음이 우리에게 주는 효과를 함께 생각해 보는 것도 아이들의 정서조절능력과 정서활용능력을 키우는 데 도움이 될 것이다. 아울러 기분이 평탄한 상황에서 뒤셴 미소를 지으면 우리의 뇌는 활성화되는 근육의 코드대로 '즐거운 일이 있구나.' 하고 인식하고 긍정적인 감정에서 나오는 행복 호르몬을 분비하기 시작한다고 한다. 어찌 보면 참 융통성 없는 뇌지만, 내가 움직이는 근육대로 뇌에서 다양한 호르몬이 분비되고 실제 그런 기분을 느낄 수 있다면, 내 정서를 조절하고 관리하는 사람으로서 행복하고 성공적인 삶을 사는 방법에 한 발짝 더 다가갈 수 있을 것이다.

**〈정서교육 활동〉: 긍정적 정서 갖기**

| 작품명 | | 다 빈치의 〈모나리자〉 |
|---|---|---|
| 정서지능 요소 | | 정서인식, 감정이입 |
| 활동 | 들어가기 | 1. 다 빈치의 실제 직업(화가, 조각가, 발명가, 건축가, 기술자, 해부학자, 식물학자, 도시 계획가, 천문학자, 지리학자, 음악가) 알아보기<br>☞ 다양한 분야에서의 연구를 바탕으로 한 화가였음을 이해함 |
| | 배경 소개 | 2. 〈모나리자〉 작품 소개하기<br>☞ 이 작품이 유명한 이유에 대해 '미소'에 초점을 두도록 함 |
| | 감상 | 3. 작품을 자세히 감상하기 |
| | 정서인식<br>감정이입 | 4. 작품 속 여인의 감정 인식하기<br>• 리자 부인이 미소를 짓고 있는 이유는 무엇일까 상상해 봅시다. 이유도 함께 생각해 봅시다. |
| | 정서인식<br>정서활용 | 5. 미소에 대해서 알아보기<br>• 언제 미소를 짓는지 이야기 나누기(미소로 다양한 감정의 표현이 가능함을 인식하기)<br>• 친구들의 미소 알아내기(예: 행복의 미소, 비웃음, 쓸쓸함, 불안함, 예의상) |
| | 정서활용 | 6. 뒤센 미소 연습하기<br>• 뇌의 특징, 뒤센 미소의 우수성 소개하기(졸업앨범 사진과 그 사람의 이후 삶에 대한 이야기 소개하기)<br>• 뒤센 미소 연습하기<br>• 우리반 '최고의 미소' 찾기 |

## 에드바르트 뭉크의 〈절규〉: 불안, 공포, 두려움

노르웨이의 가장 위대한 화가인 에드바르트 뭉크(Edvard Munch)는 고갱, 앙소르(Ensor), 고흐, 호들러(Hodler) 등과 함께 표현주의의 선구자로서 평가된다. 뭉크의 작품은 사랑, 고통, 죽음, 불안 등을 주제로 자기만의 독특한 감정 세계를 표현하고 있다.

　　뭉크의 〈절규〉는 1893년 완성된 가장 대표적 작품이다. 붉은 빛과 검푸른 빛의 대비, 원근법과 사선의 구성이 역동적으로 느껴진다. 그러나 무엇보다도 두 손으로 귀를 막고, 눈과 입을 크게 열고 있는 인물은 절규하는 상태로 보이지만, 실은 자연을 통해 크게 부르짖는 소리를 느끼고 있는 것이라고 한다. 이 그림을 보면 어떤 감정이 느껴지는가? 대부분 공포, 불안, 두려움 등을 이야기한다.

　　뭉크가 5세 때 어머니가 폐결핵으로 죽고, 그를 돌봐 주던 누나도 그의 나이 14세 때 같은 병으로 죽는다. 그가 사랑하는 여인들이 죽는 것을 계속 보아 오면서 죽음에 대한 깊은 사색을 어릴 때부터 해 왔으며, 그 속에서 우울하고 불안한 내면이 작품 속에 투영된 것은 당연한 것이리라.

　　이 작품은 학생들의 시선을 많이 끈다. 공포 영화에나 나옴직한 창백하게 흐물거리는 얼굴, 초점 잃은 눈동자, 강렬한 붉은색과 청색의 대비는 많은 상념을 일으키기 때문이다. 그의 판화 작품으로 학생들에게 작품에 어울리는 색을 재창조하도록 하는 것도 창의교육에 도움이 될 것이다. 무엇보다 이 작품에서는 "이 작품은 뭉크가 무엇인가에 공포스러워 하는 작품이야."라는 식으로 단정하지 말고 아이들이 다양한 감정을 끌어내고, 불안, 두려움, 공포의 정서적 차이를 나름대로 이해하도록 할 수 있다.

**〈정서교육 활동〉: 불안, 공포, 두려움의 차이**

| 작품명 | | 뭉크의 〈절규〉 |
|---|---|---|
| 정서지능 요소 | | 정서인식, 감정이입, 정서활용, 정서조절, 정서표현 |
| 활동 | 들어가기 | 1. 작품 보여 주기<br>2. 화가 뭉크의 이름을 알려 주고 어느 나라 사람인지 맞추도록 하기(힌트: 바이킹의 후손) |
| | 배경 소개 | 3. 작품에 대한 대강의 소개하기 |
| | 감상 | 4. 작품을 자세히 감상하기 |

| | |
|---|---|
| 정서인식<br>정서활용<br>정서표현 | 5. 작품 속 인물의 감정 이해하기<br>• 작품 속 인물이 어떤 감정 상태라고 생각하나요?<br>• 여러분이 얘기한 공포, 두려움, 불안이라는 감정은 어떤 차이가 있나요? 나의 경험에 빗대어 이야기해 봅시다. |
| 감정이입<br>정서활용<br>정서표현<br>정서조절 | 6. 감정 상담소<br>• 고민 카드 쓰기(주제: 나는 이럴 때 걱정이다, 불안하다, 두렵다, 공포를 느낀다 등)<br>• 무작위로 각자 하나씩 뽑아서 상담자로서 공감과 조언하기<br>  예) 당신이 시험을 앞둔 순간, 뭉크의 절규에 나오는 사람처럼 불안을 느낀다는 것은 저도 정말 공감이 됩니다. 하지만 이런 불안이 있으니까 우리가 신경을 써서 공부를 하게 되는 것이겠지요? 하지만 너무 불안하면 실력 발휘가 안 되겠지요. 너무 불안하면 심호흡을 다섯 번 해 보세요. 눈을 감고 나의 숨소리에만 집중하고 불안을 내쉬는 숨으로 뱉는다고 생각해 보세요. |
| 정서활용 | 7. 부정적 감정의 표현을 이렇게도 바꾸는구나!<br>• 조언한 내용을 교실에 게시하여 읽어 본 후에 가장 좋은 카드를 뽑아 서로 공유한다. |
| tip | 정서활용 영역을 키우기 위해 심각하기만 한 이 작품을 사람들이 어떻게 패러디하는지 보여 주는 것도 감정 전환의 기회가 될 것이다. 예를 들면, 영화 〈스크림〉의 가면이나 〈나홀로 집에〉라는 영화 포스터에 등장하는 꼬마 배우의 얼굴 표정이 뭉크의 〈절규〉에서 착안해 제작된 것을 보여 주면 학생들은 부정적인 감정을 유머 있게 희화화할 수 있는 마음의 여유를 배울 수도 있을 것이다. |

## 에드바르트 뭉크의 〈병실에서의 죽음〉: 불안, 슬픔

사랑만큼 고통, 불안, 죽음에 대해서 많이 다룬 뭉크의 작품 중에서 〈병실에서의 죽음〉은 아이들과 함께 생각해 볼 수 있는 작품이다. 1893년 제작되었는데, 소중한 사람을 병실에서 죽음으로 떠나보내는 장면을 나타낸 것으로, 〈절규〉보다는 덜 자극적이지만 아이들과

죽음에 대해서 이야기를 나누게 되기 때문에 다소 난해한 작업일 수 있다. 무엇보다 이 작품을 다룰 때는 아이들의 수준이나 처한 상황 등을 잘 생각하고 판단해서 활용해야 할 것이다.

예를 들면, 최근에 소중한 사람을 잃은 사람의 정서적인 치유를 위해서는 직접적으로 직면시키는 것보다는 뭉크의 이 작품을 보여 주고 작품에 대해서 이야기를 나누고 느낌을 나누는 과정에서 자신의 생활 경험을 투영하는 기회를 가져올 수 있을 것이다.

### 마르크 샤갈의 〈생일〉: 행복, 사랑

러시아 비테브스크의 시골 유대인 지방에서 태어난 마르크 샤갈(Marc Chagall)의 대표적인 작품이다. 피카소(Picasso)와 더불어 20세기 최고의 화가로 일컬어지는 그는 '색채의 마술사'로 알려져 있으며, 고향마을과 아내 벨라와의 사랑, 전쟁 등을 주제로 환상적이고 독창적인 작품들을 많이 남겼다.

〈생일〉은 색채의 마술사답게 감미로운 빨간색 바닥이나 하얀 벽, 그리고 아라베스크 무늬의 벽걸이 천들, 유연한 인물의 흐물거리지만 힘이 있는 선들을 통해서 샤갈의 심정을 잘 설명하고 있다. 이 작품은 1915년 완성된 것으로, 그의 생일을 그린 것이다. 그림에 대한 샤갈의 회상을 아이에게 들려주어도 좋을 것이다.

"나는 마침 내 방의 창을 열었던 그때 푸른 공기와 사랑과 꽃들이 한꺼번에 거기에 덮쳐 왔다. 손으로 구운 과자를 두 개, 구운 생선, 더운 우유, 가지각색의 장식용 천, 다시 내가 이젤용 받침대로 쓰는 판자 쪽까지 그녀가 가져다 준 것이다."

자세가 이상하지만 부자연스럽게 느껴지지 않는, 그의 벨라에 대한 사랑이 느껴진다. 아이들에게 지도를 할 때 이 상황을 유추해 내고, 화가의 감정을 느끼며, 그 감정을 색의 표현과 연결해도 좋을 것이다.

**〈정서교육 활동〉: 행복, 사랑**

| 작품명 | | 샤갈의 〈생일〉 |
|---|---|---|
| 정서지능 요소 | | 정서인식, 감정이입, 정서표현 |
| 활동 | 들어가기 | 1. 작품 보여 주기<br>2. 화가 샤갈의 별칭 유추해 내기 (○○의 마술사) |
| | 배경 소개 | 3. 작품에 대한 대강의 소개하기 |
| | 감상 | 4. 작품을 자세히 감상하기 |
| | 정서인식<br>감정이입 | 5. 작품 속 인물이 느끼는 감정 알아보기<br>• 작품 속 인물이 어떤 감정 상태라고 생각하나요? (행복 등)<br>• 작품에 대한 샤갈의 해설 읽어 주기 |
| | 정서표현<br>감정이입 | 6. 우리도 느껴 봐요!<br>• 어느 때 나는 행복을 느끼는지 구체적으로 써 봅시다.<br>　예) 엄마가 나를 꼭 안아 줄 때, 좋아하는 선물을 받았을 때, 좋아하는 게임 아이템을 얻었을 때<br>• 행복을 느낄 때 나의 모습을 간단하게 나타내 봅시다.<br>☞ 엽서 크기의 종이에 간단히 상황을 나타낸 그림을 그리고 그에 맞는 색을 선택해서 채우도록 함 |
| | 감정이입<br>정서표현 | 7. 친구의 행복에 공감하기<br>• 모둠별로 친구가 나타낸 그림 밑에 공감의 한 줄 글을 달아 줍시다.<br>　예) 너의 행복이 정말 느껴진다, 이런 순간이 자주 있길 바란다. |

## 앙리 루소의 〈열대림 속의 태풍〉: 희망

프랑스 북부 작은 마을에서 태어난 앙리 루소(Henri Rousseau)는 중학교에서 데상과 성악으로 상을 받은 일 외에는 특별한 재능을 보이지 않았던 평범한 사람이었다. 전문적인 미술교육을 받지 않고 세관원으로 일하면서 그림을 그리기 시작했다고 한다. 언제부터 그림을 그리기 시작했는지 정확하지 않다. 직장인인지라 일요일마다 독학으로 그림을 그렸기 때문에 '일요 화가'의 대표 주자로 불리운다. 이

렇게 아마추어로 시작하여 독자적인 세계를 구축한 화가들을 '소박파'라고 일컫기도 한다. 루소는 평생 가난과 더불어 가정적으로도 불행하였다. 첫째 부인인 크레망스와의 사이에서 7명을 낳았으나 5명이 사망하고 부인도 젊은 나이에 세상을 떠났으며, 10년 후 조세핀느와 재혼하였으나 4년 후에 사망을 했다. 루소는 66세에 폐렴으로 사망을 하였다.

독학으로 그림을 배웠다는 이유로 사람들에게 인정을 못 받았지만, 그의 그림은 '루소 그림이다'라는 그만의 색깔과 원시적인 밀림, 자연을 떠올리는 독특성을 가지고 있다. 개인적으로 그의 그림은 보면 볼수록 무엇인가가 더 있는 듯한 느낌이 들어 계속 들여다보게 된다. 그의 원초적인 세계에 대한 동경, 몽환적인 풍경 속에서 느껴지는 또렷함, 강렬한 색채는 현대예술의 거장 피카소, 아폴리네르 등에 영향을 크게 주어서 입체파와 상징주의, 초현실주의의 선구자로 불리기도 한다.

**〈정서교육 활동〉: 희망**

| 작품명 | | 루소의 〈열대림 속의 태풍〉 |
|---|---|---|
| 정서지능 요소 | | 정서인식, 감정이입, 정서조절, 정서활용 |
| 활동 | 들어가기 | 1. 작품 보여 주기 ☞ 작품을 비바람 소리와 함께 들려주면 효과가 있음 |
| | 배경 소개 | 2. 작가에 대한 소개하기 ☞ 독학으로 그림을 공부함 |
| | 감상 | 3. 작품을 자세히 감상하기 ☞ 작품의 느낌이 어떠한지 물어보기 |
| | 정서인식<br>감정이입 | 4. 작품 속 이야기 구성하기<br>• 작품 속에 등장하는 호랑이는 어떤 상태일까요?<br>• 그림 속 장면을 짧게 표현해 봅시다.<br>☞ 밀림, 비바람, 나뭇잎, 호랑이 등 낱말 제시 |
| | 정서조절<br>정서활용 | 5. 나의 삶과 비교하기<br>• 우리가 살면서 이렇게 폭풍을 만나는 순간이 있나요?<br>☞ 과거의 힘들었던 사건, 아니면 미래에 올 수 있는 어려움<br>• 이런 순간을 이겨 내는 방법을 생각해 봅시다.<br>☞ 모둠별로 태풍과 같은 어려움에 부딪혔을 때 어떻게 극복할지 함께 의논함 |

## 파울 클레의 〈학자〉: 스트레스 극복

스위스에서 태어난 파울 클레(Paul Klee)는 주로 독일에서 교육 받고 활동하였다. 천부적인 음악적 재능까지 있었지만, 유대인이라는 낙인으로 많은 고초를 겪기도 하였다. 선의 표현, 자연의 표현에 몰두하며 생각하고 연구하는 화가로서 다양한 활동을 하였다.

〈학자〉라는 이 작품은 마포(천의 일종)를 석고로 바르고 과슈로 그린 인물화이다. 눈은 동그랗게 뜨고 있지만 미간을 잔뜩 찌푸리고 입을 다물고 있는 것이 기분이 안 좋은 표정이다. 1933년에 그려진 이 그림은 나치스에 의한 무겁고 답답한 압력에 처한 그의 상황(바우하우스 등의 폐쇄 등)을 나타낸 그림이다. 이 시절에 대해서 클레는 이렇게 말하고 있다.

"가령 내가 그리스에서 온 유대인이라고 하더라도 나의 인격이나 일의 가치와는 아무 관계가 없을 것이다. 그러므로 유대인이나 외국인이 본토박이보다 열등할 리 없다는 의견을 잊어서는 안 된다. 만일 이 의견을 잊으면 나 자신을 영원히 어리석은 자로 만들게 될 것이다."

이 작품을 보고 아이와 파울 클레에 대해서 깊이 이야기할 필요는 없을 것이다. 다만, 자신의 심리적 압박감(스트레스)을 작품으로 표현하는 데 거친 재질, 단순한 듯한 색채, 단순한 몇 개의 선으로도 가능하다는 것을 느끼게 하는 것, 어느 때 내가 이런 표정을 짓는지, 그리고 이런 표정을 어떻게 극복할지 정서를 조절하는 방법을 생각하는 동기 자료로 활용할 수 있다.

**〈정서교육 활동〉: 스트레스 극복**

| 작품명 | | 클레의 〈학자〉 |
|---|---|---|
| 정서지능 요소 | | 정서인식, 감정이입, 정서조절, 정서활용 |
| 활동 | 들어가기 | 1. 작품 보여 주기 ☞ 작품명을 제시하지 않음 |
| | 배경 소개 | 2. 작가에 대한 소개하기<br>☞ 아이의 솔직한 느낌을 경청 |
| | 감상 | 3. 자세히 감상하기<br>☞ 이 작품이 왜 유명한지 생각해 보도록 함 |
| | 정서인식<br>감정이입 | 4. 작품 속 인물의 감정 알아보기<br>• 작품 속에 등장하는 사람의 직업은 무엇일까요?<br>• 이 사람은 왜 이런 표정을 짓고 있을까요? |
| | 정서조절<br>정서활용 | 5. 스트레스 순간 극복하기<br>• 나도 이런 표정을 지을 때가 있지요? 언제인가요?<br>• 스트레스를 받아서 기분이 나쁠 때 나는 어떻게 하나요?<br>• 스트레스를 푸는 좋은 방법이 있을까요? 나의 스트레스 해소법을 생각하고 모둠 친구들과 의논해 봅시다.<br>• 스트레스를 푸는 가장 좋은 방법을 뽑아 봅시다. |

## 장 프랑수아 밀레의 〈이삭 줍기〉: 피로, 슬픔, 경건

프랑스 노르망디 근처에서 가난한 농부의 아들로 태어난 장 프랑수아 밀레(Jean-François Millet)는 우리나라에서 가장 많이 알려진 화가이다. 그의 작품 중 많은 복제품이 농촌의 작은 이발소 등에도 걸릴 정도면 그의 인지도가 우리나라에서 얼마나 높은지 알 수 있다.

그러나 밀레는 현실을 있는 그대로 재현하는 것을 넘어서, 그의 마음속에 있는 또 다른 현실을 드러낸 '자연주의' 화가이다. 밀레는 고흐가 가장 존경하던 화가 중 하나이다. 농부들의 삶을 종교화 수준으로 끌어올린, 농민의 삶 속에서 인간의 다양한 삶을 바라보고 그것을 작품 속에 가득 담았다.

밀레의 그림은 그림 속 인물들에 대한 밀레의 따뜻한 시선을 느끼게 해 준다. 밀레의 작품 중 1857년 완성된 〈이삭 줍기〉는 농민 가운데에서도 가장 가난한 사람들의 모습을 다룬 작품이다. 이러한 인물을 표현함으로써 가난한 사람들을 착취하고 귀족에 대한 사회적 항의를 나타내는 극사실주의인 '자연주의' 화가의 대가로 불리는 것이다. 그러나 이 작품은 주제도 인상적이지만, 조형적으로도 견고하다. 허리를 굽혀 떨어진 이삭을 줍고 있는 두 여인과 오른편에 약간 허리를 굽힌 한 여인의 배치가 매우 짜임새가 있으며, 이 여인들의 입체감이 뒷배경을 통해 더욱 사실적으로 전달되는 작품이라고 한다. 그의 작품 속 색채는 차분하고 부드럽다. 그의 대표적인 색은 야하지 않은 황금빛, 즉 노을빛으로 화면을 따뜻하게 채우며, 〈이삭 줍기〉는 이런 따뜻함에 삶의 고단함이 무겁게 깔려 있다.

이 작품에서는 표정이 나타나 있지 않다. 그러나 정황을 통해 어떤 상황인지 공감할 수 있다. 사회에서 소외된 사람들에 대한 따뜻한 시선, 차별적 사회에 대한 비판적인 감정 등이 보이며, 그 마음을 아이들이 읽을 수 있도록 지도하는 과정에서 아이들의 정서와 인성은 깊어질 것이다.

**〈정서교육 활동〉: 피로, 슬픔, 경건**

| 작품명 | | 밀레의 〈이삭 줍기〉 |
|---|---|---|
| 정서지능 요소 | | 정서인식, 감정이입, 정서조절, 정서활용 |
| 활동 | 들어가기 | 1. 작품 제시하기<br>☞ 흥미를 끌기 위해 잠깐 보여 주고 가린 후 본 것을 동작으로 나타내게 함 |
| | 배경 소개 | 2. 작가에 대한 소개하기<br>☞ 생계를 위한 누드 화가에서, 그가 그리고 싶은 농민의 삶을 그리게 된 자연주의 화가, 고흐가 가장 닮고 싶어 했던 화가 |
| | 감상 | 3. 자세히 감상하기 ☞작품의 느낌이 어떠한지 물어보기 |
| | 정서인식 감정이입 | 4. 작품 속 인물의 감정 느끼기<br>• 작품 속 여인들은 어떤 생각을 하고 있을까요?<br>• 모둠별로 작품 속 동작들을 따라 해 봅시다.<br>☞ '조각 게임'으로 작품 속 상황을 그대로 재현하는 것이다. 모둠별로 재현을 하고 느낌이 어떤지 물어보며, 등을 구부리고 그 작은 이삭을 줍는 그들의 삶을 느껴 보도록 함 |

| 정서조절<br>정서활동 | 5. 작품 속 인물들에게 편지 쓰기 ☞ 편지 주제 제시하기<br>• 작품 속 인물들에게 공감하기<br>• 우리 주변에서 이렇게 힘들게 살아가는 사람들이 누구일까 생각해 보기<br>☞ 그들을 어떻게 바라보아야 할지, 우리가 할 수 있는 일이 무엇인지 깊이 생각해 보기 |
| --- | --- |

〈이삭 줍기〉의 인기와 겨루는 친숙한 작품으로 〈만종〉이 있다. 이 작품 또한 피폐한 농민들의 삶을 나타내고 있다. 이 작품에 대한 기존의 해석은 밭에서 씨감자를 심다가 일을 끝내고, 멀리 저녁종이 울리는 가운데 감사의 기도를 올리는 가난하지만 평화로운 장면으로 알려져 있다. 그러나 실제 이 장면은 배고픔을 참고 씨감자를 심으며 겨울을 지내던 부부가 죽은 아기를 바구니에 담아 기도하는 모습이라는 설이 있다. 이 그림 속에서 아기가 사라진 것은 출품을 앞두고 충격과 걱정을 담은 친구의 충고로 바구니에 아기 대신 감자로 채워서 그린 것이라고 한다. 이 사실은 살바도르 달리의 직관(달리는 이 그림을 보고 불안을 느꼈다고 함)과 현대 과학의 발전으로 초벌 그림을 자외선으로 투시하여 알아낸 결과라고 한다. 평화가 아닌 굶주림으로 죽은 아기의 시체를 차디찬 겨울 들판에 묻어야 하는 비극의 장면이라는, 180도 다른 이 작품의 해석은 참 흥미롭다.

그러나 이 작품을 아이들과 함께 접근할 때는 어떻게 해야 할까? 사실을 말해야 할까 아니면 출품된 대로 가난하지만 평화롭고 신앙심 깊은 부부의 사연으로 풀어야 할까? 아이들의 수준에 따라 다를 수 있겠다. 그러나 분명한 것은 작품의 분위기를 느끼는 아이들의 정서적 감수성이다. 가능한 발문은 다음과 같다.

• 작품의 분위기가 어떠한가요?
• 작품을 보고 질문하고 싶은 내용을 생각해 보세요. 여기에 밀레가 있다고 생

각하고 질문을 생각해 보세요.

이 두 가지 질문을 던져 보고 아이들이 느끼는 것에 따라서 반응을 해 주면 될 것이다. 밀레가 왜 현실보다 더 현실적인 자연주의 화가인지 극명하게 드러나는 작품이다.

## 프리다 칼로의 〈상처입은 사슴〉: 상처, 좌절, 극복

멕시코의 자랑인 초현실주의 화가이며 페미니스트들의 우상인 프리다 칼로(Frida Kahlo)는 평생을 불구의 몸으로 살았지만, 자신의 육체적 · 정신적 고통을 독특한 작품 세계로 승화시켜 전 세계가 주목하는 화가가 되었다. 버스 구조물이 몸을 관통하는 끔찍한 교통사고, 국보

급 화가인 남편 디에고(Diego)의 끊임없는 외도 등, 그녀의 그림은 거대한 사건 속에서 자신에 대한 끊임없는 관찰로 다양한 자신의 내면을 표현하고 있다. 여자로서 겪을 수 있는 모든 육체적 · 심리적 고통을 겪으면서도 맑고 강건한 생명력으로 꿋꿋하게 자신을 잃지 않았던 그녀의 삶 자체가 예술이다. 그래서 그녀의 삶은 영화로 제작되기도 했다.

개인적으로 칼로의 작품을 보노라면 고통을 너무나 격렬하고 생생하게 표현하여 마주 대하기가 어려운 작품들이 꽤 있다. 그러나 어느 누구보다도 자신의 감정에 솔직했으며 신념에 가득 찬 여성이기에 이 화가의 작품은 아이들이 한 번쯤 접해 볼 필요가 있다고 생각된다.

1946년 완성된 〈상처입은 사슴〉은 이러한 칼로의 아픈 삶, 자신의 고통을 나타내고 있다. 칼로가 동양의 종교나 전설에 관심을 갖게 되면서 나온 이 작품은 고대 아즈텍 상징을 표현하고 있다. 사슴은 오른쪽 다리를 상징하는데, 오른쪽 다리가 불구였던 그녀의 발을 상징한다. 그림을 자세히 보면 이 사슴은 빽빽한 나무 사이에서 도망칠 곳이 없이 화살을 맞고 피를 흘리며 이리저리 뛰고 있다. 이 그림에 대한 해석은 다양하다. 칼로 자신의 운명에 대한 무능력함을 상징했다는 설, 오른쪽 다리 수술의 실패에 대한 낙담을 표현한 것이라는 설과 더불어 두 번째로 재혼을 할 만큼 디에고를 사랑했으나, 그의 아이를 갖지 못하는 여성으로서 남편을 다른 여인들에게 빼앗겨야 했던 그녀의 고민을 나타내는 초현실주의 그림이라는 주장도 있다. 확실한 것은 그녀는 디에고를 너무나 사랑했고, 그가 그녀를 늘 생각해 주기를 작품으로 말하고 있다는 것이다.

**〈정서교육 활동〉: 상처, 좌절, 극복**

| 작품명 | | 칼로의 〈상처입은 사슴〉 |
|---|---|---|
| 정서지능 요소 | | 정서인식, 감정이입, 정서조절, 정서활용 |
| 활동 | 들어가기 | 1. 작품 제시하기 |
| | 배경 소개 | 2. 작가에 대한 소개하기<br>☞ 멕시코의 화가이며 육체적·정신적 고통 속에서도 자신을 잃지 않고 열정적으로 살았던 여인 |
| | 감상 | 3. 자세히 감상하기 ☞ 작품의 느낌이 어떠한지 물어보기 |
| | 정서인식<br>감정이입 | 4. 작품 속 인물과 인터뷰하기<br>☞ 교사가 칼로의 편지를 가지고 있다고 가정하고, 칼로에게 질문을 하나씩 쓰도록 함<br>• 프리다 칼로에게 질문을 해 볼까요? ☞ 교사가 답변을 함 |
| | 정서조절<br>정서활용 | 5. 상처를 주는 것에 대해서 함께 이야기하기<br>• 상처는 이런 육체적 상처도 있지만 말이나 행동으로 감정에 주는 상처도 있지요.<br>• 내가 받은 상처를 떠올려 봅시다.<br>• 상처를 준 사람에게 시를 써 봅시다. |

〈참고〉

---

### 시 쓰기 활동지

제목: _____

당신은 나에게 상처를 주었어요.

당신이 _____ 하고 말할 때

나의 마음은 _____.

그 상처는 마치 _____ 같아요.

왜 당신은 _____ ?


하지만 이제 당신을 용서할 거예요.

왜냐하면 _____ 때문이지요.

이것은 당신을 위해서가 아닙니다.

나를 위해서입니다.

---

## 앙리 마티스의 〈음악〉: 즐거움

포비즘(야수파)으로 알려진 앙리 마티스(Henri Matisse)는 작품을 통해 자신의 감정을 온전히 표현하고자 하는 거침없는 화가이다. 이 작품은 색채의 대비, 직선과 곡선의 대비 등으로 눈길을 끌며 음악을 연주하는 여인의 건강미와 생동감이 느껴지는 작품이다.

학생들에게 작품의 제목을 지어 보도록 하고, 작품 속 주인공들의 감정 상태를 유추해 보도록 한다. 또한 작품의 선과 색을 통해서 마티스가 표현하려는 감정이 어떤 감정인지 생각해 본다. 부수적으로 좋은 음악이 나에게 주었던 감동의 예를 아이들과 이야기를 나누면서, 정서를 풍부히 하는 미적 감수성을 키우는 것이 중요하며, 음악을 통해서 내 감정을 조절할 수 있음을 교육할 수 있다. 즉, 음악과 미술의 통합교육이 가능하다.

### 귀스타브 쿠르베의 〈만남(안녕하세요 쿠르베씨)〉: 반가움

있는 것을 사실대로 그리는 사실주의 화가 귀스타브 쿠르베(Gustave Coubet)의 작품이다. 화구가 담긴 상자를 짊어지고 막 역에서 내린 쿠르베 앞에 미술 애호가인 브뤼야스 씨가 인사를 하는 장면이다. 너무나 일상적인 모습을 그려서 당황스럽기까지 하지만, 이런 작품에서도 다양한 감정을 읽어 낼 수 있다.

학생들에게 그림 속에서 쿠르베를 찾게 한다. 쿠르베라고 생각하는 이유를 이야기한다. 이 과정에서 화구(이젤을 포함한)를 매고 있다는 것을 관찰해서 파악하도록 한다. 예술의 시작은 날카로운 관찰에서 시작된다는 점을 아이들에게 인식시킨다. 그리고 세 사람의 감정이 지금 어떠한지 서로 이야기를 나누면서 감정이입을 연습한다. 기발한 학생들은 주인을 따라온 개의 감정까지도 읽어 내려할지 모른다.

이 작품을 보고 '스토리텔링' 기법으로 이야기를 만들도록 할 수 있다.

### 풍속화 속 정서교육

한국화는 대부분 색보다는 선으로 표현을 한다. 따라서 형태를 보다 정확하게 전달할 수 있다. 물론 색채가 주는 정서적인 느낌을 전달하는 것이 좀 약하긴 하지만, 다양한 풍속화는 해학과 유머 등 보다 명료하고 간결하게 표현이 되는 장

점이 있다. 김홍도나 신윤복의 작품이 머리에 쉽게 각인되는 이유는 뚜렷한 주제와 명료한 선적 표현 때문이 아닐까 생각된다.

　예를 들면, 김홍도의 〈서당〉 작품을 보면 꾸중을 들은 아이가 울고 있는 모습을 얼굴이 일그러진 채로 안타깝게 바라보고 있는 선생님, 울고 있는 아이, 옆에서 재미있는 구경이나 난 듯이 빙글빙글 웃으며 쳐다보고 있는 학동들의 모습이 어렵지 않게 떠오른다. 이 작품으로 오른편 아이들은 개구진 아이들, 왼편 아이들은 혼나기 직전 친구를 보며 모르는 척 책을 넘기는 모범생들임을 유추할 수도 있다. 더 깊게는 우는 아이가 매를 맞기 전인지 후인지 아이들에게 퀴즈로 낼 수도 있다.

　신윤복의 〈월하정인〉, 은근한 초승달, 새초롬히 장옷을 쓰고 남자를 옆으로 보고 있는 여인과 여자를 재촉하는 한량의 모습은 매우 인상적이다. 재미있는 것은 그녀의 발이다. 발은 분명 그 남자를 향해 있어서 여인의 마음이 이미 남자에게 가 있음을 알 수 있다. 배경이 간략히 묘사되어 있으면서도 이들의 감정은 너무나 잘 읽혀진다. 왼쪽 담에는 이러한 상황을 설명하는 글도 몇 자 적혀 있다. "달은 기울어 밤 깊은 삼경인데, 두 사람 마음은 두 사람이 안다(月沈沈夜三更 兩人心事兩人知)."

　물론 나같은 문외한이 몇 번만 봐도 각인이 되도록 만드는 힘은 두 천재 화가들의 역량임은 분명하다.

　정서교육 차원에서 김홍도의 작품들은 얼굴 표정, 동작 등의 신체 언어를 학생들이 인식하도록 훈련시키는 데 도움이 되는 교육 자료이다. 신윤복의 작품도 작품 속 분위기를 읽는 것을 통해서 2차원의 평면 속에서 아이들이 다양한 생각과 감정을 느낄 수 있는 훌륭한 교육적 작품으로 활용될 수 있다.

## 이명욱의 〈어초문답도〉: 반가움, 예의

쿠르베의 〈만남〉과 더불어 이명욱의 〈어초문답도〉를 제시할 수도 있다. 〈어초문답도〉는 어부와 나뭇꾼이 서로 인사를 나누는 장면을 그린 것이다.

당나라 소식(蘇軾)의 〈어초한화(漁樵閑話)〉를 소재로 한 이명욱의 〈어초문답도〉는 그의 뛰어난 기량을 잘 보여 주고 있다. 나무꾼(樵父)은 도끼를 허리춤에 차고 긴 막대를 메고 있고, 어부(漁父)는 낚싯대를 둘러메고 왼손에는 낚은 고기를 들고 있다. 어부와 나무꾼은 생활환경이 다르지만 서로 친한 인상을 준다. 음영을 넣은 정밀한 얼굴 묘사라든지 바람에 나부끼는 옷 주름의 능숙한 처리, 대각선 구도를 이용한 변화 있는 배치로 인해 생동감이 넘친다.

이 작품을 활용하여 작품 속 인물들의 직업을 유추해 낼 수 있다. 상대의 기분을 알아내는 기본은 '관찰'이다. 이 관찰은 훈련을 통해 상승된다. 도끼를 허리춤에 차고 있는 인물, 물고기가 꿰어 있는 줄과 긴 장대를 들고 있는 인물들을 보면서 나무꾼과 어부라는 것을 유추할 수 있다. 아울러 둘이 어떤 이야기를 나누는지 말풍선 채우기나 시나리오 대본의 형태로 작성할 수도 있을 것이다. 이 작품을 보면 분명 표정이 있다. 어부의 밝은 표정, 나무꾼의 손짓을 보면서 분명 둘 사이에는 화기애애한 분위기가 느껴진다. 이러한 분위기를 읽을 수 있는 것도 중요한 정서교육이 된다.

〈어초문답도〉나 쿠르베의 〈만남〉을 감상한 후 인사를 하는 이유, 인사의 중요성, 인사 방법 연습으로 수업을 진행할 수 있다. 인사는 대인관계를 맺는 기본 방법이다. 이러한 것이 딱딱한 훈화가 아닌 작품을 통해 자연스럽게 연습으로 이어지면 아이들의 정서지능 향상에 도움이 될 것이다.

## 색을 활용한 정서교육

조형의 2대 요소는 선과 색이다. 이 선과 색을 통해 화가들은 많은 이야기를 한다. 구체적인 사물로, 아니면 선과 색에 충실한 추상화로 말이다.

미술 작품을 통한 정서교육은 작품으로 응축된 화가들의 스토리, 그것을 느껴 보는 점에서 공감교육으로 우수하기도 하지만, 화가의 일생을 잘 모르더라도 작품을 보면서 감상하는 사람의 감정이 투사가 된다는 점에서 더욱 훌륭한 정서교육의 자료가 된다. 사람들의 정서를 파악하는 최고의 도구 중 하나인 로르샤흐(Rorschach) 잉크반점 검사도 결국 시각적인 투사검사이다. 미술 작품으로도 우울, 불안, 대인상, 자기상 등, 많은 부분을 파악할 수 있다는 점은 시각 자료, 특히 이야기를 담고 있는 미술 작품들이 아이들의 정서를 유발하고 그 정서를 다듬는 교육에 큰 도움이 될 수 있음을 증명한다.

미술의 또 다른 요소인 '색'을 통해서도 정서지능 교육이 가능하다.

같은 붉은색이라도 화가의 의도에 따라 다르게 표현된다. 피카소의 붉은색과 고흐의 붉은색, 마티스의 붉은색, 뭉크의 붉은색, 고야의 붉은색은 분명 다른 감정을 불러일으킨다. 대표적으로 고흐의 〈아를의 반 고흐의 방〉, 마티스의 〈붉은 방〉, 뭉크의 〈불안〉, 고야의 〈돈 마누엘 오소리오의 초상〉을 비교해 보아도 알 수 있다. 조형의 2대 요소인 선과 색을 통해서 화가들은 자신의 감정을 표현하며, 이것을 아이들이 나름대로 마음속으로 경험할 수 있다는 것은 매우 깊은 정서적인 감수성이 형성되었음을 의미하는 것이다. 기회가 된다면 다양한 작품들 속에서 빨강, 파랑, 노랑이라는 색의 3원색이 화가의 감정을 어떻게 묘사하고 있는지 색을 통해 정서교육을 하는 것도 매우 의미가 있을 것이다.

고흐의 〈아를의 반 고흐의 방〉

마티스의 〈붉은 방〉

뭉크의 〈불안〉

고야의 〈돈 마누엘 오소리오의 초상〉

열둘

# 교실 속 정서교육 실천 1

〈프로그램 개요〉

| 단계 | 프로그램명 | 정서지능 영역 |
|---|---|---|
| 1단계 | 같은 듯 다른 우리들(MBTI) | 자기 및 타인 이해 |
| 2단계 | 내 마음을 나타내는 말들 | 정서인식, 정서표현 |
| 3단계 | 감정을 묶을 수 있어요 | 정서인식, 정서표현 |
| 4단계 | 감정 보드 게임하기 | 정서인식, 정서표현 |
| 5단계 | 책 속 인물들의 감정 읽기 | 정서인식, 정서표현, 감정이입 |
| 6단계 | 감정 스토리텔링 | 감정이입, 정서활용 |
| 7단계 | 놀면서 익히는 감정 공부 | 감정이입, 정서활용 |

* 각 프로그램에서 활용한 PPT와 활동지는 학지사 사이트 자료실에서 제공

## 1단계: 같은 듯 다른 우리들(MBTI)

살면서 나 자신이 누구인가, 나와 관계를 맺고 있는 사람들이 어떤 사람들인가를 이해한다는 것은 매우 중요하다. 유치원에서 시작되는 자기 소개는 성장하면서 인생 전반에서 새로운 사람들을 만날 때마다 계속된다. 그러나 여기서 말하

는 인간에 대한 이해란 "1남 1녀의 첫째이고요, 일산에 살고요, 취미는 독서이고요."라는 피상적인 정보 교환을 넘어선다. 즉, 내가 또는 상대가 어떤 행동을 할 때 그 마음과 이유를 이해한다는 차원이다.

인간의 마음과 행동에 대한 이해는 인류가 존재하면서 계속되어 왔다. 그것을 중점적으로 연구하는 학문이 철학과 심리학이고, 요즘 유행하는 '인문학'이 바로 우리에 대한 연구이다. 나, 너, 우리를 이해해야 하는 이유는 무엇일까? 보다 잘 이해하고 행복하게 살기 위해서이다. '나'라는 존재, '너'라는 존재를 어떻게 이해하느냐에 따라 '삶'을 바라보는 방식, 생활 패턴, 대인관계의 무늬가 달라진다. 즉, 이러한 인식의 패턴이 다르기에 인지주의 학습이론에서 말하는 '주의(attention)'와 '지각(perception)'이 차이가 나고, 이에 따라 대인관계 속에서의 사고, 행동, 정서, 태도 등이 모두 다르게 나타난다. 이렇게 우리의 다름을 만들어 내는 요소를 학자들은 갖고 태어나는 '기질'이니, 주 양육자와의 관계에서 형성되는 '성격'이니 등으로 정의를 내린다. 이런 '나'의 이해는 성찰의 메타(meta) 사고, 즉 감정을 조절하고 객관적으로 나를 이해하는 사고를 키우게 되고, 마음의 흐름과 행동을 관리할 수 있는 힘을 기르게 한다. 이런 마음의 근육을 키우는 것은 나에 대한 이해에서 시작된다.

어찌 보면 '성격검사' '심리검사' 등에 사람들이 유난히 흥미를 보이는 것은 '나를 이해하고자 하는' 욕구가 있어서 그럴 것이다. 인간은 다른 동물과 달리 자신을 성찰하는 지구상의 유일한 존재라고 하지 않는가?

이 차시의 활동에서는 학생들 수준에서 나를 이해하고 수용하며, 더 나아가 주변의 사람들을 이해하는 계기를 마련하고자 한다. 대화를 오래 하다 보면 어렴풋이 알 수 있는 성격이지만, 보다 구체적으로 상대를 인식할 수 있는 경험의 과정이 중요하기에 성격을 빠른 시간에 파악할 수 있는 심리검사를 활용하였다. 그중에서 MBTI라는 공인된 성격유형 검사로 나와 우리를 이해하는 수업을 진행해 보았다.

사실, 신뢰도와 타당도를 배제한다면 성격검사의 종류는 많다. 말하기 조심스럽기는 하나 한때 사람의 혈액형으로 소심한 무슨 형, 변덕스러운 무슨 형, 단순한 무슨 형, 사이코 같은 무슨 형 하면서 재미삼아 이야기하더니 어느덧 "그 사람이 B형이잖아. 어쩐지 바람둥이더라고." 하면서 아예 혈액형으로 한 사람을 규정하고 마는 이상한 현상까지 유행하였다. 심지어 혈액형으로 아이들을 나누어 그에 맞는 수업을 진행한다는 일본 학자도 있었다. 단백질의 조합이 달라서 혈액형이 나누어진 것인데, 네 개의 혈액형으로 사람을 규정짓는 것은 참 어불성설이라는 생각이 든다. 심리검사 입장에서 보자면 신뢰성이 있지도 타당하지도 않다.

아이들과 자기 이해를 위한 공인된 성격검사로 MBTI, 에고그램(egogram), 에니어그램(enneagram), DISC 등 여러 검사들이 있다. 나름대로 인간에 대한 이해에 도움을 준다. 그리고 다른 활동에 비해서 이런 성격검사 활동은 많은 흥미를 불러일으킨다. 그러나 이 활동을 하면서 자칫 겪을 수 있는 실수는 이 검사를 왜 하는지, 이 활동을 왜 하는지 그 목적을 잃은 상태에서 혈액형별 성격을 보듯이 그야말로 재미삼아서 해 본다는 것이다.

내 경우에는 상담심리를 전공했고, 상담을 위한 심리검사 도구들을 익히기 위해 많은 비용을 들여 배우러 다녔다. 배우러 다닌다는 것은 시간과 경제적인 대가를 지불해야 하고, 아울러 배움의 증거로 연구소에서 요구하는 과제들을 제출해야 한다는 것을 뜻한다. 이 과정에서 이 검사들이 막대한 시간과 돈을 들여서 만든 심리검사인 만큼 사용하는 데 신중을 기해야 한다는 검사 윤리도 배운다. 저작권에 위배되지 않도록 심리검사의 규칙을 따라 주어야 하는데, 어느덧 인터넷에 검사 도구가 퍼져 있는 경우도 적지 않다. 무엇보다 심리검사 도구에 대한 깊은 성찰 없이 피상적으로 이해한 상태에서 적용하려는 태도도 문제이다.

심리검사 도구를 얼마나 잘 활용하느냐는 정식 워크숍에 참여한 사람과 그렇지 않은 사람에 따라 차이가 있다. 그 핵심에는 목적의식이 확실한가를 가늠하는 것이 포함될 수도 있다. 최소한 내가 아이들에게 적용을 할 생각이 있다면, 기본 검사 도구 교육과정에라도 참여하여 우선은 교사로서의 '나'를 이해하는 시간을 가져야 한다. 더 나아가 나와 다른 유형들을 관찰하면서 그 특징을 익히기 위해 노력해야 한다. 나를 제대로 이해해야 상대를 이해할 수 있기 때문이다.

MBTI 검사를 어린이에게 적용하는 경우, MMTIC 검사가 있다. 그런데 이 검사로 하게 되면 아이들 중에는 미결정으로 나오는 경우가 많다. 따라서 간단히 자신을 이해하는 정도로 간이 검사를 진행하는 것이 낫다. 하지만 개인상담을 하거나 개인적으로 심도 있는 성격검사를 하는 경우에는 정식 검사를 사용하는 것이 옳다.

다시 한 번 말하지만, 성격검사 자체가 중요한 것이 아니다. 성격검사 후의 과정을 통해서 나를 알아 가는 과정이 중요하다. 더 나아가 주변 친구들을 있는 그대로 이해하는 것, '다름에 대한 수용'이 이 활동의 목표이다.

〈진행 순서〉

| 주제 | 같은 듯 다른 우리들 |
|---|---|
| 활동 목표 | 1회차: MBTI를 활용하여 나의 성격 특성을 이해해 보자.<br>2회차: MBTI를 활용하여 나와 우리의 특성, 학습유형을 알아보자. |
| 활동 전개<br>(1회차) | 1. 성격검사의 특징 이해하기<br>☞ 좋아하는 음식이 서로 다르듯이 성격 또한 다른 것이지 더 좋고 더 나쁜 것이 없음을 이해시킨다.<br><br>2. 성격검사하기(약 10~15분)<br><br>3. E-I, S-N, T-F, J-P의 특성 이해하기<br>☞ 정신적 에너지의 초점 유형, 정보 수집 방법, 판단 방법, 생활양식의 특징을 설명한다.<br><br>4. 내가 발견한 나의 성격적 특징을 찾아서 기록하기(학습지 활용)<br>☞ 성격적 특징에 대해서 PPT로 이해시키고, 그것을 참고로 자신의 성격을 이해하도록 한다. |
| 활동 전개<br>(2회차) | 1. 성격을 기능별인 SP, SJ, NF, NT로 그룹을 나누어 공통점 공유하기<br>질문1: 우리가 좋아하는 것은? 나의 취미는?<br>질문2: 우리가 싫어하는 것은? 스트레스는?<br>질문3: 우리의 공부 스타일은?<br>기타: 우리의 별명은? 남들이 보는 내 이미지는? 내가 생각하는 내 이미지는?<br>☞ 앞의 질문들을 중심으로 4절 도화지 2~3장에 의논해서 쓰도록 한다.<br><br>2. 기능별 유형으로 발표하며 특징 파악하기<br>☞ SP, SJ, NF, NT별로 발표를 한다. 각 유형별로 발표한 후 교사가 작성한 각 유형의 일반적인 특징들을 알려 준다.<br><br>3. 최종적으로 나의 특징, 학습유형, 살릴 장점과 조심해야 할 점을 기록하며 정리하기 |

\* PPT, 활동지 제공

〈활동 사진〉

| | | |
|---|---|---|
| NF가 많은 학급 | 나의 세계를 지켜 주세요, ISP | 개성파들의 모임 ESP |
| 군더더기 없이 깔끔하게 SJ | 초집중 SJ | 돌려 쓰기로 가장 빠르게 과제 해결 SJ |
| 논리적, 상호 침범 안 하는 ENT | 같이 하지만 따로 NT | 서로 말이 없는 INT |
| 우선은 둥글게 모인다 NF | 조용, 협조적인 INF | 시끌벅적 친목회 ENF |

〈활동 결과물〉

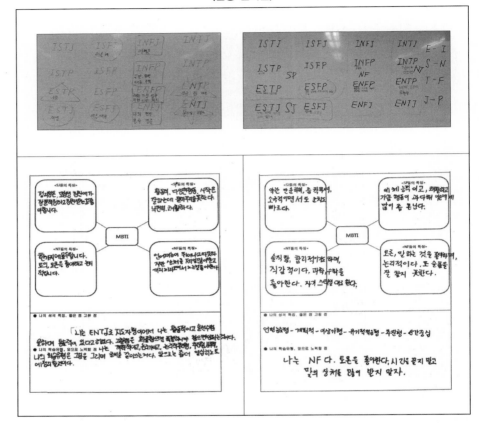

## 2단계: 내 마음을 나타내는 말들

정서지능의 첫 단계는 자신과 타인의 감정을 '인식'하는 것이다. 상황 속에서 내가 어떤 감정을 느끼고 있는지 알아차리는 것은 나를 통제하는 첫 단계이다. 알아차린다는 것은 내 감정과 타인이 느끼는 감정을 언어로 표현할 수 있다는 것이다.

1부에서도 이야기했지만, 우리들은 생각보다 감정을 표현하는 것에 인색하다. 이러한 인색함이 자신의 감정을 알아차리는 것을 차단시켜 '감정의 무덤'이나

'감정의 폭발'을 일으킨다.

활동을 하면서도 아이들과 알고 있는 감정 단어를 이야기하는데, 감정과 도덕
덕목을 헷갈려 하고 감정 단어를 생각보다 잘 이야기하지 못한다. 감정은 자연스
러운 것이고 놔두면 서서히 성장한다는 말이 맞지 않다는 의미이다. 감정은 변
연계에서 자연스럽게 느껴지는 것이지만, 그 감정을 파악하고 표현하는 인식의
과정은 전두엽 영역에서 이루어지고, 이는 인지와 마찬가지로 훈련되어야 한다.

### 〈진행 순서〉

| 주제 | 내 마음을 나타내는 말들 |
|---|---|
| 활동 목표 | 다양한 정서어휘를 익히고 표현할 수 있다. |
| 활동 전개 (1회차) | **1. 감정의 브레인스토밍과 브레인라이팅**<br>☞ 모둠원(4~5명) 모두 포스트잇을 받는다. 포스트잇에 아는 정서어휘를 쓴 후, 오른쪽 친구에게 넘기고, 왼쪽 친구가 넘겨준 포스트잇에도 역시 정서어휘를 쓴다. 이 작업을 3~4분이라는 제한된 시간에 게임 형식으로 한다.<br>☞ 옆 모둠과 교환을 하여 겹친 어휘를 빼고 가장 많은 정서어휘를 쓴 모둠에게 보상을 한다.<br><br>**2. 감정의 거미줄**<br>☞ 우리 모둠이 쓴 어휘들을 정리하고, 그 어휘들만을 이용해서 이야기를 구성한다. 주제나 이야기 방식은 모둠별로 자유롭게 구성한다.<br>☞ 구성한 이야기를 모둠별로 발표하고 정서어휘가 다양하게 쓰일 수 있음을 공유한다.<br><br>**3. 이구동성 감정 알아맞히기**<br>☞ PPT에 쓰여진 사례를 본다. 사례에 맞는 정서어휘를 생각한다. 교사의 구령에 맞추어 모둠원이 이구동성으로 감정을 이야기한다. 모둠원이 말한 감정이 동일하면 점수를 부여한다(사전에 다른 어휘를 말한 친구를 비난하지 않도록 약속한다).<br>예) 양말을 짝짝이로 신고 갔다 → 당황스럽다, 부끄럽다, 창피하다 |

\* PPT, 활동지 제공

〈활동 결과물〉

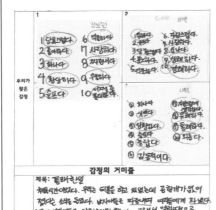

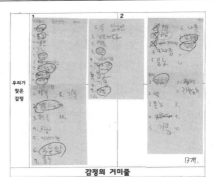

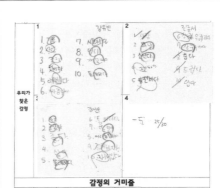

## 3단계: 감정을 묶을 수 있어요

정서지능의 첫 단계는 정서인식이다. 정서인식을 제대로 하려면 정서표현과 관련된 어휘를 많이 알고 있어야 한다. 이런 어휘는 교과를 가르치는 과정에서나 주변 상호작용을 통해서 저절로 길러질 것이라고 생각한다. 그러나 우리의 감정 표현이 어려운 것은 우리 문화의 영향도 있지만, 정서어휘의 부족함에도 그 이유가 있을 것이다. 물론 정서어휘를 교과 지식처럼 형식적으로 가르치는 것보다는 책을 통해 맥락 속에서 저절로 터득하는 것이 바람직할 것이다. 그러나 어휘가 부족해지면 표현도 부족해진다. 따라서 이런 정서어휘에 자주 접하게 할 필요가 있다.

교과서에 나오는 정서어휘들을 열거한 논문을 찾아보면 정서어휘들이 매우 다양하고 많음을 깨닫게 된다. 이 중에서 아이들이 아는 감정은 생각보다 많지 않다. 하지만 분명 이런 어휘들을 많이 접해 보면서 정서어휘는 풍부해지고 자신과 타인의 감정을 이해하는 폭도 넓어지게 된다. 아는 만큼 세상이 보이듯, 아는 만큼 내 감정을 더 잘 이해하고 타인의 감정을 더 잘 공감할 수 있다.

**〈진행 순서〉**

| 주제 | 감정을 묶을 수 있어요 |
|---|---|
| 활동 목표 | 다양한 정서어휘를 익히고 표현할 수 있다. |
| 활동 전개<br>(1회차) | 1. 감정의 구슬들<br>☞ 모둠별로 각기 다른 정서어휘를 쓴 유인물을 한 장씩 배부한다.<br>☞ 학생들은 정서어휘를 보면서 내가 아는 말과 모르는 말을 구분해 본다.<br>☞ 혹시 비슷한 감정이 있는지 찾아보고, 이렇게 많은 감정들을 어떤 기준으로 묶을 수 있는지 알아본다.<br><br>2. 꿰어야 보배<br>☞ 자유롭게 감정들을 묶을 기준들을 발표한다.<br>☞ 감정의 목걸이를 소개한다(기쁨, 슬픔, 두려움, 괴로움, 분노).<br>☞ 모둠별로 나누어 준 정서어휘 유인물을 오려서 교사가 나누어 준 '대표 감정' 종이에 분류해서 붙인다.<br>예) '기쁨(목표한 것을 달성했을 때의 느낌)' 판에 오린 정서어휘 중에서 기쁨에 해당하는 정서어휘를 붙인다. 슬픔, 두려움, 괴로움, 분노도 마찬가지로 진행한다. |

주의점) 이 과정에서 학생들이 분류를 어려워할 수 있다. 국어사전을 준비해서 뜻을 찾아보도록 해도 좋고, 어느 정도 고민하게 한 다음 답에 해당하는 목록표를 주고 참고하도록 한다.
☞ 찾은 정서어휘 중에서 두 가지를 선택해서 짧은 문장을 짓도록 한다.
☞ 지은 문장을 서로 공유한다(발표나 모둠별로 바꾸어서 채점하기 등).

\* PPT, 활동지 제공

〈활동 결과물〉

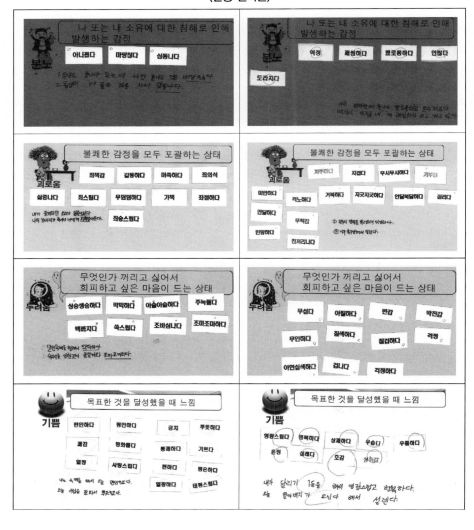

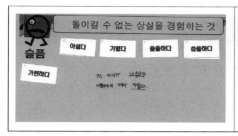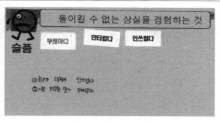

## 4단계: 감정 보드 게임하기

　아이들은 게임 속에서 자신의 감정을 다양하게 표현한다. 매우 조용해 보이는 학생도 게임에 몰입해서 자신의 감정을 있는 그대로 표현하는 경우가 많다. 이런 게임 상황이 정서와 관련된 보드 게임이라면 학생들에게는 더욱 도움이 될 것이다.

　내 경험으로는 몇 가지 다양한 정서 게임이 있으나 감정코칭으로 유명한 연구소에서 들여온 게임으로 학생들의 정서를 훈련하는 것이 효과적이었다. 게임에서 아이들은 말을 던져서 그 칸에 이르면 그 칸에 그려진 얼굴 표정을 말하거나 그런 감정을 느끼는 순간을 이야기한다. 놀람 카드에 걸리면 보너스를 얻어 앞으로 가거나, 뒤로 가거나, 갑자기 몇 단계 앞으로 가기도 한다. 앞서 가던 친구가 갑자기 10칸 이상을 절망적으로 추락하든가 제일 뒤처졌던 친구가 갑자기 몇 단계 점프를 하는 희열의 순간을 겪기도 한다. 아이들은 순간순간 다양한 감정을 느끼고 발산한다. 이 게임에서 학생들이 배우는 것은 자기 차례가 올 때까지 인내하는 것이다. 또 좌절이나 기쁨의 순간 자신의 감정을 적절히 조절하며 게임에 몰두하는 것이다.

　게임이 끝나고 보상과 더불어 게임을 하면서 느꼈던 감정에 대해서 이야기를 나누면 더욱 풍성한 수업이 될 수 있다. 아이들의 생활, 움직임은 모두 정서교육의 자료가 될 수 있다.

〈진행 순서〉

| 주제 | 감정 보드 게임하기 |
|------|------|
| 활동 목표 | 게임을 통해서 다양한 감정을 인식하고 표현할 수 있다. |
| 활동 전개<br>(1회차) | **1. 감정 스피드 퀴즈**<br>☞ 한 명이 화면의 감정을 표현하고 나머지 모둠원이 맞히는 형식으로 진행한다.<br>☞ 스케치북이나 PPT 자료를 활용한다. 이때 감정은 얼굴 표정이나 정서어휘가 쓰여 있으면 된다.<br>☞ 설명하는 사람은 친구들에게 그 감정을 설명하거나 그런 감정을 느끼는 순간의 예를 들어 전달한다.<br>예) 시험을 보았는데 100점을 받았을 때 느끼는 감정입니다. → 답: 기뻐하다<br>예) 키우던 강아지가 죽었을 때 느끼는 감정입니다. → 답: 슬프다<br><br>**2. 감정 보드 게임하기**<br>☞ 교사가 보드 게임에 대해서 설명한다(방법, 규칙 등).<br>☞ 3~5명이 한 그룹이 되어 게임을 진행한다(게임 전에 유의사항을 모두 알리는 것이 좋다).<br>예) 주사위를 바닥으로 던지는 학생들의 행동을 예방하기 위해 주사위를 던질 때 책상 밑으로 떨어지면 인정하지 않는다든지, 먼저 도착한 친구가 할 수 있는 혜택, 놀람 카드를 맨 윗장에서 뽑아 크게 읽고 지시대로 한 후 그 카드는 맨 밑으로 놓기 등을 미리 알리는 것이 좋다. |

\* PPT, 활동지 제공

〈활동 사진〉

감정 스피드 퀴즈 "뭘 말하지?"

감정 스피드 퀴즈 "잘 좀 설명해 봐!"

감정 보드 게임의 뜨거운 열기

감정 보드 게임 "앗, 이럴 수가!"

## 5단계: 책 속 인물들의 감정 읽기

감정을 인식하고 표현하는 과정에서 맨 처음에는 나와 거리가 있는 명료한 자료를 활용하고 차츰 자신의 이야기로 표현하도록 수업을 진행하는 것이 효과적이다. 비교적 내용 이해가 쉬우면서도 인간의 깊은 감정을 알 수 있는 자료는 문학 작품, 영화, 시 등 다양하지만, 시간의 제약을 덜 받고 아이들의 집중력을 고려하여 짧은 시간에 제시할 수 있는 자료로는 동화책이 제격이다. 같은 동화 작품이라도 그 속에서 찾아내는 것은 학년별, 수준별로 얼마든지 달라지고 생각이 확장될 수 있는 이점도 있다.

이번 단계는 감정 읽기뿐만 아니라 학생들이 자신의 언어 사용에 대해서 성찰하고 공유하는 시간을 갖도록 하는 것에 의의가 있다.

### 〈진행 순서〉

| 주제 | 작품 속 인물들의 감정 읽기<br>동화 자료: 아네스 드 레스트라드의 『낱말 공장 나라』 |
|------|------|
| 활동 목표 | 작품 속에 등장하는 인물들의 감정을 이해하고 표현할 수 있다. |
| 활동 전개<br>(1회차) | **1. 작품 만나기**<br>☞ 『낱말 공장 나라』 작품을 읽어 준다.<br>☞ 등장인물들(필리아스, 시벨, 오스카)의 감정에 주의하여 듣도록 하며 다시 한 번 작품을 읽어 준다.<br><br>**2. 작품 인물의 감정 만나기**<br>☞ 등장인물들이 어떤 감정을 느꼈으리라 생각하는지 학습지에 쓰고 공유한다.<br>　예) • 가난한 필리아스가 사랑하는 시벨을 만나도 표현할 낱말이 없어서 무척 답답했겠다.<br>　　　• 부자인 오스카가 시벨에게 사랑한다는 말을 힘차게 할 수 있을 때 필리아스는 답답하고 괴롭고 질투가 나고 초라하고 안타까웠겠다.<br>　　　• 시벨이 필리아스의 마음을 알고 볼에 입 맞추었을 때, 필리아스는 너무 행복하고, 황홀하고, 설레었겠다.<br><br>**3. 우리들의 말, 말, 말**<br>☞ 내가 사고 싶은 말 세 가지: 전체가 빠른 속도로 발표를 하고 우리반에서 가장 인기 있는 말을 알아본다.<br>☞ 내가 가장 듣기 싫은 말 세 가지: 전체가 빠른 속도로 발표를 하고 친구들 사이에 공통적으로 듣기 싫어하는 말을 알아본다. 내가 듣기 싫은 말은 상대방도 듣기 싫으므로 말을 아름답게 써야 한다는 인식을 하도록 한다. |

| | |
|---|---|
| | ☞ 내가 가장 듣고 싶은 말 세 가지: 전체가 빠른 속도로 발표를 하고 우리반 친구들이 가장 듣고 싶은 말이 무엇인지 알아본다. 내가 듣고 싶은 말은 상대방도 마찬가지로 원하는 말이니 친구관계를 좋게 하려면 이런 말들을 많이 써야 함을 알린다.<br>☞ 내가 하고 싶은 말: 누구에게 어떤 말을 하고 싶은지 원하는 학생들이 발표를 하고 서로 공유하도록 한다. |

\* PPT, 활동지 제공

〈활동지〉

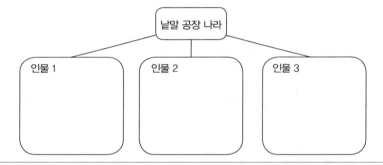

| 주제 | 감정의 주인 되기 | 차시 | | 활동 시기 | |
|---|---|---|---|---|---|
| 활동 주제 | 책 속 인물들의 감정을 이해하고 분석하기 | | | 이름 | |

『낱말 공장 나라』의 이야기 속 인물들의 이름을 쓰고, 각 인물들이 느낀 감정을 알아내어 써 봅시다.

낱말 공장 나라

인물 1  인물 2  인물 3

• 낱말 공장 나라에 산다면 내가 사고 싶은 세 가지 말은?

---

• 내가 가장 듣기 싫은 말
 − 누구에게 자주 들나요?
 − 듣는 말은 어떤 말인가요?
 − 그 말을 들을 때 느낌은? 그 사람에게 하고 싶은 말은?

• 내가 가장 듣고 싶은 말
 − 누구에게 자주 듣고 싶나요?
 − 어떤 말을 듣고 싶나요?
 − 그 말을 들을 때 느낌은?

• 내가 가장 하고 싶은 말
 − 누구에게 말하고 싶나요?
 − 어떤 말을 하고 싶나요?
 − 왜 말하고 싶나요?(그 말을 할 때 어떤 느낌이 드는지)

〈활동 결과물〉

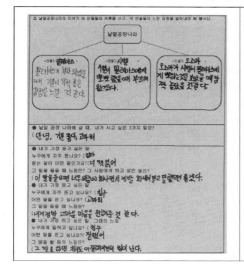

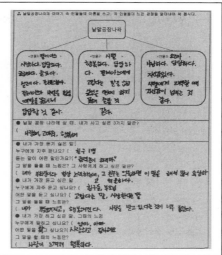

## 6단계: 감정 스토리텔링

감정이 다양하게 드러나는 동화 자료를 보다 살아 있는 자료로 활용하면서 감정 훈련을 할 수 있는 방법이 '감정 스토리텔링'이다. 동화나 문학 작품은 객관적인 3인칭 시점 또는 주인공의 시점에서 이야기가 전개된다. 그런데 간혹 다양한 시점에서 이야기를 풀어 가는 소설들이 눈에 띈다. 같은 사건인데 그 사건에 대한 이야기는 사람들의 관점에 따라 달리 펼쳐지면서 이것을 읽는 독자로서 '아, 이런 기분이었겠구나.' 하고 깨닫기도 한다. 최근 『행복만을 보았다』는 프랑스 소설이 한때 소설계에서 유행이었다. 같은 충격적인 사건에 대해서 아버지와 딸의 관점에서 상황이 기술되면서 구성도 풍부해지고 각 인물들의 입장이 이해가 되면서도 오해를 받는 상황들을 보니 안타까움이 더함을 느꼈다.

이러한 상대의 입장 이해에 대한 작업은 쉬운 동화를 통해서 체험이 가능하다. 즉, 한 시점으로 기술된 이야기를 각 등장인물의 입장에서 재구성하면서 각 인물의 감정이 어떤지 깊이 있게 이해할 수 있는 것이다. 이러한 감정의 이해가 바로 '공감'이다. 공감은 직접 경험하면서 배우는 것이 최선이겠지만, 다양한 자료를 통해 의도적으로 입장을 바꾸어 생각해 보는 과정에서 간접적으로 더 배울 수도 있다. 결국 공감도 연습이라는 것이다.

**〈진행 순서〉**

| 주제 | 감정 스토리텔링<br>동화 자료: 줄스 파이퍼의 『짖어봐, 조지야』 |
|---|---|
| 활동 목표 | 1. 작품 속에 등장하는 인물들의 감정을 이해할 수 있다.<br>2. 인물의 감정을 나타내거나 바꾸었을 때의 상황을 이야기로 구성할 수 있다. |
| 활동 전개<br>(1회차) | **1. 작품 만나기**<br>☞ 『짖어봐, 조지야』 작품의 제목을 보며 왜 조지가 짖지 못할지 상상하도록 한다.<br>☞ 『짖어봐, 조지야』 작품을 읽어 준다.<br><br>**2. 작품 인물의 감정 만나기**<br>☞ '강아지 조지는 왜 짖지 못했을까?' 조지의 입장에서 생각해 보기<br>　예) • 조지는 다른 동물들과 소통하고 싶었다.<br>　　　• 조지가 엄마보다는 고양이, 오리, 소, 돼지와 함께 지내는 시간이 많아서 그<br>　　　　말에 익숙해졌다. 조지는 강아지가 아닌 고양이로 살고 싶었다.<br>☞ 강아지 조지에게 하고 싶은 말하기(공감의 대화)<br>　예) • 조지야, 참 답답했겠다. 너도 엄마의 요구처럼 짖고 싶었겠지?<br>　　　• 조지는 청소년인가 보다. 내가 어떤 개가 되어야 하는지 고민을 하다 보니<br>　　　　이리저리 나와 다른 나를 마음속에 품은 것 같다.<br><br>**3. 이야기의 재구성**<br>☞ 등장인물의 감정을 중심으로 이야기 구성하기(짝 활동)<br>　• 왜 조지가 '멍멍' 짖지 않았는지 생각하면서 이야기를 구성한다.<br>　• 엄마의 입장 또는 의사의 입장에서 이야기를 구성할 수도 있다.<br>☞ 구성한 이야기를 서로 읽어 보고 공유한다. |

\* 활동지 제공

〈활동 결과물〉

# 7단계: 놀면서 익히는 감정 공부

정서 훈련을 '학습'이라는 구조적 틀에서 접근할 수도 있지만, '놀이'를 통해서 자연스럽게 접근할 수도 있다. 다양한 게임이 있겠지만 상대와 나의 정서를 보다 세밀하게 파악할 수 있는 게임 중에 '마피아 게임'을 수업 중에 활용해 보았다. 마피아인 학생들은 자신을 속여야 하고, 시민인 학생들은 자신이 시민임을 어필해야 한다. 자신의 감정을 있는 그대로 또는 반대로 조절을 해야 하는 고도의 감정 게임이다. 또한 서로의 표정과 말투를 보면서 진심인지 아닌지 판단해야 한다.

상대의 말이 진실인지 아닌지 말이 아닌 비언어적인 요소로 파악해야 하는 마피아 게임은 상대의 진정한 감정을 파악하기 좋은 정서지능 훈련의 기회가 될 수 있다.

한 학급을 대상으로 할 때는 전체를 '2중 ㄷ자' 배열로 앉게 한다. 다음의 PPT 자료는 전체 26명 학급에서 13명씩 반으로 나누어서 진행하는 자료이다. 40분에 두 번의 게임을 할 수 있는데, 13명씩 두 번을 하면 된다. 먼저 13명이 '안쪽

ㄷ자'로 앉고 패를 뽑으면 시작된다. 13명을 둘러싼 '바깥쪽 ㄷ자'에 앉은 학생
들은 게임이 진행되는 것을 보면서 함께 추측은 하되 절대 말을 하지 않고 관람
만 하도록 한다. 첫판이 끝나면 관람팀이 게임에 참여하기 위에 안으로 앉는다.
게임을 한 후 서로 느낀 점을 이야기하고 감정을 가장 잘 숨기거나 위장한 학생
을 뽑도록 한다.

| 마 피 아 게 임 |   <br>마피아<br>4명　시민<br>8명　의사<br>1명 |
| --- | --- |
| 순서<br><br>※ 사회자의 지시에 절대복종한다.<br>1. 쪽지를 받고, 다른 사람 모르게 자신이 시민인지 마피아인지 확인한다.<br>2. 마피아끼리 서로를 확인한다.<br>3. 돌아가면서 자신이 시민임을 주장한다.<br>4. 눈을 감고 엎드린다. 마피아가 죽일 한 명의 시민을 지목하고, 의사가 살릴 한 명의 시민을 지목한 | 다. 지목한 사람이 같으면 살고, 아니면 죽는다.<br>5. 전체가 일어나서 마피아로 추정되는 사람을 한 명 지목한다. 지목된 사람을 죽일지 살릴지 투표로 정한다.<br>6. 다시 엎드리고, 마피아는 죽일 시민 한 명을 지목하며, 의사는 살릴 시민 한 명을 지목한다.<br>7. 시민과 마피아 수가 같아지거나, 마피아가 모두 죽으면 게임은 종결된다. |

* PPT 제공

아이들과 이 활동을 하면서 흥미로운 점을 발견하였다. 평상시 자기 표현이 활
발하고 표정이 크며 적극적인 친구들은 쉽게 감정이 읽히고 시민이나 마피아로
쉽게 가려졌다. 이에 비해 말이 많지 않고 수업 중에 적극적이지 않은 아이들은
친구들에게 자신의 감정을 쉽게 들키지 않았다. 이것을 어떻게 해석해야 할까?
얼굴 표정이 적은 학생들이라서 당연히 감정을 숨기기가 쉬웠을 것이고, 활발한
친구들은 자신의 과한 표정이나 행동이 부자연스러워서 알아채는 단서가 되었
을 수도 있겠다. 좀 더 생각해 보자면, 평소에 표현이 적극적인 학생들은 친구들
과 활발하게 상호작용을 했을 테고, 친밀감을 형성하면서 감정 표현이 쉽게 읽혀
졌을 것이다. 이에 비해 표정이 없는 학생들은 표정이 풍부하지 못한 기질로 인

해 친구들과의 상호작용이 그만큼 활발하지 못한 것일 수 있다. 결국은 교실에서 친구들과의 상호작용 정도의 지표일 수도 있다. 이 게임에서 쉽게 감정이 읽힌다는 것이 불리한 것일 수 있지만, 학급 내 상호작용이 활발하다는 점에서 행복한 학생들이지 않을까 싶다.

# 교실 속 정서교육 실천 2

〈프로그램 개요〉

| 단계 | 프로그램명 | 정서지능 영역 |
|------|-----------|--------------|
| 1단계 | 감정을 표현해요 | 정서인식, 감정이입, 정서조절 |
| 2단계 | 명화 속 감정 찾기(고흐) – 외로움, 고독 | 정서인식, 감정이입, 정서표현 |
| 3단계 | 명화 속 감정 찾기(밀레와 김홍도) – 슬픔, 유쾌 | 정서인식, 감정이입, 정서표현 |
| 4단계 | 명화 속 감정 찾기(프리다 칼로) – 상처 | 정서인식, 감정이입, 정서표현 |
| 5단계 | 명화 속 감정 찾기(뭉크) – 불안, 공포 | 정서인식, 감정이입, 정서표현 |
| 6단계 | 기린의 귀로 들어요 | 정서인식, 감정이입, 정서표현 |
| 7단계 | 기린의 말로 표현해요 | 정서인식, 감정이입, 정서표현, 정서활용 |

* 각 프로그램에서 활용한 PPT와 활동지는 학지사 사이트 자료실에서 제공

## 1단계: 감정을 표현해요

이 단계는 음악을 통해서 자신의 경험과 감정을 떠올리고, 그때의 감정을 자유롭게 조형적으로 표현하는 '감정의 자유 표현' 시간이다. 대상 및 감정에 대한 표현은 각자의 자유임을 느끼도록 하기 위해서 『느끼는 대로』라는 작품을 읽어 준

다. 이 동화를 읽는 것은 등장인물들에 대한 감정을 읽는 '정서인식'인 공감교육
의 의도도 있지만, 대상에 대한 느낌을 자유롭게 표현하는 동기화의 목적도 있다.

　감정을 떠올리기 위해서 각 감정을 불러일으키는 대표적인 곡을 선정하여 들
려주면서 그 감정을 표현하도록 하는 것이 효과가 있다. 각각의 감정에 대해서
미술 도구를 활용하여 각자 표현하고 그 감정이 표현된 것을 모아서 특징을 찾
아보면서 제목을 붙여 본다. 이 과정에서 우리의 감정들이 보편적임을 깨닫게 되
고, 감정에 대한 '거리 두기'가 이루어진다. 이런 거리 두기를 통해서 각 감정의
장점과 단점, 아울러 '정서조절 및 활용'을 위한 인지적 훈련이 이루어진다. 즉,
'기쁨'의 감정을 느낄 때 그 이면에 조심할 점을 생각하면서 적절한 감정 표현 및
조절의 중요성을 깨닫게 한다. 천천히 진행하면 2차시 분량이다.

〈진행 순서〉

| 주제 | 감정을 표현해요<br>동화 자료: 피터 레이놀즈의 『느끼는 대로』 |
|---|---|
| 활동 목표 | 1. 작품 속에 등장하는 인물들의 감정을 이해할 수 있다.<br>2. 감정을 느끼는 순간을 그림으로 표현할 수 있다. |
| 활동 전개<br>(1회차) | **1. 작품 만나기**<br>☞ 『느끼는 대로』의 표지를 보며 내용을 상상하도록 한다.<br>☞ 『느끼는 대로』 작품을 읽어 준다.<br><br>**2. 작품 속 인물의 감정 만나기**<br>☞ 『느끼는 대로』의 등장인물의 마음을 생각해 본다.<br>　예) • 레이먼이 형의 비웃음 속에서 어땠을까?<br>　　　• 마리솔은 레이먼이 좌절하는 것을 보고 어땠을까?<br>☞ 등장인물에게 하고 싶은 말을 한다(공감의 대화).<br>　예) • 레이먼, 온 마음을 다해서 그렸는데, 형이 비웃어서 참 속상했겠다.<br>　　　• 레이먼, 너의 그림을 동생이 그동안 모아서 벽에 붙여 놓은 것을 보면서 고<br>　　　　맙고 힘을 얻었을 것 같아.<br>　　　• 마리솔, 레이먼 오빠가 좌절하는 것을 보고 많이 걱정되었겠다.<br>　　　• 마리솔, 레이먼 오빠가 감격하는 것을 보고 뿌듯했겠다.<br><br>**3. 우리의 마음 표현하기**<br>☞ 가장 기본적인 감정을 생각해 보자.<br>　• 기쁨, 분노, 두려움, 슬픔을 느꼈던 순간을 떠올려 보자.<br>☞ 우리들의 마음을 그림으로 표현해 보자.<br>　• 기쁨을 일으키는 음악 듣기(프랭크 밀스의 〈The Happy Song〉) |

- 분노를 일으키는 음악 듣기(베토벤의 〈운명〉이나 비발디의 〈사계 겨울 1악장〉)
- 슬픔을 일으키는 음악 듣기(첼로 연주곡 〈시크릿 가든〉)
- 두려움을 일으키는 음악 듣기(슈베르트의 〈마왕〉)

☞ 각 음악을 들으면서 32절 종이에 사인펜과 색연필을 이용하여 느낌을 점, 선, 색으로 나타낸다.

☞ 표현된 마음을 모아 보자.
- 4명이 표현한 감정을 기쁨, 분노, 슬픔, 두려움의 종이에 붙인다.
- 모아진 그림을 보며 '제목'과 이 감정을 느낄 때 조심할 점을 의논한다.

☞ 표현된 마음을 공유하자.
- 4명의 모둠원이 나와서 각각 완성한 작품을 보여 주면서 제목, 이런 감정을 느낄 때 조심할 점을 발표한다.
- 특정 감정이 느껴질 때 조심할 점을 생각하면서 정서를 조절하고 활용하는 방법을 인지적으로 익히도록 한다.

## 2단계: 명화 속 감정 찾기(고흐) – 외로움, 고독

정서교육은 쉽게 생각하면 감수성 교육이다. 시각이나 청각 등을 활용하여 우리에게 주는 자극들을 예술 작품이라고 하며, 이 작품들은 예술가들의 감정이 녹아 있는 결정체이기에 이것에 대한 감상은 정서교육을 위해 매우 중요하다.

미술 감상 속 정서 훈련 자료는 앞부분에서 다뤘고, 이 작품들 중에서 몇 가지를 활용하여 본격적인 미술 감상을 통한 정서교육을 실천해 보았다.

〈진행 순서〉

| 주제 | 명화 속 감정 찾기<br>빈센트 반 고흐(1853~1890) |
|---|---|
| 활동 목표 | 1. 고흐의 작품을 보고 느낀 점을 자유롭게 이야기할 수 있다.<br>2. 마음에 드는 작품을 선정해서 고흐에게 편지를 쓸 수 있다. |
| 활동 전개<br>(1회차) | 1. **작가 만나기**<br>☞ 고흐에 대한 대강의 이야기하기<br>　네덜란드에서 목사를 하다가 화가로서 고군분투한 이야기, 후기 인상주의 화가, 밀레와 고갱과의 관계, 가난, 간질 발작 및 동생에 대한 미안함 등<br>☞ 고흐에 대한 플래시 자료 감상하기 |

### 2. 작품 만나기
☞ 고흐 작품 감상하기(〈아이리스〉 외 네 가지를 전지 크기로 인쇄하여 우드락에 부착)
☞ 돈 맥클린의 노래 가사를 통해 고흐 작품의 특징 이야기하기

### 3. 작품 읽기
☞ 각각의 작품에 대하여 자유롭게 이야기 나누기
- 찾아낸 특징, 작품을 보면서 느낀 점에 대해서 이야기 나누기
- 어떤 특징이 있나요?
  예) 파랑, 노랑이 같이 쓰였다. 물결치듯 그리고 있다.
- 어떤 느낌이 드나요?
  예) 〈아이리스〉의 흰 꽃이 무척 외로워보인다.

### 4. 작품 선택하기
☞ 교실의 벽면에 비치된 작품들 중에서 마음에 드는 작품을 찾아 임화(따라 그리기)하고, 고흐에게 편지 쓰기

* PPT, 활동지 제공

〈활동 결과물〉

고흐님에게 보냅니다.

고흐님에게 보냅니다.

고흐님에게 보냅니다.

후기 인상파 ,,,
고갱 ,,,
모네 ,,,,

많은 화가가 있었지만 ,,,
그중
가장 특별한
화가
반고흐 ,,,
비록
죽더라도 ,,,

그대는 ,,,
우리 ,,,
기억 속에 ,,,
남아 있습니다 ,,,

고흐님에게 보냅니다.

To. 고흐

고흐님 안녕하세요. 저는 고흐님의 작품을 보고 글을 적는 ○○○이라고 합니다. 저는 고흐님이 많이 받았던 밤하늘 따라 그려봤는데!! 진짜 너무 잘 그려져서 아까 그리기 너무 힘들었네요. 아무래도 실제 밤에 펼친 흠... 손떨 보세요... 고흐님이 힘든 고뇌를 담았던 그림이죠 같아요. 그래서 그림지 저는 못그렸지 솔직히 ... 근데 아름다워 보여요 자세히 보면 화가 가득한 느낌이 드는 것처럼 고흐님 같을 닮지만 쉽 정말 외롭고, 힘들었던 건가요? 하지만 저런 건데아니시 고흐님의 작품은 비록 멋지만 많이 안 평생적인 점을 명확에 쟁기면은 뒤...

그래서 요약하면은: 별그림 훌륭한 거 같다!! 저도 볼 고흐님의 진짜 작품을 보습가서 구경 해보고 싶네요... 앞으로 고흐님의 작품을 죽~어 후에 까지 훌륭하게 봐 할 테니. 자정 까지 마세요!!

고흐님에게 보냅니다.

안녕하세요 ^^ 저는 ○○이고 해요. 고흐님의 그림을 별이 빛나는 밤에를 보고 감동을 받아 이렇게 편지를 보내요. 그리고 고흐님이 그린 별이 빛나는 밤에를 관련 내가 고려 봤었어요. 그런데 정말 화려를 다했는데 잘그려지 못했어요. 근데 고흐님은 엄청 잘하시네요. 얼마나 노력했는지 당연히 알에디에요. 그림에서 재료도 없고 돈도 없었을 텐데 독특한 환경의 안에서 부리고 이렇게 잘그리시다니 정말 훌륭하세요. 그럼 나중에 만나요. 선

고흐님에게 보냅니다.

별이 빛나는 밤을 쓴 (그린) ○○○ 입니다.
소용돌이 치는 아름다운 밤 뒤에, 정신적으로 굉장한 슬픔과 혼란이 든보입니다. 하지만 이럴 때 이런 멋진 그림을 그린 것이 대단하다고 생각합니다. 당신의 그림은 단연 최고중 최고입니다.

## 3단계: 명화 속 감정 찾기(밀레와 김홍도) – 슬픔, 유쾌

그림의 특징을 읽을 수 있다는 것은 그 화가에 대한 인지적인 공감이 가능함을 의미한다. 그리고 이런 특징을 발견하기 위해서는 비교와 대조가 가장 효과적이다. 우연히 비슷한 시기를 산 서양과 한국의 대표적인 풍속 화가라고 할 수 있는 밀레와 김홍도의 비교는 작품 자체에 대한 감상뿐만 아니라 여러 의미에서 좋은 정서교육이 될 수 있다. 즉, 두 거장을 대비시켜 작품의 공통점과 차이점을 발견하기 위해서는 작품을 자세히 들여다보면서 작품의 분위기, 화가의 의도를 생각해야 한다. 마치 상대의 표정과 행동을 보고 그 사람의 감정과 행동의 의도를 파악하듯이 말이다.

다른 작품들보다도 생활의 모습과 이야기가 담겨 있기에 쉽게 다가가고 은근한 재미를 주는 교육 자료가 될 수 있다.

**〈진행 순서〉**

| 주제 | 명화 속 감정 찾기<br>밀레(1814~1875), 김홍도(1745~?) |
|---|---|
| 활동 목표 | 밀레와 김홍도의 작품을 감상하고 각 작품들의 분위기와 특징을 비교할 수 있다. |
| 활동 전개<br>(1회차) | **1. 작품 만나기**<br>☞ 밀레에 대한 플래시 영상 보여 주기(〈씨 뿌리는 사람〉 〈물통의 물을 옮기는 여인〉 〈이삭 줍기〉 〈키질하는 사람〉 〈소와 농부〉 〈자비심〉 〈건초를 묶는 사람들〉 〈갓난 송아지〉 〈나무 켜기〉 〈돼지를 잡는 사람들〉 〈만종〉)<br>☞ 김홍도에 대한 플래시 영상 보여 주기(〈씨름〉 〈논갈이〉 〈서당〉 〈무동〉 〈대장간〉 〈버타작〉 〈우물가〉 〈빨래터〉 〈고누놀이〉 〈자리짜기〉)<br><br>**2. 작품 읽기**<br>☞ 두 화가의 비슷한 점 찾기, 다른 점 찾기<br>(각자 찾기 → 모둠별로 찾은 것 모으기 → 발표하기)<br><br>**3. 작품의 깊이 읽기**<br>☞ 김홍도 지지파와 밀레 지지파로 나눈다.<br>☞ 작품을 선택한다(그룹별).<br>• 작품에 대한 자랑거리를 각자 하나씩 찾는다.<br>• 찾아낸 자랑거리를 모아서 시처럼 잇고, 제목을 붙인다.<br>• 모둠의 대표가 작품에 대한 제목과 시를 발표한다. |

* 활동지 제공

〈활동지〉

| 명화 속 사람들의 마음 읽기 | |
|---|---|
| .............. 초등학교 ...... 학년 ...... 반 ........... | |
| 우리는 밀레 지지파 | |
| <br> 밀레의 〈이삭 줍기〉 | <br> 밀레의 〈만종〉 |
| 작품의 자랑거리 한 줄 쓰기 | 작품의 자랑거리 한 줄 쓰기 |
| 떠오르는 느낌 한 줄 쓰기 | 떠오르는 느낌 한 줄 쓰기 |
| 우리들이 말하는 그림 이야기 | |
| 제목: | 제목: |

〈활동지〉

| 명화 속 사람들의 마음 읽기 |
|---|

............... 초등학교 .......... 학년 ......... 반 ...........

| 우리는 김홍도 지지파 |
|---|

| | |
|---|---|
| 김홍도의 〈벼타작〉 | 김홍도의 〈무동〉 |
| 작품의 자랑거리 한 줄 쓰기 | 작품의 자랑거리 한 줄 쓰기 |
| 떠오르는 느낌 한 줄 쓰기 | 떠오르는 느낌 한 줄 쓰기 |

| 우리들이 말하는 그림 이야기 |
|---|

| 제목: | 제목: |
|---|---|
| | |

〈활동 결과물〉

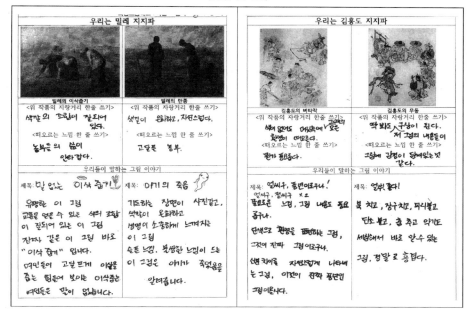

## 4단계: 명화 속 감정 찾기(프리다 칼로) –상처

미술 작품을 남긴 화가들이 작품을 표현하는 방식은 제각각이다. 대부분 감정을 정화해서 또는 간접적으로 표현하는 것이 일반적이지만, 화가들 중에는 자신의 고통과 감정을 극대화하여 보는 이로 하여금 그 아픔을 고스란히 느끼도록 하는 이들도 있다. 멕시코인 최초로 루브르 박물관에 작품이 전시된 프리다 칼로는 그 인생이 드라마틱하다 못해 가혹하게 느껴지는 화가이다.

갖가지 고통 속에서 그녀는 그림을 통해서 그 아픔을 표현했고, 자신을 끊임없이 탐구해 나갔다. 그녀의 작품을 통해 우리가 얻는 것은 인생에 대한 열정적인 삶의 태도와 그녀의 고통에 대한 추체험이다. 다소 강할 수 있지만, 그녀의 작품을 통해서 아이들이 미술의 독특한 매력과 상처에 대한 공감, 그 극복의 아름다움에 대해서 느끼는 기회를 갖도록 한다.

프로그램을 진행하면서 교사로서, 부모로서 마음이 많이 아팠다. 아이들이 겪으로는 웃고 있지만 저마다의 상처로 힘들어한다는 생각에 '어른으로서 참 무심했구나.' 싶다. 이 과정 속에서 아이들이 자신의 상처를 꺼내 바라보며 조금씩 치유해 나가는 효과도 있겠지만, 교사로서 아이들의 마음 속 이야기에 귀를 기울이는 배움의 기회가 된다.

**〈진행 순서〉**

| 주제 | 명화 속 감정 찾기<br>프리다 칼로의 〈상처입은 사슴〉 |
|---|---|
| 활동 목표 | 1. 프리다 칼로의 삶에 대해서 이해할 수 있다.<br>2. 나의 상처를 다스리는 방법을 탐색할 수 있다. |
| 활동 전개<br>(1회차) | **1. 작가와 만나기**<br>☞ 작가에 대한 대강의 이야기하기<br>  • 멕시코의 화가이며 육체적·정신적 고통 속에서도 자신을 잃지 않고 열정적으로 살았던 여인<br>☞ 작가의 작품과 삶에 대한 동영상 보기(EBS 지식채널)<br><br>**2. 작품 만나기**<br>☞ 프리다 칼로 작품 감상하기<br><br>**3. 작가에 대한 인터뷰하기**<br>• 교사가 칼로의 편지를 가지고 있다고 가정하고 칼로에게 질문을 하나씩 쓰도록 한다.<br>☞ 프리다 칼로에게 질문하기-답변하기<br>  • 교사가 할 수도 있고 몇 명을 정해서, 대변인을 정해서 인터뷰를 한다.<br><br>**4. 상처에 대해서 이야기하기**<br>☞ 상처의 종류 이야기하기: 상처에는 이런 육체적 상처도 있지만 말이나 행동으로 감정에 주는 상처도 있지요.<br>☞ 상처 직면하기: 내가 받은 상처를 떠올려 봅시다.<br>☞ 용서하기: 상처를 준 사람에게 시를 써 봅시다. |

* PPT, 활동지 제공

〈참고〉

## 시 쓰기 활동지

제목: ........................................................................

당신은 나에게 상처를 주었어요.

당신이 ............................................................... 하고 말할 때

나의 마음은 ................................................................. .

그 상처는 마치 ............................................................ 같아요.

왜 당신은 ............................................................... ?


하지만 이제 당신을 용서할 거예요.

왜냐하면 ......................................................... 때문이지요.

이것은 당신을 위해서가 아닙니다.

나를 위해서입니다.


〈활동 결과물〉

상처에 대해서 이야기하기

❋ 참고 학습지
제목: 뒷담화.
당신은 나에게 상처를 주었어요.
당신이 ( 나의 뒷담화를 하며 듣기면 미안 )하고 말 할 때
나의 마음은 ( 마음의 문이 계속 닫혔어요 ).
그 상처는 마치 ( 퇴마토가터졌듯 아팠던 것 ) 같아요.
왜 당신은 ( 나의 뒷담화를 하며 이간질을 햇나요 )?
하지만 이제 당신을 용서할 거예요.
왜냐하면 ( 당신은 나를 더 강하게 만들어 줬기 )때문이지요.
이것은 당신을 위해서가 아닙니다. 나를 위해서입니다.

상처에 대해서 이야기하기

❋ 참고 학습지
제목: 너와 내가 무엇이냐?
당신은 나에게 상처를 주었어요.
당신이 ( 내가 내목을 참고 다닐때 )하고 말 할 때
나의 마음은 ( 매우 슬펐다 ).
그 상처는 마치 ( 돌같아.곁에 안매자는 돌 ) 같아요.
왜 당신은 ( 그렇게 행동한거니? )?
하지만 이제 당신을 용서할 거예요.
왜냐하면 ( 다시 너의 착하고 예쁜 꿈을 여르겠기 ) 때문이지요.
이것은 당신을 위해서가 아닙니다. 나를 위해서입니다.

### 상처에 대해서 이야기하기

❋ 참고 학습지
제목: 상처 때문에 힘들었어요.
당신은 나에게 상처를 주었어요.
당신이 ( 너 아무것도 잘하는게 없어! 돼ㅠㅠ! )하고 말 할 때
나의 마음은 ( 쿵 내려 앉은거 같았어요 ).
그 상처는 마치 ( 가시 )같아요.
왜 당신은 ( 저한테 그런 말을 한 거죠 )?
하지만 이제 당신을 용서할 거예요.
왜냐하면 ( 상처를 계속 담아두면 좋지않기 )때문이지요.
이것은 당신을 위해서가 아닙니다. 나를 위해서입니다.

### 상처에 대해서 이야기하기

❋ 참고 학습지
제목: 나에게 왜그럴?.
당신은 나에게 상처를 주었어요.
당신이 ( 나에게 때도 날하고요 )하고 말 할 때
나의 마음은 ( 짜증나고 억울하고 나를 죽여버리고 싶었어 ).
그 상처는 마치 ( 동물을 떠기주을짜 내냈어 )같아요.
왜 당신은 ( 나에게 용돈해썼나요? )?
하지만 이제 당신을 용서할 거예요.
왜냐하면 ( 마음속에 앙금이 약울두 면 앙금이 가 )때문이지요.
이것은 당신을 위해서가 아닙니다. 나를 위해서입니다.

### 상처에 대해서 이야기하기

❋ 참고 학습지
제목: 짜릿짜릿.
당신은 나에게 상처를 주었어요.
당신이 ( 나한테 나 재랑 안놀거야 )하고 말 할 때
나의 마음은 ( 심장님이 많은 관통한 것 같었어요 ).
그 상처는 마치 ( 부모님이 죽는 상처,고통 )같아요.
왜 당신은 ( 나에게 그런 말을 해나요? )?
하지만 이제 당신을 용서할 거예요.
왜냐하면 ( 다시 친해질수 있다고 믿어 )때문이지요.
이것은 당신을 위해서가 아닙니다. 나를 위해서입니다.

### 상처에 대해서 이야기하기

❋ 참고 학습지
제목: 상처
당신은 나에게 상처를 주었어요.
당신이 ( 나에게 머리를 때리고 돈 때일 때 )하고 말 할 때
나의 마음은 ( 당을 죽고 싶습니다 ).
그 상처는 마치 ( 나에게 뜨거운 용광같아요 )같아요.
왜 당신은 ( 나에게 엄청난 상처를 주지요? )?
하지만 이제 당신을 용서할 거예요.
왜냐하면 ( 나를 위해서 지요 )때문이지요.
이것은 당신을 위해서가 아닙니다. 나를 위해서입니다.

### 상처에 대해서 이야기하기

❋ 참고 학습지
제목: 부담의 무게
당신은 나에게 상처를 주었어요.
당신이 ( 나에게 "넌다 잘하니까 기대에 부응해 ) 라 하고 말 할 때
나의 마음은 ( 부담에 대한 불안감으로 상쾌났어요 ).
그 상처는 마치 ( 인생의 짐 )같아요.
왜 당신은 ( 나에게 편박함을 일렜나요 )?
하지만 이제 당신을 용서할 거예요.
왜냐하면 ( 그 부담을 이겨내는게 내 인생의 과제이기 )때문이지요.
이것은 당신을 위해서가 아닙니다. 나를 위해서입니다.

### 상처에 대해서 이야기하기

❋ 참고 학습지
제목: 왜그랬나요?
당신은 나에게 상처를 주었어요. (대학건때)
당신이 ( 저에게 '넌 왜 우리반에 왔나?' )하고 말 할 때
나의 마음은 ( 전학가고 싶었어요 ).
그 상처는 마치 ( 심란 묵 )같아요.
왜 당신은 ( 저에게 장난을 치고,막 대했나요 )?
하지만 이제 당신을 용서할 거예요.
왜냐하면 ( 나에게 이제 자신이 생긴거 )때문이지요.
이것은 당신을 위해서가 아닙니다. 나를 위해서입니다.

## 5단계: 명화 속 감정 찾기(뭉크) - 불안, 공포

　감정에는 긍정적인 감정보다는 부정적인 감정이 많다고 한다. 또 우리가 느끼는 감정의 많은 부분이 슬픔, 불안, 공포, 두려움, 질투 등인 경우가 많다. 감정을 적극적으로 나타내는 표현주의 화가인 뭉크의 작품을 통해서 인간이기 때문에 느낄 수밖에 없는 불안, 두려움 등에 대해서 이해하고 이런 감정을 어떻게 해결할지 깊이 있게 생각해 보는 시간을 갖도록 한다.

　뭉크의 〈절규〉라는 작품을 살펴보면서 불안, 두려움, 공포라는 감정의 차이점을 알아보고 세밀한 정서인식의 기회를 갖는다. 아울러 친구들의 걱정에 대해서 해결 방안을 생각하면서 상황에 대한 공감과 객관화, 문제해결능력을 기를 수 있다.

### 〈진행 순서〉

| 주제 | 명화 속 감정 찾기<br>뭉크의 〈절규〉 |
|---|---|
| 활동 목표 | 1. 뭉크의 작품에 나타난 감정을 이해하고, 친구들의 걱정이나 불안에 대한 감정에 대해서 해결하는 방법을 알아보자. |
| 활동 전개<br>(1회차) | 1. **작가와 만나기**<br>☞ 뭉크에 대한 설명이 있는 동영상 보여 주기(유튜브 큐레이터 해설 참고)<br>☞ 교사가 몇 가지 질문하기(예: 뭉크의 국적은?)<br><br>2. **작품 만나기**<br>☞ 뭉크의 작품 감상하기<br>☞ 발견한 특징에 대해서 자유롭게 이야기하기<br><br>3. **작품 속 인물의 감정 만나기**<br>☞ 작품 속 인물의 감정은 어떠한가요?(불안, 걱정, 두려움, 공포 등)<br>☞ 여러분이 얘기한 공포, 두려움, 불안이라는 감정은 어떤 차이가 있나요? 나의 경험에 빗대어 이야기해 봅시다.<br>　• 공포: 특정한 대상이나 상황과 결부된 두려움(도피)<br>　• 두려움: 위협이나 위험을 느껴 마음이 불안하고 조심스러운 느낌<br>　• 불안: 현실적 위험이 없는데도 오는 막연한 두려움(무기력감) |

### 4. 감정상담소

☞ 고민 카드 쓰기: 나는 이럴 때 불안하다(두렵다, 공포스럽다, 걱정이다 등의 사례를 써서 상자에 넣는다).

☞ 공감과 조언 작성하기: 무작위로 하나씩 뽑아서 상담자로서 공감과 조언을 한다.
예) 당신의 친한 친구가 갑자기 말을 하지 않을 때 순간 뭉크의 〈절규〉에 나오는 사람처럼 불안을 느낀다는 것은 저도 정말 공감이 됩니다. 이럴 땐 용기를 내어 이야기해 봐요. 무슨 일이 있는지, 아님 나에게 서운한 것이 있는지, 그 결과에 따라 행동은 달라져야 합니다. 솔직하게 어떤 점이 서운하다 말하면서 감정을 푸는 기회가 될 수도 있지만, 그 친구가 일부러 나를 따돌리려고 그러는 경우도 있어요. 아닌 척하면서 말이지요. 그럴 때 잘못은 당신이 아닌 그 친구에게 있어요. 부모님이나 선생님과 의논해 보고, 그 친구가 계속 그런 행동을 보인다면 헤어지는 것이 좋겠지요. 나에게 상처를 주는 친구는 친구가 아니니까요.

☞ 공유하기: 조언한 내용을 교실에 게시하여 읽어 보고 가장 좋은 카드를 뽑아 서로 공유한다.

\* PPT, 활동지 제공

〈활동 결과물〉

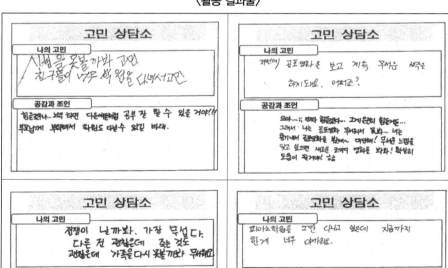

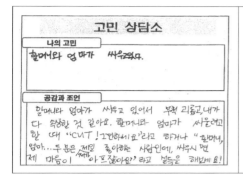

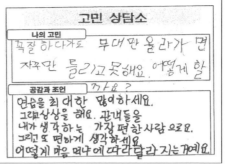

## 6단계: 기린의 귀로 들어요

비폭력 대화의 상징인 '기린의 귀로 듣기'는 은유적이면서도 아이들의 호기심
을 일으킬 수 있는 주제이다. '기린의 귀로 듣기'는 자기 공감이라는 '기린의 귀
안으로 듣기'와 타인 공감이라는 '기린의 귀 밖으로 듣기'가 있다.

기린의 귀로 듣기는 마음을 평온하게 하기 위한 방법이다. 이유 없이 짜증이 나
거나 까닭 없이 들뜨거나 불안할 때 조용히 명상하는 것은 매우 중요한 감정 훈
련이다. 자신의 감정을 인식하고 그것을 조절하는 훈련은 매우 귀한 삶의 기술이
다. 학교 입장에서도 인지적인 성장을 목적으로 하기에 인지적 배움을 위해서는
정서를 안정화시키는 것이 우선되어야 한다. 정서적인 안정 속에서 배움에 대한
동기도 강화될 수 있다. 이러한 안정은 자신의 감정을 들여다보고 직면해야 가능
하다. 내 마음이 어떤 느낌에 휩싸여 있는지, 내가 바라는 것이 진정 무엇인지 생
각하는 것은 자기 공감이다. 더 나아가 타인의 마음에 대한 공감 훈련도 가능하다.

안정된 분위기 속에서 대화의 기본이 되는 공감을 기르기 위해서는 공감의 기
본 태도를 알리고 연습해 보는 과정이 진행되어야 한다.

〈진행 순서〉

| 주제 | 기린의 귀로 들어요 |
|---|---|
| 활동 목표 | 기린의 귀로 나의 마음과 친구의 마음을 경청하고 이해할 수 있다. |
| 활동 전개<br>(1회차) | **1. 기린의 귀 안으로 듣기(나의 마음 듣기)**<br>☞ '현재 나의 마음은 어떠한가?' 명상하기<br>☞ '현재 내가 바라는 것은 무엇인가?' 명상하기<br>☞ 내 감정에 대한 성찰 노트 쓰기<br><br>**2. 공감의 기본**<br>☞ 공감을 위해 필요한 태도와 행동 익히기<br>  • 상대방을 향해 앉은 후 그 사람을 부드럽게 바라보기<br>  • 끼어들어 말을 끊지 않기<br>  • (관찰, 느낌) 옳은지 그른지 판단하며 듣지 않고, 조용히 그 사람의 얼굴 표정을 보며 마음 느끼기<br>  • (욕구) 그 사람이 진정으로 바라는 것이 무엇일까 생각하며 듣기<br>  • 상대의 말에 "그렇구나"라거나 그가 한 말을 되풀이해 주며 듣고 있다는 표시하기<br>  • 느낌과 욕구를 읽어 주기(조언이나 충고하지 않기)<br><br>**3. 기린의 귀 밖으로 듣기(상대방의 마음 듣기)**<br>☞ 친구와 짝을 지어 조용한 장소로 가서 이야기 나누기<br>  • 두 사람이 짝이 되어 한 사람당 10분 정도 자신의 이야기하기<br>  • 공감의 기본에 대해서 배운 것을 실천하며 경청과 공감하기<br>  • 공감한 것은 되돌려 주기로 표현하기<br>☞ 활동을 하며 느낀 점 기록하기<br>  • 자리로 와서 각자 활동을 하며 느낀 점, 알게 된 점을 기록하기 |

\* PPT, 활동지 제공

〈활동지〉

| 기린의 귀로 들어요 |
|---|

................... 초등학교 ........ 학년 ......... 반 ...........

| 공감하는 사람은 이런 행동을 보여요 | 공감하는 사람은 이렇게 들어요 |
|---|---|
| • 상대방을 향해 앉아요.<br>• 그 사람을 부드럽게 바라보아요.<br>• 끼어들어 말을 끊지 않아요.<br>• 고개를 끄덕이거나, 듣고 있다는 신호를 보내요.<br>• "그렇구나" 하고 맞장구를 쳐 주어요. 또는 친구가 한 말을 되풀이하거나 요약해서 말해 줘요("네가 한 말이 ……이라는 것이지?"). | • 관찰을 해요: 옳은지 그른지 판단하며 듣지 않고, 얼굴 표정과 말, 행동을 조용히 보아요.<br>• 느끼려고 해요: 그 사람이 어떤 느낌인지 이해하려고 해요. 그 사람 입장에서 생각해요.<br>• 원하는 것 알아보기: 상대가 진정으로 원하는 것이 무엇인지 파악해요. 질문도 할 수 있어요.<br>• 위로를 해 주되, 섣불리 칭찬하지 않아요.<br>• 나와 비슷한 경험이 있으면 짤막하게 이야기를 꺼내지만, 내 이야기를 길게 하지 않아요. |

| 우리들의 아름다운 데이트 | |
|---|---|
| 누구와 | |
| 어디서 | |
| 어떤 이야기를 | |
| 친구의 말을 들으며 느낀 점 | |
| 친구가 들어 주는 태도를 보며 느낀 점 | |

| 공감의 예 |
|---|

친구: 난 되는 일이 하나도 없어. 짜증나.
공감: 일이 잘 되지 않아서 실망스럽나 보네.
친구: 어, 되는 일이 하나도 없어. 공부에 집중도 안 되고 매일 선생님에게 혼나고…….
공감: 요즘 이래저래 많이 힘들구나. 공부도 걱정되고, 선생님에게 혼나니 더 불안하고.
친구: 응, 힘들어. 걱정되고, 불안하고.
공감: 공부도 효율적으로 잘하고 싶고, 선생님께 인정도 받고 싶은 것 같구나.
친구: 그래, 그렇지.
공감: 너의 그런 마음이 느껴져서 반갑고 다행이야.

〈활동 과정 및 활동 결과물〉

### 우리들의 아름다운 데이트

| 누구와 | |
| --- | --- |
| 어디서 | 강당 |
| 어떤 이야기를 | 지금 내가 가장 힘들고 내가 괜찮 때에게 |
| 친구의 말을 들으며 느낀 점 | 내 것 핸드폰에 제가 맞춰서 처리 정리해줬다. 괜찮하고 편안한 느낌이였다. |
| 친구가 들어주는 태도를 들으며 느낀 점 | 우습에게 괜히 침해 다가왔다. |

**공감의 예**
친구: 난, 되는 일이 하나도 없어. 짜증나.
**공감: 일이 잘 되지 않아서 실망스럽나 보네.**
친구: 어, 되는 일이 하나도 없어. 공부에 집중도 안 되고 매일 선생님에게 혼나고..
**공감: 요즘, 이래저래 많이 힘들구나. 공부도 걱정되고 선생님께 혼나니 더 불안하고.**
친구: 응, 힘들어. 걱정되고, 불안하고.
**공감: 너가 공부도 좀 효율적으로 잘 하고 싶고, 선생님께 인정도 받고 싶은 것 같아.**
친구: 그래, 그렇지.
**공감: 너의 그런 마음이 느껴져서 반갑고 다행이야.**

### 우리들의 아름다운 데이트

| 누구와 | |
| --- | --- |
| 어디서 | 운동장 구령대 |
| 어떤 이야기를 | 어릴 교육에 관해서, 자신의 의견 가장 중요하는 점, 좋아하는 음식, 좋아하는 장난감, 브랜드 |
| 친구의 말을 들으며 느낀 점 | 나와 의견이 조금 달랐는데 많은 잘한 것 같다. 자기 의견을 솔직하게 말해서 좋았다. 나랑 의견이 같은 것도 좋았다. |
| 친구가 들어주는 태도를 들으며 느낀 점 | 눈을 맞추어 보고 고개를 끄덕여 주어 좋았다. 이야기를 잘 들어줘서 좋았다. |

**공감의 예**
친구: 난, 되는 일이 하나도 없어. 짜증나.
**공감: 일이 잘 되지 않아서 실망스럽나 보네.**
친구: 어, 되는 일이 하나도 없어. 공부에 집중도 안 되고 매일 선생님에게 혼나고..
**공감: 요즘, 이래저래 많이 힘들구나. 공부도 걱정되고 선생님께 혼나니 더 불안하고.**
친구: 응, 힘들어. 걱정되고, 불안하고.
**공감: 너가 공부도 좀 효율적으로 잘 하고 싶고, 선생님께 인정도 받고 싶은 것 같아.**
친구: 그래, 그렇지.
**공감: 너의 그런 마음이 느껴져서 반갑고 다행이야.**

### 우리들의 아름다운 데이트

| 누구와 | |
| --- | --- |
| 어디서 | 교실 |
| 어떤 이야기를 | 박물관, 가고 싶은 곳들 |
| 친구의 말을 들으며 느낀 점 | 공감이 됐다. 서로 의견이 잘 통하고 이야기할 내감 비슷했다. 공통점이 많았다. 기분이 만났으면 좋겠다. |
| 친구가 들어주는 태도를 들으며 느낀 점 | 맞장구를 잘쳐준다. 잘 들어줘서 이야기할 얘기가 잘 술술 나온다. 맛이 난다. 떼가 예쁘 할 때가 좋았다. |

**공감의 예**
친구: 난, 되는 일이 하나도 없어. 짜증나.
**공감: 일이 잘 되지 않아서 실망스럽나 보네.**
친구: 어, 되는 일이 하나도 없어. 공부에 집중도 안 되고 매일 선생님에게 혼나고..
**공감: 요즘, 이래저래 많이 힘들구나. 공부도 걱정되고 선생님께 혼나니 더 불안하고.**
친구: 응, 힘들어. 걱정되고, 불안하고.
**공감: 너가 공부도 좀 효율적으로 잘 하고 싶고, 선생님께 인정도 받고 싶은 것 같아.**
친구: 그래, 그렇지.
**공감: 너의 그런 마음이 느껴져서 반갑고 다행이야.**

### 우리들의 아름다운 데이트

| 누구와 | |
| --- | --- |
| 어디서 | 벤치 |
| 어떤 이야기를 | 지금 내가 친하는 점, 내가 가장 힘든점 |
| 친구의 말을 들으며 느낀 점 | 배또의 말을 들어와 순교 어울하게도하다. |
| 친구가 들어주는 태도를 들으며 느낀 점 | 정말 공감하며 들어주 고마웠 다. |

**공감의 예**
친구: 난, 되는 일이 하나도 없어. 짜증나.
**공감: 일이 잘 되지 않아서 실망스럽나 보네.**
친구: 어, 되는 일이 하나도 없어. 공부에 집중도 안 되고 매일 선생님에게 혼나고..
**공감: 요즘, 이래저래 많이 힘들구나. 공부도 걱정되고 선생님께 혼나니 더 불안하고.**
친구: 응, 힘들어. 걱정되고, 불안하고.
**공감: 너가 공부도 좀 효율적으로 잘 하고 싶고, 선생님께 인정도 받고 싶은 것 같아.**
친구: 그래, 그렇지.
**공감: 너의 그런 마음이 느껴져서 반갑고 다행이야.**

## 7단계: 기린의 말로 표현해요

소통의 단절을 일으키는 '자칼의 귀로 듣기'는 우리가 일상에서 자동적으로 사용하는 방식이다. 상대가 하는 말을 그대로 내면화하여 상처받고 자책과 우울에 빠지기도 하며, 상대의 말을 공격적으로 받아들이면서 상대를 원망하고 비난하는 것이 '자칼의 대화법'이다.

6단계에서 평화적 대화인 '기린의 귀로 듣기' 위해 우선 자신과 타인에 대한 공감을 연습하였다. '저 사람이 말할 때 내 마음이 어떻지? 내가 바라는 점은 무엇일까?'를 생각하며, 나아가 '저 사람은 지금 어떤 기분 상태일까? 저 사람이 바라는 점은 무엇일까?'하며 인간적인 호기심을 가지고 진정성 있게 듣는 공감 연습은 행복한 대인관계를 위한 기본이 된다.

이러한 공감 연습 후에는 관찰하고, 느끼고, 깨닫게 된 욕구를 친절하면서도 단호하게 표현한다. 갈등의 상황에서 친절하다는 것은 상대를 존중하는 마음과 태도를 유지하면서 해야 할 말을 단호하게 전달하는 것이다. 단호하다는 것은 명령이나 위협, 강요가 아닌 진정성을 담은 '부탁'이다.

### 〈진행 순서〉

| 주제 | 기린의 말로 표현해요 |
|---|---|
| 활동 목표 | 비폭력 대화 방법을 익혀 관찰, 느낌, 욕구, 부탁으로 소통할 수 있다. |
| 활동 전개 (1회차) | 1. 느낌과 욕구 찾기 연습<br>☞ 활동지를 가지고 느낌과 욕구를 찾는 연습하기<br>• 각자 상황에 대한 느낌과 욕구를 간단히 쓴다<br>• 짝과 각 상황에 대해 찾은 느낌과 욕구에 대해서 이야기 나눈다.<br>• 활동하면서 느낀 점을 공유한다.<br><br>2. 인상 깊었던 순간을 묘사하듯 기술<br>☞ 관찰의 시각으로 상황 기술하기<br>☞ 느낌, 욕구 찾기<br><br>3. 비폭력 대화 연습<br>☞ 비폭력 대화에 대한 이해하기(관찰 → 느낌 → 욕구 → 부탁) |

|  | • (관찰) 지난 한 달 동안 네가 나를 부를 때 이름이 아닌 별명으로 부르더라.<br>• (느낌) 그럴 때마다 당황스럽고 불편하고 속상해.<br>• (욕구) 난 존중받고 싶어.<br>• (부탁) 내 이름이 있으니 이름을 불러 주면 좋겠어.<br>☞ 비폭력 대화 연습하기<br>• 나의 상황을 떠올린 후 비폭력 대화 순서에 맞춰 쓴다.<br>• 짝과 즉흥적으로 역할극을 한다.<br>☞ 활동을 하며 느낀 점 나누기 |

\* PPT, 활동지 제공

〈활동지〉

### 1. 느낌(feeling) 말 목록

| 욕구(원하는 것)가 충족되었을 때 느낌 | 욕구(원하는 것)가 충족되지 않았을 때 느낌 |
|---|---|
| 기쁜, 행복한, 흥분된, 희망에 찬, 즐거운, 만족한, 환희에 찬, 반가운, 용기 나는, 자랑스러운, 의기양양한, 힘이 솟는, 기대에 찬 | 슬픈, 외로운, 힘든, 우울한, 압박당하는, 거리감 느끼는, 소외감 느끼는, 낙담한, 자신을 잃은, 서운한, 섭섭한, 실망한, 마음 아픈, 속상한, 비참한, 괴로운, 쓸쓸한 |
| 평화로운, 고요한, 진정되는, 흡족한, 축복받은, 안정된, 차분한, 마음이 가라앉는, 명확해진, 열중한, 수용하는, 침착한, 축복받은, 안정된, 조용한 | 겁 나는, 두려운, 무서운, 놀란, 긴장한, 신경 쓰이는, 불안한, 괴로운, 소름 끼치는, 회의적인, 초조한, 걱정스러운, 떨리는, 조마조마한, 진땀 나는 |
| 사랑하는, 정다운, 따뜻한, 부드러운, 친근한, 관심 있는, 호의적인, 정을 느끼는, 흥미 있는 | |
| 자부심(자신감 있는), 긍지를 느끼는, 뿌듯한, 당당한, 자랑스러운, 자신만만한, 확신하는 | 화가 나는, 미치겠는, 돌아 버릴 것 같은, 격한, 적개심, 억울한, 분개한, 혐오스런, 귀찮은, 열 받는 |
| 활기 있는, 쾌활한, 명랑한, 회복된, 생기 도는, 열의가 있는, 원기왕성한, 들뜬, 기력이 넘치는, 밝은, 살아 있는, 상쾌한, 황홀한, 대담한, 열정적인 | 좌절한, 혼동된, 주저하는, 근심하는, 괴로운, 불안한, 수치스런, 걱정되는, 절망스러운 |
| | 피곤한, 지친, 무기력한, 침울한, 냉담한, 무관심한, 지루한, 질린, 압도된, 안절부절못한, 무감각한, 마음이 무거운, 고단한, 답답한 |
| 흥미, 몰입된, 매혹된, 궁금한 | |
| 편한, 쉬는, 긴장이 풀린, 흐뭇한, 기운 나는 | 불편한, 마음 아픈, 불안한, 비참한, 마음 상한, 근심스런, 난처한, 무안한, 당혹스런, 지겨운 |
| 감사한, 고마운 | |

## 2. 욕구(need) 목록

**자율성**
꿈, 목표, 가치를 선택할 수 있는 자유, 가치를 이루기 위한 방법을 선택할 수 있는 자유

**신체적/생존**
공기, 음식, 물, 주거, 휴식, 수면, 안전, 스킨십, 성적인 표현, 따뜻함, 부드러움, 편안함, 돌봄을 받음, 보호받음, 의존(생존과 안전), 애착 형성, 자유로운 움직임, 운동

**사회적/정서적/상호의존**
주는 것, 봉사, 친밀한 관계, 유대, 소통, 연결, 배려, 존중, 상호성, 공감, 이해, 수용, 지지, 협력, 도움, 감사, 인정, 승인, 사랑, 애정, 관심, 호감, 우정, 가까움, 나눔, 소속감, 공동체, 안도, 위안, 신뢰, 확신, 정서적 안정, 자기 보호, 일관성, 안정성, 정직, 진실, 예측 가능성

**놀이/재미**
쾌락, 흥분, 즐거움, 재미, 유머

**삶의 의미**
기여, 능력, 도전, 명료함, 발견, 인생 예찬, 축하, 애도, 기념, 깨달음, 자극, 주관을 가짐(자신만의 견해나 사상), 중요성, 참여, 회복, 효능감, 희망

**진실성**
진실, 성실성, 존재감, 일치, 개성, 자기 존중, 비전, 꿈

**아름다움/평화**
아름다움, 평탄함, 홀가분함, 여유, 평등, 조화, 질서, 평화, 영적 교감, 영성

**자기구현**
성취, 배움, 생산, 성장, 창조성, 치유, 숙달, 전문성, 목표, 가르침, 자각, 자기표현

출처: 한국NVC센터 자료

### 〈활동 결과물〉

#### 기린의 말로 표현해요
( 수정 )초등학교 5학년 예○반 ( )

**1. 느낌과 욕구 찾기 연습**

**상황1)** 새로 사귀기 시작한 친구와 둘이서 놀이공원에 놀러가기로 했는데, 그날 그 친구가 자기와 가장 친한 친구라고 하면서 다른 아이와 함께 나왔다.
느낌: 질투, 배신감
욕구: 친구가 나를 더 좋아했으면 좋겠다.

**상황2)** 엄마가 내가 좋아하는 장난감을 사주기로 했는데, 막상 그날이 되니 공부에 도움도 안 되는 것을 무엇하러 사냐며 사주기로 한 약속을 어겼다.
느낌: 배신감, 슬픔, 황당
욕구: 엄마가 약속을 지켰으면 좋겠다. 나와의 약속을 존중하면 좋겠다.

**상황3)** 친구가 "너랑 놀면 너무 재미없어."라고 하는 말을 들었다.
느낌: 배신감, 짜증, 외로움
욕구: 친구가 나를 좋아했으면 좋겠다. 친구가 나를 존중하면 좋겠다.

**상황4)** 내가 충분히 할 수 있는 일인데 느리다며 엄마가 다 해 주고 거북이 같이 행동해서 어떻게 사냐며 잔소리를 하신다.
느낌: 화남, 슬픔, 짜증
욕구: 엄마가 내 생각을 존중해주면 좋겠다.

**기타 상황)** 친구가 자꾸 우리에 별도를 안 낸다.
느낌: 짜증남, 화남
욕구: 친구가 우리에 별도 냈으면 좋겠다.

**2. 비폭력 대화 연습하기**
-(관찰) 지난 한 달 동안 너가 나를 부를 때 이름이 아닌 별명으로 부르더라.
-(느낌) 그럴 때마다 당황스럽고 불편하고 속상해.
-(욕구) 난, 존중받고 싶어.
-(부탁) 내 이름이 있으니 이름을 불러주면 좋겠어.

**3. 비폭력 대화로 표현하기**
상황: 친구들이 나에게 심한 장난을 쳤다.

-(관찰) 너에게 반죽 걸어 나 동화함하게 하더라

-(느낌) 나는 그런 때마다 자자 장난 속상해.

-(욕구) 나는, 장난을 받고 싶지않고 존중받고 싶어.

-(부탁) 나에게 장난을 치지 말아 줘.

< 쓴 내용을 가지고 짝과 연습해 봅시다 >

---

#### 기린의 말로 표현해요
( 수정 )초등학교 5학년 예○반 ( )

**1. 느낌과 욕구 찾기 연습**

**상황1)** 새로 사귀기 시작한 친구와 둘이서 놀이공원에 놀러가기로 했는데, 그날 그 친구가 자기와 가장 친한 친구라고 하면서 다른 아이와 함께 나왔다.
느낌: 질투, 배신감, 당황
욕구: 우대감, 자개관중

**상황2)** 엄마가 내가 좋아하는 장난감을 사주기로 했는데, 막상 그날이 되니 공부에 도움도 안 되는 것을 무엇하러 사냐며 사주기로 한 약속을 어겼다.
느낌: 억울함
욕구: 자기존중

**상황3)** 친구가 "너랑 놀면 너무 재미없어."라고 하는 말을 들었다.
느낌: 화남, 비참함
욕구: 친밀함 관계, 우정

**상황4)** 내가 충분히 할 수 있는 일인데 느리다며 엄마가 다 해 주고 거북이 같이 행동해서 어떻게 사냐며 잔소리를 하신다.
느낌: 불편함, 짜증남
욕구: 공감, 이해

**기타 상황)** 나와 같이 봉사할 친구만 칭찬을 받았다.
느낌: 억울함, 억울함으로
욕구: 관심, 인정

**2. 비폭력 대화 연습하기**
-(관찰) 지난 한 달 동안 너가 나를 부를 때 이름이 아닌 별명으로 부르더라.
-(느낌) 그럴 때마다 당황스럽고 불편하고 속상해.
-(욕구) 난, 존중받고 싶어.
-(부탁) 내 이름이 있으니 이름을 불러주면 좋겠어.

**3. 비폭력 대화로 표현하기**
상황:

-(관찰) 선생님, 나와 같이 봉사한 친구만 칭찬받았어요.

-(느낌) 저도 같이 했는데, 조금 억울하고 미움이 생겨요.

-(욕구) 저도 선생님께 인정받고 싶거든요.

-(부탁) 선생님, 저도 같이 봉사를 했으니 편견을 가지셔서 칭찬해 주세요.

< 쓴 내용을 가지고 짝과 연습해 봅시다 >

# 에필로그

모 대학 및 대학원에서 교육심리학 및 학교폭력예방 강의를 몇 년 째하고 있다. 실력이 출중해서라기보다는 나의 교육적 경험과 노력을 알아준 대학의 의도가 있을 것이다. 강의를 하면서 무당이 작두를 타듯 노련해지고, 새로운 것을 재구성하면서 가르치는 재미도 있지만, 가끔은 소중한 인연을 쌓아 가는 학생들도 있다는 것이 행복하다.

그중에서 시험 보기 전주에 강의를 듣다가 임신 상태에서 쓰러져서 어렵게 둘째를 낳은 선생님이 있다. 그 선생님과 가끔 아이 교육 문제로 메일을 교환한다. 주로 내가 조언하는 입장이었지만, 그 과정에서 내가 더 많이 배운다는 생각이 든다. 그분과의 편지 중 하나를 공개하려고 한다. 우리나라 엄마들이 어떤 고민을 하는지, 무엇보다 정서적인 돌봄에 대해서 많은 고민을 하고 있음을 공유하고 싶다.

### 받은 편지

교수님, 그간 잘 지내셨나요?
환절기인 요즘 교수님 건강은 어떠신지, 아이들도 비염으로 고생하지는 않나요?
두 아이들을 겨우 재우고서 이렇게 메일을 보냅니다.

둘째 아이는 12월 마지막 뇌파검사를 앞두고 건강하게 잘 크고 있습니다. 초반에 엄마 애를 태워서인지 작은 부분 하나에도 예민하게 받아들여 육아가 더욱 어려운 것 같습니다.

오늘은 여섯 살 유치원생인 첫째 아이 때문에 고민으로 끙끙 앓다 교수님께 조언을 구하고자 이렇게 메일을 드리게 되었습니다. 교수님께서 교육과 육아로 바쁘신 하루하루를 보내고 계실 것을 알면서도 염치불구하고 조심스럽게 여쭙고자 합니다. 둘째 때문인지 기질적인 성향과 그동안의 환경 때문인지, 점점 부각되는 첫째 아이의 행동과 사고 때문에 고민입니다. 이를 지나가는 한때의 성장 과정으로 지켜봐야 할지, 아동심리센터와 같은 전문적 도움을 받아야 할지 판단이 서지 않아 조언을 구하고자 합니다. 메일의 특성상 짧게 첫째 아이의 상황을 적어 보았습니다.

## 1. 엄마에 대한 지나친 애착

지나친 애착인지 두려움인지는 알 수가 없으나, 집에 있는 동안은 엄마와 1분도 떨어져 있기를 싫어하고 심지어 화장실에서조차 화장실 칸에 함께 들어가야 합니다.

## 2. 너무나 강한 고집

본인이 싫은 것은 완강히 하지 않으려 하고, 이러한 것이 또래 관계에서도 심각하게 드러납니다. 집으로 놀러 온 친구가 첫째 아이의 커다란 풍선을 가지고 놀고 싶어 하는 것을 보고, 첫째 아이에게 양보하기를 설득하고 친구가 가지고 놀 수 있도록 하였는데, 다음날 일어나 보니 첫째 아이가 너무나 좋아했던 자신의 그 풍선을 가위로 잘라 버렸습니다. 집에서 본인이 좋아하지 않는 것(놀이나 학습)에 대해서는 전혀 하려고 하지 않습니다. 반대로 본인이 좋아하는 것에 대해서는 몇 시간이고 집중해서 합니다.

## 3. 어른에 대한 부끄러움과 심한 낯가림

익숙하지 않은 주변의 성인(또래 제외)에게 매우 심하게 낯을 가려 인사나 말을 전혀 하지 못합니다. 인사를 하고 싶은데 너무 부끄러워서 할 수가 없다고 표현합니다. 처음 만나는 선생님이나, 심지어 키즈 까페에서 아이들을 관리하는 안전 도우미 선생님이 친구들과 함께 놀아 주는 데도 본인이 하기 싫은 놀이를 한다고 울기만 했습니다. 자신의 감정을 익숙하지 않은 어른들에게 전혀 표현을 하지 못합니다.

### 4. 제3자인 유치원 선생님께서 말씀하신 첫째 아이의 모습

첫째 아이의 담임 선생님을 포함한 3~4분 선생님의 공통적인 말씀으로는, 첫째 아이는 유치원에서 모범적인 아이이고 또래집단의 어울림에서 매우 원활하다고 합니다. 얌전하면서도 운동을 할 때는 승부욕이 강하고 매우 적극적인 양면성도 지녔다고 합니다. 단, 어른과 친해지는 데 많은 시간이 걸린다고 합니다. 첫째 아이를 가장 잘 아시는 유치원 선생님의 말씀은 '전혀 염려를 할 필요가 없다'고 하시나 제가 보는 첫째 아이의 모습은 심각하게 느껴집니다. 너무나 자기 고집이 강하고 옳은 것과 옳지 않은 것이 분명하여 그것을 반드시 따라야 하며, 이 때문에 본인 스스로 억누르는 것도 많을 것이라 생각됩니다. 특히 풍선을 잘라 버린 행위는 제가 너무 충격을 받아서 많은 고민을 하게 되었습니다.

지금 제가 지나친 고민을 하고 있는 것인지, 아니면 아동심리센터와 같은 전문가의 도움을 받아 개선될 수 있는 부분들을 함께 도와주어야 하는지 판단이 서지 않습니다. 엄마인 제가 딸에 대해 무엇을 어떻게 해야 할지, 조급함 때문인지, 욕심 때문인지, 여섯 살인 딸을 바라보는 엄마로서 고심 끝에 교수님께 조언을 구해 봅니다. 너무나 두서없이 글을 적은 것 같습니다. 엄마로서 늘 최선을 다한다고 생각하는 데도 왜 이리 부족하게 느껴지고 부족함이 많은지 모르겠습니다. 늦은 밤 메일을 드려 죄송하며 늘 응원해 주셔서 다시 한 번 감사드립니다.

### 보낸 편지

선생님, 지금이 가장 힘든 시기네요.

몸 고생, 마음 고생 하는 모습이 눈에 선해 남 일 같지 않습니다. 둘째 아이가 어리고 많은 돌봄이 필요한데, 첫째 아이가 엄마의 사랑을 갈구하고 있으니 마음이 많이 힘드시겠어요. 어릴 때 크게 앓은 아이가 건강하게 잘 자란다고 하니 둘째 아이도 잘 자라리라 믿습니다.

첫째 아이는 아마 상담센터에 가도 이렇게 말씀하실 것 같습니다. "어머니가 무조건적인 사랑을 많이 주세요." 이미 선생님 메일 속에 답이 있습니다. 첫째 아이는 유치원이라는 공공의 영역에서 자신을 잘 통제하고 잘 지내고 있습니다. 이것은 대단한 일입니다. 유치원에서 적응이 힘들다면 문제지만, 오히려 창의적인 아이들의 특징인 양면성이 있으니 안심하셔도 될 것 같습니다.

지금 첫째 아이에게는 당연히 엄마밖에 없습니다. 더구나 동생이 생기면서 첫째 아이는 엄마를 뺏긴 기분이 들 겁니다. 공주의 자리에서 쫓겨난 것과 같은 정도의 상처를 받았을 겁니다. 동생을 사랑하는 것과 질투를 느끼는 것은 별개의 일이지요. 첫째 아이는 어떻게 해서든 엄마와 함께 하고 싶을 겁니다. 특히 여아들은 더욱 그런 것 같습니다. 따라서 많이 포옹하고 뽀뽀하고 만져 주세요.

첫째 아이는 아직 누나 노릇을 할 시기는 아닙니다. 누나 역할을 잘 한다면 아마 어른처럼 속이 여물어서가 아니라 주위의 칭찬 때문에 하는 것이지요. '부모화'의 위험성을 아시잖아요? 따라서 지금 첫째 아이는 솔직하고 아이답게 잘 크고 있습니다. 어떤 아이들은 동생이 미워서 이불로 동생 얼굴을 덮어 놓는 경우도 있다고 합니다.

제 딸도 지금 일곱 살인데, 경쟁 상대도 없고 사랑을 많이 주는 데도 끝없이 사랑을 요구합니다. 여자들은 공감의 뇌가 발달한다고 합니다. 따뜻한 관계를 끊임없이 요구하는 것이니까요. 많이 안아 주시는 것이 해결책인 것 같습니다. 제 딸도 상당히 활달하고 오지랖도 넓으며 친구들도 적극적으로 사귀려는 아이지만, 여섯 살 무렵에 어른들에게 인사를 안 했습니다. 수다쟁이인데 입을 꼭 다물고선 인사도 말도 안 하니 당황했지만, 그 이유를 물었더니 "부끄럽고 떨려서 못하겠어."라고 했습니다. 저는 그냥 내버려 두었습니다. 그러다 서로 기분 좋은 순간에 부탁을 했습니다. 네가 사람들에게 예쁘게 보였으면 좋겠다고 부탁하자 딸은 노력해 보겠다고 하더군요.

그 시기가 지나고 어느 순간부터는 인사를 하는 사람과 안 하는 사람을 구별합니다. 이것은 제 아들도 마찬가지입니다. 강요하면 아이도 스트레스입니다. 똑똑한 첫째 아이이기 때문에 시일이 지나면 인사를 할 겁니다. 용기가 좀 필요하지만 인사는 첫째 아이의 마음입니다. 선생님과 저는 아이가 바르게 커야 한다는 지나친 강박에 인사를 시키고 인사를 안 하면 어쩔 줄 몰라 합니다. 어찌 보면 처음 보는 낯선 사람에게 인사를 안 하는 것이 맞을 수도 있습니다. 얘기를 할 수 있겠지만 강요는 오히려 역효과를 내는 것 같습니다.

풍선 사건은 제 아이들도 그런 경험이 있었습니다. 집에 온 아이와 장난감을 양보하라고 했더니 아이의 얼굴이 굳어지면서 싫다고 했습니다. 저는 그럼에도 엄마 체면상 억지로 양보하게 했습니다. 제 아들도 장난감을 망가뜨리더군요. 황당해서 물어보니 이젠 자기 것이 아니라고 싫다고 합니다. 제 딸도 그런 일이 있을 때 "내 건데 왜 엄마가 맘대로 주라고 해?"라며 서운해하고 웁니다. 장난감은 아이들에게 제2의 애착물이지요. 그것을 어른의 입장에서 조정한다고 맘대로 주는 것은 일방적 강요와 다를 바 없다는 생각이 드네요. 아이는 엄마가 왜 양보하라고 하는지 그 뜻을 모릅니다. 지금 당장 내가 소중히 여기는 것을 왜 양보해야 하는지 황당하고 분할 뿐이지요. 아시겠지만 애착이 있는 장난감은 빨래도 힘듭니다. 때가 타서 빨려고 하는데, 울고 불며 장난감을 놓지 않는 조카를 본 적이 있습니다. 아이들 입장에서는 자신이 정을 준 것, 내 것에 대해서는 본인이 알아서 하는 것이지요. 토끼나 개는 자신의 새끼가 사람의 손을 타면 바로 물어 죽인다고 합니다. 경우가 다르지만, 소중한 것이 없어질 때와 그것을 다시 받을 때 아이는 그렇게 분노 표현을 하게 됩니다. 선생님의 딸이 유달리 공격적이거나 이상한 것은 아닙니다. 다만, 그 불만의 표현이 문제이지요. "좋아하는 풍선을 뺏긴 것 같아서 많이 속상했구나. 엄마가 미안하네. 그런데 풍선을 잘라서 엄마가 좀 놀랐어."라는 식으로 공감을 먼저 하시고, 솔직한 엄마의 마음을 이야기하면 좋을 것 같습니다. 저는 요즘 정서에 대한 책을 쓰고 있습니다. 초등학교에서도 여러 사람 앞에서 자기 감정을 잘 조절 못하고 폭발시키거나 우는 아이들이 많습니다. 선생님의 딸도 지금 정서(만족 지연이나 부정적 감정을 처리하는 것 등)가 발달하고 있는 상황입니다. 그런데 첫째 아이는 여섯 살이고 유치원에서는 자기 조절을 잘 하므로 유치원 선생님의 말씀처럼 걱정은 안 하셔도 됩니다. 다만, 첫째 아이가 지금 스트레스를 많이 받는 상황이고, 정서가 아직 여물지 않았으니 방법은 단 하나, 무한 사랑밖에 없습니다. 의도적으로 첫째 아이와 함께하시고, 20분씩 동화책을 읽어 주면서 함께 이야기를 나누어도 좋을 것 같습니다. 『순이와 어린 동생』 『병원에 입원한 내 동생』이라는 책이 그림이 따뜻하여 동생을 받아들이는데 도움이 될 것 같습니다. 선생님을 위해서는 최성애 『내 아이를 위한 감정코칭』도 추천해 드립니다. 저도 두 아이 키우면서 많은 시행착오를 겪고 있고, 특히 정서적으로 발달이 조금 느린 것 같은 첫째 아이 때문에 마음이 힘들 때도 있었습니다. 그런데 주변에서는 잘 한다고 합니다. 선생님처럼 잘 모르고 하는 말이 아닐까 싶기도 했습니다. 제가 존경하는 선생님께서 엄마로서 가장 경계해야 할 것은 내 아이를 너무 낮춰 보는 것이라고 하셨습니다. 특히 모범생인 엄마가 아이를 너무 바르게 키우려고 하면 아이가 스트레스를 받습니다. 그 말을 듣고 아이를 다시 보면 건강하게 자라 준 것만으로도 감사하다는, 아이가 태어날 때의 바람을 떠올리게 됩니다. 그리고 있는 그대로 내 자식을 사랑해 보려고 노력합니다. 인간의 모성은 타고나는 것이 아니라 길러진다고 합니다. 나의 서툰 양육으로 오히려 상처를 받고 있는 것은 아닌지 생각하게 됩니다. 있는 그대로 사랑하기는 참 쉬운 말인데 그 실천은 정말 어렵습니다.

선생님의 따님은 예쁘고 똑똑하고 슬기로운 아이입니다. 그리고 그것은 엄마가 그렇게 봐주셔야 합니다. 선생님의 행동을 본받아서 첫째 아이도 예의 바른 아이가 될 겁니다. 비굴한 예의가 아닌 당당한 예의 말입니다. 다만, 아직은 사랑을 받아야 하는 나이고, 이제 곧 미운 일곱 살이 시작될 것입니다. 초등학교 입학하면 많이 달라지니 걱정 마시고 편하게 생각하세요.

엄마의 건강이 가족이 건강입니다. 건강 잘 챙기시고 항상 행복하셔야 합니다. 파이팅!

이 땅의 모든 엄마, 교사들에게 씁니다.

## 참고문헌

강신주, 고미숙, 김상근, 슬라보예 지젝, 이태수, 정용석, 최진석(2016). 나는 누구인가: 인간의 본질을 밝히는 인문학의 첫 번째 질문. 경기: 21세기북스.

강혜원, 김영희(2014). 정서지능이 청소년의 학교폭력태도 및 잠재비행에 미치는 영향. 소년보호연구, 24, 31-60.

곽윤정(2014). 아이의 학습과 인성을 결정하는 초등 6년 공부머리 만들기. 서울: 지식채널.

곽윤정(2015a). 정서교육의 의미와 중요성. 행복한 교육, 393, 46-48.

곽윤정(2015b). 청소년의 행복감과 심리적 안녕감 향상을 위한 정서관리 프로그램 개발 연구. 한국콘텐츠학회논문지, 15(11), 227-237.

권석만(2014). 이상심리학의 기초: 이상행동과 정신장애의 이해. 서울: 학지사.

김나원(2014). 공감의 뿌리 프로그램에 기초한 인성교육활동이 유아의 공감능력, 친사회적행동, 정서지능에 미치는 영향. 원광대학교 대학원 박사학위논문.

김명철 역(2008). 새로운 미래가 온다 (*Whole new mind*). Daniel, H. P. 저. 서울: 한국경제신문사.

김정택, 심혜숙, 임승환 공역(1993). 나의 모습 나의 얼굴 (*Please Understand Me: Character and Temperament Types*). David, W. K., & Marilyn, B. 공저. 서울: 한국심리검사연구소.

김종학, 최보영(2013). 저소득가정과 일반가정 초등학생의 정서지능 비교: 성별에 따른 차이를 중심으로. 청소년복지연구, 15(2), 319-342.

김주연(2014). 초등학생 정서지능 향상을 위한 정서 어휘 활용 프로그램 개발. 우리말교육현장연구, 8(1), 33-72.

노성향, 임선빈, 조수연 공역(2001). 초등학생을 위한 정서지능: 정서지능 향상을 위한 50가지 활동 (*50 Activities for emotional intelligence, level 1.*). Dianne, S. 저. 서울: 양서원.

노혜숙 역(2007). 해피어: 하버드대 행복학 강의 (*Happier: learn the secrets to daily joy and lasting fulfillment*). Tal, B. S. 저. 서울: 위즈덤하우스.

문용린(2011). 문용린 교수의 정서지능 강의: 부모와 아이가 함께 키워야 할 마음의 힘. 서울:

북스닛.

박문숙, 유미현(2014). 초등 영재학생과 일반학생의 성격 강점, 정서지능, 학습몰입 비교 및 관계 분석. **영재교육연구, 24**(6), 829-849.

백선희 역(2011). **프리다 칼로 & 디에고 리베라** (*Frida Kahlo & Diego Rivera*). Le Clézio, J. M. G. 저. 서울: 다빈치.

백승길, 이종숭 공역(2010). **서양미술사** (*Story of art*). Ernst, H. J. G. 저. 서울: 예경.

신명희, 강소연, 김은경, 김정민, 노원경, 서은희, 송수지, 원영실, 임호용(2014). **교육심리학**. 서울: 학지사.

안기순, 김선욱 공역(2012). **돈으로 살 수 없는 것들** (*What money can't buy : The moral limits of markets*). Michael, J. S. 저. 서울: 미래엔.

양혜연, 양성은(2013). 부모의 인성지향적 지도와 아동의 정서지능 강의 관계에 대한 자아탄력성의 매개효과. **아동학회지, 34**(2), 83-99.

오경숙(2014). 아동의 정서지능과 사회적 기술 증진을 위한 모험 기반 집단상담 프로그램 개발과 효과성 검증. **초등상담연구, 13**(1), 115-134.

오인수, 이동궁, 김영조, 김은향, 송선원, 고정자, 이은경, 이정희, 이보경, 황애현, 장현일(2005). **상담으로 풀어가는 교실이야기**. 서울: 교육과학사.

이규태(1994). **한국인의 의식구조 1, 한국인은 누구인가?** 서울: 신원문화사.

이규현(2014). **세상에서 가장 비싼 그림 100**. 서울: 알프레드.

이보경(2005). 청소년의 정서지능 및 스트레스 대처 유형이 우울 및 비행에 미치는 영향. 홍익대학교 대학원 박사학위논문.

이보경(2013). **진짜 평범한 학급운영 이야기**. 경기: 교육과학사.

이보경(2014). **평화로운 학교 만들기: 학교폭력의 이해와 대처**. 경기: 교육과학사.

이지민, 김광수, 하요상(2014). 초등학생의 정서지능과 용서수준 향상을 위한 독서치료 활용 용서교육 프로그램 효과 연구. **초등상담연구, 13**(3), 277-296

이창실 역(2007). Vincent van Gogh: a self-portrait in art and letters (*Vincent van Gogh : a self-portrait in art and letters*). van Gogh, V. 저. 서울: 생각의 나무.

정옥분, 정순화, 임정하(2007). **정서발달과 정서지능**. 서울: 학지사.

조아라, 이순 공역(2005). **리틀 몬스터: 대학교수가 된 ADHD 소년** (*Little monster: growing up with ADHD*). Robert, J. 저. 서울: 학지사.

존 가트맨, 최성애, 조벽(2011). **내 아이를 위한 감정코칭**. 서울: 한국경제신문사.

주정일, 이원영 공역(2011). **딥스** (*Dibs: In search of self*). Virginia, M. A. 저. 서울: 샘

터사.

평승원(2014). 분노조절 프로그램이 초등학교 고학년 정서 및 행동장애 위험군 아동의 정서지능에 미치는 영향. 서울교육대학교 교육대학원 석사학위논문.

하선혜, 서현아(2013). 정서지능 관련 학술지 논문의 연구동향 분석. **어린이문학교육연구, 14**(2), 461-485.

하채연, 이수연(2014). 초등 과학 수업에서의 팀 기반 학습모형이 학업 성취도와 정서지능에 미치는 효과. **한국교육정보미디어학회, 20**(1), 1-26.

한캐서린 역(2005). **비폭력 대화: 일상에서 쓰는 평화의 언어, 삶의 언어** (*Nonviolent communication: A language of life*). Marshall, B. R. 저. 서울: 바오출판사.

EBS 〈엄마도 모르는 우리 아이의 정서지능〉 제작팀(2012). **아이의 정서지능**. 서울: 지식채널.

Gardner, H. (1987). Developing the spectrum of human intelligence. *Harvard Education Review, 57*, 187-193.

Goleman, D. (1995). *Emotional intelligence*. New york: Bantam Books.

Goleman, D. (1998). *Working with emotional intelligence*. New york: Bantam Books.

MacLean, P. D. (1993). Cerebral evolution of emotion. In M. Lewis, & J. M. Haviland (Eds.), *Handbook of emotions,* pp. 67-86. New York: Guilford.

Mayer, J. D., & Geher, G. (1996). Emotional intelligence and the identification of emotion. *Intelligence, 22*, 89-113.

Mayer, J. D., Salovey, P., & Caruso, D. R. (2000). Competing models of emotional intelligence. In R. J. Sternberg (Eds.), *Handbook of Human Intelligence* (2nd ed.). New York: Cambridge University Press.

Parrott, W. G., & Spackman, M. P. (2000). Emotion and memory. In M. Lewis, & J. M. Haviland Jones (Eds.), *Handbook of emotions* (2nd ed.), pp. 476-490. New York: Guilford.

Salovey, P., & Mayer, J. D. (1990). Emotional intelligence. *Imagination, Cognotion, and Personality, 9*, 185-211.

EBS 다큐프라임. 〈테레사 효과〉

EBS 다큐프라임. 〈엄마도 모르는 우리 아이의 정서지능〉

EBS 뉴스 G. 〈끝나지 않은 마시멜로 실험〉

# 찾아보기

## 내용

# 저자 소개

이보경(Lee, Bo-kyoung)

경인교육대학교 학사
연세대학교 교육대학원 석사
홍익대학교 대학원 교육학 박사(상담심리전공)
경력 22년 초등교사
현 풍산초등학교 수석교사
  이화여자대학교 사범대학 및 교육대학원 강사(교육심리학, 학교폭력예방)

# 초등 우리 아이 정서교육
The Emotional Intelligence Education
in Elementary School

2017년  5월  15일  1판  1쇄  인쇄
2017년  5월  25일  1판  1쇄  발행

지은이 • 이보경
펴낸이 • 김진환
펴낸곳 • ㈜ **학지사**
　　　　04031 서울특별시 마포구 양화로 15길 20 마인드월드빌딩
대표전화 • 02)330-5114　　　　팩스 • 02)324-2345
등록번호 • 제313-2006-000265호

홈페이지 • http://www.hakjisa.co.kr
페이스북 • https://www.facebook.com/hakjisabook

ISBN  978-89-997-1254-8  93370

정가  17,000원

이 도서의 국립중앙도서관 출판시도서목록(CIP)은 서지정보유통지
원시스템 홈페이지(http://seoji.nl.go.kr)와 국가자료공동목록시스템
(http://www.nl.go.kr/kolisnet)에서 이용하실 수 있습니다.
(CIP제어번호: CIP2017010510)

교육문화출판미디어그룹 **학지사**
심리검사연구소 **인싸이트** www.inpsyt.co.kr
원격교육연수원 **카운피아** www.counpia.com
학술논문서비스 **뉴논문** www.newnonmun.com